Michail Bachtin zur Einführung

Sylvia Sasse

Michail Bachtin zur Einführung

JUNIUS

Wissenschaftlicher Beirat
Michael Hagner, Zürich
Dieter Thomä, St. Gallen
Cornelia Vismann, Weimar †

Junius Verlag GmbH
Stresemannstraße 375
22761 Hamburg
www.junius-verlag.de

© 2010 by Junius Verlag GmbH
Alle Rechte vorbehalten
Umschlaggestaltung: Florian Zietz
Titelbild: Foto: B. Dmitriev
Satz: Junius Verlag GmbH
Printed in the EU 2018
ISBN 978-3-88506-659-0
2., überarbeitete Auflage 2018

Die Deutsche Nationalbibliothek – CIP-Einheitsaufnahme

Bibliografische Information Der Deutschen Nationalbibliothek
Die Deutsche Nationalbibliothek verzeichnet diese Publikation in der
Deutschen Nationalbibliografie; detaillierte bibliografische Daten
sind im Internet über <http://dnb.dnb.de> abrufbar

Zur Einführung ...

... hat diese Taschenbuchreihe seit ihrer Gründung 1978 gedient. Zunächst als sozialistische Initiative gestartet, die philosophisches Wissen allgemein zugänglich machen und so den Marsch durch die Institutionen theoretisch ausrüsten sollte, wurden die Bände in den achtziger Jahren zu einem verlässlichen Leitfaden durch das Labyrinth der neuen Unübersichtlichkeit. Mit der Kombination von Wissensvermittlung und kritischer Analyse haben die Junius-Bände stilbildend gewirkt.

Von Zeit zu Zeit müssen im ausufernden Gebiet der Wissenschaften neue Wegweiser aufgestellt werden. Teile der Geisteswissenschaften haben sich als Kulturwissenschaften reformiert und neue Fächer und Schwerpunkte wie Medienwissenschaften, Wissenschaftsgeschichte oder Bildwissenschaften hervorgebracht; auch im Verhältnis zu den Naturwissenschaften sind die traditionellen Kernfächer der Geistes- und Sozialwissenschaften neuen Herausforderungen ausgesetzt. Diese Veränderungen sind nicht bloß Rochaden auf dem Schachbrett der akademischen Disziplinen. Sie tragen vielmehr grundlegenden Transformationen in der Genealogie, Anordnung und Geltung des Wissens Rechnung. Angesichts dieser Prozesse besteht die Aufgabe der Einführungsreihe darin, regelmäßig, kompetent und anschaulich Inventur zu halten.

Zur Einführung ist für Leute geschrieben, denen daran gelegen ist, sich über bekannte und manchmal weniger bekannte

Autor(inn)en und Themen zu orientieren. Sie wollen klassische Fragen in neuem Licht und neue Forschungsfelder in gültiger Form dargestellt sehen.

Zur Einführung ist von Leuten geschrieben, die nicht nur einen souveränen Überblick geben, sondern ihren eigenen Standpunkt markieren. Vermittlung heißt nicht Verwässerung, Repräsentativität nicht Vollständigkeit. Die Autorinnen und Autoren der Reihe haben eine eigene Perspektive auf ihren Gegenstand, und ihre Handschrift ist in den einzelnen Bänden deutlich erkennbar.

Zur Einführung ist in verstärktem Maß ein Ort für Themen, die unter dem weiten Mantel der Kulturwissenschaften Platz haben und exemplarisch zeigen, was das Denken heute jenseits der Naturwissenschaften zu leisten vermag.

Zur Einführung bleibt seinem ursprünglichen Konzept treu, indem es die Zirkulation von Ideen, Erkenntnissen und Wissen befördert.

Michael Hagner
Dieter Thomä
Cornelia Vismann

Inhalt

    Einleitung 8
1. Erste Philosophie 20
2. Außerhalbbefindlichkeit 36
3. Autor, Autorschaft, Autormystifikation 49
4. Bachtin, Medvedev und die Formale Schule 65
5. Dialogizität: Das Dostoevskij-Buch 80
6. Vološinov und Bachtin 99
7. Gattungsgedächtnis Roman 115
8. Hybridität / Dialogizität 131
9. Chronotopoi 141
10. Die Karnevalisierung der Literatur 157
11. Selbstkonzeptualisierung und Selbstaktualisierung: Bachtins Spätwerk 176

Anhang

Anmerkungen 190
Literaturhinweise 210
Siglenverzeichnis 213
Zeittafel 216
Über die Autorin 222

Einleitung

Zerstörerische und rettende Antwortlosigkeit – Anachronismen und Anachronotopismen der Bachtin-Rezeption – drei Werkphasen – Literaturwissenschaft, Philosophie und Metalinguistik – innere und äußere Unabgeschlossenheit

»Für das Wort (und folglich für den Menschen) gibt es nichts Schrecklicheres als die Antwortlosigkeit« (PT, 26), schreibt Michail M. Bachtin um 1960 in sein Notizheft. Zu diesem Zeitpunkt liegt seine letzte und erste Buchpublikation, *Probleme des Schaffens von Dostoevskij* (Problemy tvorčestva Dostoevskogo), bereits einunddreißig Jahre zurück. Auch sonst hatte Bachtin, der inzwischen fünfundsechzig Jahre alt ist, noch nichts Umfangreicheres veröffentlichen können – von der Publikation eines ganz kurzen Artikels über *Kunst und Verantwortung* (Iskusstvo i otvetstvennost') im Jahre 1919 und zwei Vorworten für die Tolstoj-Werkausgabe von 1929 abgesehen. Der Philosoph des Dialogischen blieb selbst die meiste Zeit seines Schreibens ohne Antwort.

Ein wesentlicher Grund für diese Antwortlosigkeit liegt sicherlich darin, dass die wenigen Rezensionen 1929 keine größere Diskussion über das Dostoevskij-Buch mehr entfachen konnten, da Bachtin zum Zeitpunkt des Erscheinens bereits als suspekte Person galt. Schon im Dezember 1928 war er verhaftet und zu fünf Jahren Konzentrationslager auf den Soloveckij-Inseln verurteilt worden. Aufgrund seiner fortschreitenden Osteomyelitis (infektiöse Entzündung des Knochenmarks) und der Fürsprache von Freunden wird die Lagerhaft in Verbannung nach Qostanai, einem nordkasachischen Steppenort an der Grenze zu Russland, umgewandelt. Auf diese Weise territorial und gesellschaftlich an den Rand gedrängt, schreibt Bachtin in den 1930er Jahren ohne Aussicht auf Veröffentlichung – ein Zustand, der auch nach der Verbannung bestehen bleibt. Erst 1961, kurz nach der Niederschrift der eingangs zitierten Notiz, wird Bachtin schließlich von einer Gruppe junger Moskauer Philologen, von Vadim Kožinov, Sergej Bočarov und Georgij Gačev in Saransk, 640 Kilometer südöstlich von Moskau ausfindig gemacht, und seine Texte werden trotz hartnäckiger Widerstände Schritt für Schritt publiziert.

So viele Jahre in die Leere zu schreiben muss für Bachtin eine deprimierende Situation gewesen sein. Ins Leere zu schreiben kann aber auch eine intellektuelle Rettung bedeuten. So haben es zumindest Nietzsches Zarathustra, Chlebnikovs Zangezi und Nabokovs Cincinnat C. gesehen und zugleich beklagt und geschätzt, dass die Zeit noch nicht ›reif‹ sei für ihre Worte. Erst das Fehlen des konkreten Lesers ermöglichte ihnen, ins ›Offene‹ zu sprechen. Das klingt wie die Widerlegung von Bachtins Theorie des Dialogischen, ist aber im Grunde deren Bestätigung. Denn durch das Fehlen der konkreten Rezipienten wird das Geschriebene an den potenziellen oder den idealen Leser adressiert. Bachtin nennt diesen idealen, künftigen Adressaten im selben Notizheft aus den 1960er Jahren den »Hintertüradressaten« (lazeečnyj adresat), denjenigen, der über ein absolut antwortendes Verstehen verfügt und dem Wort in der Zukunft eine andere Bedeutung zu geben vermag (Z 61, 337).

Sergej Bočarov, einer der Wiederentdecker Bachtins und Mitherausgeber der russischen, auf sieben Bände angelegten Gesamtausgabe, beschreibt Bachtins Situation ganz in diesem Sinne als werkbiografischen Anachronismus: »Bachtin schrieb für seine Zeit, gelesen wurde er zu einer anderen Zeit.«[1] In Bachtins Terminologie könnte man sagen, dass es sich nicht nur um einen Anachronismus, sondern um einen Anachronotopismus handelt, also um eine Verschiebung, die nicht nur in der Zeit, sondern auch im Raum stattfand. Denn diskutiert wurde Bachtin zunächst nicht dort, wo er seine Texte verfasst hatte, in der Sowjetunion, sondern dort, wo seine Konzepte auf eine geradezu enthusiastische ›Antwort‹ stießen – auf der anderen Seite des Eisernen Vorhangs. Die Slavistin Renate Lachmann spricht in diesem Zusammenhang vom »geradezu gierigen Griff des Westens«, der nach der Wiederauflage des Dostoevskij-Buches 1963 und der Publikation des Rabelais-Buches 1965 erfolgte.[2]

Inzwischen ist von der fast fünfzigjährigen Verspätung der Bachtin-Rezeption, insbesondere von der russischen, nichts mehr zu merken. In einem 2002 erschienenen Bachtin-Band in der Reihe *Pro und Contra* verzeichnet die Bibliografie 1465 russische und 1160 ausländische Publikationen, wobei zu sehen ist, dass die russische Rezeption – von einigen Ausnahmen abgesehen – in den 1990er Jahren erst richtig in Gang kommt und die westliche bereits in den 1980er Jahren einen ersten Höhepunkt erreicht hatte. Inzwischen ist sogar die Rezeption der Schriften Bachtins selbst zu einem Forschungsgegenstand geworden, zeichnet diese doch einen Ost-West-Konflikt von Theorietransfer, Theorieaneignung und Rückaneignung nach, der auch über die Texte Bachtins hinaus die komplizierte Wiederannäherung politisch getrennter geisteswissenschaftlicher Traditionen deutlich macht.

Angefangen hat das Interesse für Bachtins Schriften im Westen mit Julia Kristevas 1967 publiziertem Aufsatz *Bakhtine, le mot, le dialogue et le roman*, der in der Zeitschrift *Critique* erschien. Erst zwei Jahre später, 1970, erscheinen das Dostoevskij-Buch, zu dem Kristeva ein Vorwort schrieb, und das Buch über Rabelais in französischer Übersetzung. Kristeva, die 1965 aus Bulgarien nach Frankreich emigriert war, hatte in Sofia die wiederaufgelegten Bücher Bachtins im russischen Original lesen können und stellte sie nun in Paris in einem Seminar von Roland Barthes vor.[3] Kristevas Artikel entfacht die Theoriediskussion um eine ontologische und konkrete Zitathaftigkeit des Wortes und des Textes, die sie als Intertextualität bezeichnet. Zwar verortet Kristeva Bachtin irreführend im Kontext der Formalisten und von Ferdinand de Saussure, obwohl Bachtin gegen beide anschreibt, aber sie erkennt das Potenzial des bachtinschen Begriffs der Dialogizität für die postrukturalistische Debatte. So findet die erste Aneignung Bachtins vor allem im Kontext der sich immer deutlicher ausdifferenzierenden Theorien von Intertextualität und Autorschaft sowie im Umfeld der Diskussion um die Prozesse der *écriture/lecture* statt.

Der ebenfalls aus Bulgarien stammende und 1963 nach Frankreich emigrierte Literatur- und Kulturwissenschaftler Tzvetan Todorov publiziert schließlich 1981 die erste größere Monografie *Mikhaïl Bakhtine, le principe dialogique*, wobei in diesem Buch wie auch bei Kristeva einige der frühen Texte Bachtins noch keine Berücksichtigung finden.

In den 1980er Jahren sind es vor allem US-amerikanische Slavisten (Katerina Clark, Michail Holquist, Gary Saul Morson, Caryl Emerson), die Bachtins Schriften nicht nur ins Amerikanische übersetzen, sondern zahlreiche Studien verfassen, die Bachtins Ideen weniger in aktuellen Debatten situieren, als vielmehr in ihren kulturgeschichtlichen Entstehungskontext einbetten. Diese konzeptgeschichtliche Einordnung wird vor allem im 1994 gegründeten Bachtin-Zentrum an der Universität von Sheffield (UK) fortgesetzt, das die Slavisten David Shepherd und seit 2008 Craig Brandist leiten.

Außerhalb der US-amerikanischen Slavistik wurden Bachtins Schriften – wie in Frankreich auch – vor allem in die aktuellen

Theoriedebatten integriert, u.a. von Paul de Man, René Wellek und in den Postcolonial Studies. Homi Bhabha hat beispielsweise Bachtins Begriff der Hybridität, den dieser eigentlich auf nur zehn Seiten seiner *Ästhetik des Wortes* als Pendant zum bzw. als Variante des Dialogischen ins Spiel bringt, zu einem Leitbegriff seiner Theorie gemacht.

Die deutsche Rezeption begann zwar früh (schon auf dem Heidelberger Slavistentag 1964 hatte Horst-Jürgen Gerigk das Dostoevskij-Buch vorgestellt)[4], hat sich aber bislang auf einige wenige Aufsätze, Monografien und Herausgaben, u.a. von Renate Lachmann, Rainer Grübel, Edward Kowalski, Matthias Freise, Wolfram Eilenberger und Maja Soboleva konzentriert. Inzwischen sind fast alle Texte Bachtins und des Bachtin-Kreises ins Deutsche übersetzt. Es fehlen nur noch Übersetzungen der Studien zum Bildungsroman, in denen sich Bachtin mit Goethe beschäftigt, und die zahlreichen Notizen, die Bachtin in den 1960er und 1970er Jahren bei der Überarbeitung seiner Bücher anfertigt.

Dass die russische Rezeption zaghaft einsetzte, war vor allem den politischen Umständen geschuldet, die auch den überbordenden Bachtin-Kult der 1990er Jahre erklären. Die seit Beginn der 1990er Jahre in Russland entstehende Bachtin-Kunde (Bachtinovedenie), Bachtinologie (Bachtinologija) und Bachtinistik (Bachtinistika) ist nicht nur angetreten, aus Bachtin einen Nationalheiligen zu machen, sondern möchte auch die westliche Aneignung Bachtins rückgängig machen. Das zeigte sich besonders deutlich beim ersten größeren Aufeinandertreffen von westlichen und russischen Forschern 1991 auf dem Fünften Internationalen Bachtin-Kongress in Manchester und beim ersten von Russland ausgerichteten Internationalen Bachtin-Kongress 1995 in Moskau.[5]

Vor 1990 waren es vor allem die Entdecker Bachtins (Kožinov, Bočarov, Gačev), die einzelne Artikel veröffentlichten, aber auch Vjačeslav Ivanov, Sergej Konkin oder Vitalij Machlin sowie die

Vertreter der Moskau-Tartuer-Schule (Jurij Lotman, Michail Gasparov, Boris Uspenskij) haben sich früh mit ihm auseinandergesetzt. Insbesondere das Rabelais-Buch mit seiner Interpretation des karnevalesken Lachens in Westeuropa hatte die russische Forschung nach der Publikation von 1965 dazu herausgefordert, eine Geschichte und Theorie des Lachens in der russischen Kultur zu verfassen. Bestes Beispiel dafür ist Dmitrij Lichačevs und Aleksandr Pančenkos Buch *Die Lachwelt des alten Russland* (Smechovoj mir Drevnej Rusi, 1976), in dem das Lachen – anders als bei Bachtin – auch als Instrument des Terrors diskutiert wird.

Während Bachtin im Westen vor allem als Literaturwissenschaftler gelesen wurde, machte die russische Rezeption in den 1990er Jahren vor allem den Philosophen Bachtin stark. Sie konzentrierte sich viel deutlicher auf das Frühwerk in den 1920er Jahren und auch auf die späten philosophischen Notizen, die Begriffe und Gedanken dieser Zeit fortsetzen.

Die Fülle und Vielfalt der russischen Publikationen über und von Bachtin in den 1990er Jahren sind immens. Seit 1990 erscheint der *Bachtinskij sbornik* (Bachtin-Sammelband), seit 1995 die *Bachtinskie čtenija* (Bachtinsche Lektüren), seit 1992 bis heute (mit kurzer Unterbrechung) wird die Zeitschrift *Dialog, Karnaval, Chronotop* von Nikolaj Pan'kov herausgegeben. Von der Bachtin-Gesamtausgabe sind sechs der sieben geplanten Bände erschienen.

Rückblickend haben wir es mit zwei Rezeptionslinien zu tun, erstens mit einer immer wieder neuen Transformation des bachtinschen Denkens in den theoretischen Debatten Ende des 20. Jahrhunderts, zweitens mit dem Versuch, die kulturellen und philosophischen Kontexte, in denen die Texte entstanden sind, zu rekonstruieren. Beide Rezeptionsweisen haben ihre Schwächen und Stärken. Die konzeptgeschichtliche Forschung driftet jedoch oft in Richtung Einflussforschung und beschränkt sich zumeist darauf, nach den ›eigentlichen‹ Quellen für Bachtins Denken zu suchen. Den Anlass dafür gaben einige ›Funde‹, die zeigen, wie wenig Bachtin seine Dialogpartner in seinen Schriften explizit gemacht hat. Dass er dann auch noch, wie Brian Poole 1998 herausfand, drei Seiten aus Ernst Cassirers *Theorie der symbolischen Formen* in sein Buch über Rabelais eingefügt hat, ohne Cassirer zu erwähnen, hat die gesamte Bachtin-Forschung in einen Schockzustand versetzt und die oft kriminalistisch anmutende Quellensuche weiter vorangetrieben. Letztlich wird – gerade bei der Suche nach den Quellen seines Denkens – jedoch umso deutlicher, dass Begriffe wie ›Dialogizität‹, ›Polyphonie‹, ›Redevielfalt‹, ›Chronotopos‹, ›Hybridität‹, ›Karnevalisierung‹, die die literaturwissenschaftliche und philosophische Diskussion der letzten dreißig Jahre belebt und überlebt haben, zwar nicht aus einem leeren diskursiven Raum kommen, sie aber erst in Bachtins Schriften zu Denkfiguren des 20. Jahrhunderts geworden sind.

Bei dieser Einführung in das Werk Bachtins handelt es sich nicht um einen systematisierenden Überblick, sondern um den Versuch, Bachtins Denk- und Schreibweise in einem teils chronologischen, teils konzeptuellen Zusammenhang zu erfassen. Es soll gezeigt werden, wie sich Bachtins Denken von einer Ethik, die an der Wechselbeziehung mit dem anderen orientiert ist, zu einer Ästhetik entwickelt, die die Wechselbeziehung mit dem anderen zunächst als Dialog zwischen Autor und Held und schließlich als Dialog mit dem fremden Wort konfiguriert. Allerdings handelt es sich dabei nicht um einen geraden Weg, sondern um einen reichlich verschlungenen, auf dem Bachtin einige grundlegende Überlegungen seiner frühen Schriften verwirft.

Versucht man einen Überblick über Bachtins Schaffen zu gewinnen, dann kann man von drei Phasen sprechen: die 1920er

Jahre, in denen er eine Ethik und Ästhetik ausarbeitet, die 1930er und 1940er Jahre, in denen er am Romanwort und am Gattungsgedächtnis Roman arbeitet, und eine späte Phase, die eher einer Überarbeitung und Selbstvergewisserung seiner bis dahin verfassten Schriften gleicht. Die erste Phase beginnt mit dem schon erwähnten Artikel *Kunst und Verantwortung* und wird fortgesetzt in der fragmentarischen Schrift *Zur Philosophie der Handlung* (K filosofii postupka). Der Text, der erstmals 1986 erscheint, richtet sich ganz strikt, mit Seitenblick auf Kant und den Neokantianismus, gegen jeglichen Apriorismus und »Theoretismus« in der Philosophie und entwirft eine »Erste Philosophie«, die vom »Seins-Ereignis« (bytie-sobytie) ausgeht. Um 1924 schreibt Bachtin dann an *Autor und Held in der ästhetischen Tätigkeit* (Avtor i geroj v ėstetičeskoj dejatel'nosti), den die russischen Herausgeber Bachtins einen »Schlüsseltext für alles, was er später geschrieben hat«[6], nennen. Auch *Autor und Held* erscheint erst nach dem Tod von Bachtin, 1979, in Auszügen. Ebenfalls Mitte der 1920er Jahre schreibt Bachtin an einem Aufsatz über die Formale Schule mit dem Titel *Das Problem von Form, Inhalt und Material im Wortkunstschaffen* (Problem soderžanija, materiala i formy v slovesnom tvorčestve).

Die genannten Texte entstehen in Nevel' (1918-19), Vitebsk (1920-24) und Leningrad (1924-29). Die Zeit ist geprägt durch einen intensiven Austausch mit Freunden, unter ihnen sind u.a. der Philosoph Matvej Kagan, der Linguist Valentin Vološinov und der Philologe Pavel Medvedev – eine Gruppe, die später als Bachtin-Kreis bezeichnet wird. Die Schriften von Vološinov und Medvedev, die in den 1920er Jahren erscheinen, gehen in ihrem Kern von einer Sprachkonzeption aus, die auch Bachtins Schriften eigen ist: dem Dialog mit dem fremden Wort und der Wechselbeziehung von Wort bzw. Äußerung und Kontext. Die Nähe der Sprachkonzepte von Bachtin, Vološinov und Medvedev hat in den 1990er Jahren zu einer heftigen und nicht lösbaren Debatte über die Autorschaft einiger Texte geführt, die darin kulminierte, dass in Russland die Schriften von Vološinov und Medvedev unter Bachtins Namen erschienen sind (›maskiert‹ – ›pod maskoj‹). Obwohl diese erste Phase nur einen kleinen Zeitraum von etwa zehn Jahren umfasst, sind ihr vier Kapitel dieser Einführung gewidmet. Es handelt sich um jene Kapitel, die am ausführlichsten Bachtins Auseinandersetzung mit der zeitgenössischen Philosophie, Sprach- und Literaturwissenschaft diskutieren: mit dem Neokantianismus, der Lebensphilosophie, Phänomenologie, der Formalen Schule, der Systemlinguistik und der Psychoanalyse.

Die zweite Periode beginnt mit der Publikation des Dostoevskij-Buches, das 1929 unter dem Titel *Probleme des Schaffens von Dostoevskij* (Problemy tvorčestva Dostoevskogo) erscheint. Zwar hat Bachtin dieses Buches schon zu Beginn der 1920er Jahre zu schreiben begonnen, aber die publizierte Fassung setzt sich in wichtigen Punkten von seinen früheren Schriften ab. Während der frühe Bachtin von einem geschlossenen künstlerischen Werkverständnis ausgeht, wird gerade die umgekehrte Qualität von künstlerischen Texten, nämlich deren Offenheit, Unabgeschlossenheit und Gegenwärtigkeit zur Grundidee all seiner folgenden ästhetik- und kulturtheoretischen Überlegungen. Das betrifft insbesondere die Romantheorie bzw. die Konzeption des Romanwortes, die er in den 1930er und 1940er Jahren in der Verbannung und in Savelovo, Kimry und Saransk erarbeitet. Dazu gehören die Studien *Das Wort im Roman* (Slovo v romane, 1934-35), *Formen der Zeit und des Chronotopos im Roman* (Formy vremeni i chronotopa v romane, 1937-38), *Der Bildungsroman und dessen Bedeutung in der Geschichte des Realismus* (Roman vospitanija i ego značenie v istorii realizma, 1936-38), der Artikel *Aus der Vorgeschichte des Romanwortes* (Iz predystorii romannogo slova, 1940), die Studie *Epos und Roman. Zur Methodologie der Romanforschung* (Èpos i Roman. O metodologii issledovanija romana, 1941) und das Buch über *Das Schaffen von François Rabelais und die Volkskultur des Mittelalters und der Renaissance* (Tvorčestvo Fransua Rable i narodnaja kul'tura srednevekov'ja i Renessansa, 1946), das auf Deutsch unter dem Titel *Rabelais und seine Welt* erschienen ist. In allen Studien zum Roman ist die Konzeption des dialogischen Wortes grundlegend. Das Dialogische ist gekennzeichnet durch eine horizontale Beziehung zwischen Autor und Figur, Ich und anderem, Akteur und Zuschauer, durch Gegenwärtigkeit und stetes Werden, Dislozierung, Unabschließbarkeit und semantische Heterogenität. Der zweiten Phase sind in dieser Einleitung die Kapitel zum Dialogischen und Monologischen, zum Verhältnis von Bachtin und Vološinov, zum Gattungsgedächtnis Roman, zum Chronotopos, zur Hybridität und zum Karneval gewidmet.

Die dritte Phase, die die Zeit der 1950er bis in die 1970er Jahre umfasst, ergibt kein einheitliches Bild. Bachtin verfasst in Saransk eine linguistische Studie über Sprechgattungen (1953-54), die sein generelles Interesse an Gattungen und Äußerungen fortschreibt, er arbeitet an einer Reihe von Konzepten, u.a. zum Lachen bei Gogol' und Majakovskij, zur Stilistik des Romanwortes, schreibt den Artikel *Das Problem des Textes* (Problema teksta, 1959-60), überarbeitet das Dostoevskij-Buch, das dann 1961 als *Probleme der Poetik Dostoevskijs* (Problemy poètiki Dostoevskogo) erscheint, macht das Rabelais-Buch zur Erstausgabe von 1965 publikationsfertig, legt Notizen an, die, oft orientiert an einzelnen Begriffen, seine früheren Schriften aufgreifen und weiterführen. Nur das letzte Kapitel der Einführung wird sich dieser Zeit widmen und die Art und Weise der Selbstkonzeptualisierung Bachtins in diesen späten Schriften zum Anlass nehmen, nach der Aktualität und Aktualisierbarkeit von Bachtins Schriften zu fragen.

Bachtins Werk liegt keine einheitliche Methode zugrunde. Gerne wird er deshalb mal liebevoll, mal kritisch als »Broken Thinker«[7] bezeichnet oder als »Denker kreativer Unschärfe«[8], als »adventurist of the academical environment«[9]. Viele seiner heute publizierten Texte sind fragmentarisch, argumentativ wie konzeptuell, besonders das Frühwerk, das Spätwerk hingegen ist eher aphoristisch. Sie als unsystematisch und unmethodisch zu verurteilen erscheint jedoch vermessen, schließlich hatte Bachtin viele seiner inzwischen publizierten Schriften nicht für eine Veröffentlichung konzipiert.

Er selbst sah sich als Philosophen, als Denker (B, 42). Im Dostoevskij-Buch bezeichnet er sein Vorgehen als »Metalinguistik«, »wenn man unter Metalinguistik das noch nicht in bestimmten Einzeldisziplinen betriebene Studium jener Seiten im Leben des Wortes versteht, die – völlig zu Recht – die Grenzen der Linguistik überschreiten« (PPD, 202). Bachtin, der »*meta*« in einem älteren Verständnis im Sinne von »hinausgehend über« verwendet, richtet sich hier – wie in vielen seiner Schriften – gegen die Systemlinguistik. Als Literaturwissenschaftler sieht er sich eigentlich nicht, und mit Blick auf seine Werke dient ihm die Literatur vor allem als Dialogpartner. Die Stärke Bachtins liegt vielleicht darin, in der literarischen Schreibweise und Darstellung einen philosophischen bzw. theoretischen Akt erkannt zu haben, der philosophischen Texten selbst selten eigen ist. Er schreibt, Literatur sei »nicht einfach die Verwendung von Sprache, sondern ihre künstlerische Erkenntnis« (KL, 151). Er wollte damit deutlich machen, dass er die Literatur für eine »Sprechgattung« hält, die sprachphilosophische bzw. -theoretische Erkenntnisse nicht in erster Linie formuliert, sondern abbildet bzw. darstellt. Die Literaturwissenschaft gilt ihm – ähnlich wie Literatur – als »das freieste (fast karnevaleske) Gebiet der Forschung« (RZ, 419), die Philosophie hingegen als »Metasprache (metajazyk) aller Wissenschaften (und aller Arten der Erkenntnis und des Bewusstseins), dort wo die präzise Wissenschaft endet und die Anderswissenschaftlichkeit (inonaučnost') beginnt« (RZ, 424).

Für Hinweise, Kritik und Korrekturen danke ich sehr herzlich: Igor' Čubarov, Rainer Grübel, Steffen Herrmann, Anne Krier, Renate Lachmann, Vitalij Machlin, Matthias Meindl, Oliver Meckler, Willi Reinecke und Sandro Zanetti.

1. Erste Philosophie

Verantwortung/Antwort – Bachtin-Kreis (Nevel'/Vitebsk) – Erste Philosophie – Ereignis – Handlung (postupok) – Gegebenheit und Aufgegebenheit (Hermann Cohen) – Verantwortung und Nicht-Alibi im Sein – Ich und der andere – Bachtin und Buber – Sprache als Handlung

Als Michail Bachtin 1919 seinen ersten und dazu sehr kurzen Text mit dem Titel *Kunst und Verantwortung* in der Nevel'er Zeitschrift *Tag der Kunst* veröffentlicht, nennt er bereits jene zwei Stichworte, die für die Entwicklung seiner zunächst ethischen und später sprachphilosophischen Entwürfe zentral sein werden: Verantwortung (otvetstvennost') und Antwort (otvet). Bachtin fragt in diesem programmatischen Text, wie und wodurch Kunst und Leben nicht nur äußerlich miteinander verbunden sind, sondern von innen her, in gegenseitiger Durchdringung koexistieren können. Nur »in der Person, die sie in ihre eigene Einheit integriert«, gibt er zur Antwort: »Kunst und Leben sind nicht eins, aber sie müssen in mir einheitlich werden, in der Einheit meiner Verantwortung.« (KV, 94)

Bachtins personalistischer Ansatz wird verständlich, wenn man bedenkt, wogegen er argumentiert, nämlich gegen jene Theorien, die Kunst und Leben und überhaupt einzelne sprachliche Elemente zu einem Ganzen nicht organisch, sondern rein mechanisch verbinden: »Ein Ganzes wird dann mechanisch genannt, wenn seine einzelnen Elemente nur in Raum und Zeit durch äußere Verbindung vereinigt und nicht von der inneren

Einheit des Sinns durchdrungen sind.« (KV, 93) Ähnliche Sätze wird man auch in späteren Arbeiten noch finden, in *Zur Philosophie der Handlung* etwa, wo Bachtin den »Theoretismus« der modernen Philosophie zu überwinden versucht, oder in jenen Arbeiten, in denen Bachtin und der Bachtin-Kreis gegen die Systemlinguistik und gegen die formalistische Theorie sowie deren mechanistische Aneinanderreihung isolierter linguistischer Spracheinheiten polemisieren.

Bachtin lebt zum Zeitpunkt der Veröffentlichung seines Essays in Nevel', einer Kleinstadt im damaligen Gouvernement Vitebsk, heute Pskov, die im Laufe ihrer Geschichte abwechselnd unter polnisch-litauischer und russischer Herrschaft stand. Er ist vierundzwanzig Jahre alt und hat bereits einige Ortswechsel hinter sich. In fast allen Städten, in denen Bachtin seine Kindheit und Jugend verbringt, lebt eine mehrsprachige, um nicht zu sagen polyphone Bevölkerung – Russen, Juden, Tataren, Litauer, Polen, Armenier, Ukrainer. Im zentralrussischen Orel', wo er am 16.11.1895 geboren wird, bleibt die Familie nur bis zu seinem zehnten Lebensjahr, 1905 folgt der Umzug nach Vilnius, 1911 nach Odessa. Bereits zu dieser Zeit beginnen einige biografische Unklarheiten, über die man in der Forschung immer wieder gestolpert ist. Da Bachtin von klein auf an chronischer Osteomyelitis litt, ist es wahrscheinlich, dass er die Schule nicht regelmäßig besuchen konnte; auch hat er das Gymnasium wohl nicht abgeschlossen, zumindest liegt kein Abschlusszeugnis vor. Wie er dann bzw. ob er überhaupt in Novorossijsk und Petrograd zwischen 1913 und 1918 Altphilologie, Philosophie, deutsche philosophische Ästhetik und allgemeine Literaturwissenschaft studieren konnte, ist eigentlich unklar. Bachtin selbst hat seinen Studienverlauf immer wieder unterschiedlich dokumentiert, einige Biografen zweifeln aufgrund des fehlenden Abschlusszeugnisses ganz und gar am Studium: Der Name Michail

Bachtin erscheine weder in den Dokumenten der Universität von Novorossijsk noch in jenen der Universität von Petrograd. Zu finden ist aber immer der Name des ein Jahr älteren Bruders Nikolaj (1894-1950), mit dem Michail bis zu dessen Emigration 1919 nach Konstantinopel eine symbiotische Beziehung pflegte. Mit Nikolaj hat Michail Bachtin nach dessen Emigration nur noch brieflichen Kontakt, der aber im Laufe der 1920er Jahre – Nikolaj ist ab 1924 in Paris, ab 1928 Dozent in Birmingham und ab 1932 Professor in Cambridge – immer weniger wird, bis er nach der Verhaftung Michail Bachtins 1929 ganz aufhört.

Die Zweifel über Bachtins Studium an der Universität werden zusätzlich noch dadurch genährt, dass Bachtin 1912 erst die vierte Klasse des Gymnasiums abgeschlossen hatte und also die achte (letzte) Klasse erst 1916 abgeschlossen hätte.[10] Bachtin erzählt in einem 1973 geführten Interview mit dem russischen Philologen und Majakovskij-Spezialisten Duvakin von Vorlesungen und Seminaren, die er an der Petrograder Universität besucht habe, u.a. bei dem Altphilologen Tadeusz Zieliński, Spezialist für die Zeitstruktur des Epos und die oratorische Praxis bei Cicero, bei dem Philosophen Nikolaj O. Losskij, Anti-Kantianer und ›Intuitivist‹, bei dem Kantianer Aleksandr I. Vvedenskij, dem Positivisten Ivan I. Lapšin und beim legendären Linguisten Jan Niecisław Baudouin de Courtenay, dem Begründer der experimentellen Phonetik, dessen Schüler auch die Formalisten waren (B, 56 f.).

Im selben Interview schildert Bachtin seine Jugend als Zeit intensiver Lektüre. Schon mit zwölf Jahren habe er den gesamten Dostoevskij durchgelesen und zudem deutsche und französische Philosophie und Literatur im Original. Deutsch habe er von einer deutschen Gouvernante gelernt, als er noch gar nicht richtig Russisch gekonnt habe. Mit dreizehn habe er dann schon Kant studiert, dann Nietzsche, dann Kierkegaard (auf Deutsch), später Cohen, wobei er selbst betont, dass gerade Hermann Cohens Philosophie einen gewaltigen Einfluss auf ihn ausgeübt habe (B, 38). In Odessa, so berichten seine Biografen Katerina Clark und Michael Holquist, habe ihn zudem schon damals ein Tutor mit dem Werk Martin Bubers bekannt gemacht, erschienen waren 1911 gerade die *Drei Reden über das Judentum*.[11] Später, in den 1920er Jahren, liest Bachtin dann intensiv Texte u.a. von Georg Simmel, Max Scheler und Ernst Cassirer.

In Nevel' kam zwischen 1918 und 1920 jener Kreis von Freunden zusammen, der zunächst als Kant-Seminar oder Nevel'er Kreis, später als Leningrader Zirkel oder als Bachtin-Kreis firmierte. Zum Kreis gehörten von Beginn an der Philosoph Matvej I. Kagan (1889-1937), die Pianistin Marija V. Judina (1899-1970), der Juraabsolvent und spätere Linguist Valentin N. Vološinov (1895-1936), der Dichter, Bildhauer, Archäologe und Rosenkreuzer Boris N. Zubakin (1894-1938) und der Philologe Lev V. Pumjanskij (1891-1940). Während die einen aus Nevel' kamen, waren die anderen aus Petrograd zugereist. In Nevel' trifft man sich zu nächtlichen Gesprächen im privaten Kreis, hält aber auch öffentliche Vorlesungen vor dem neuen Arbeiterpublikum, Bachtin referiert u.a. zur *Geschichte des Dramas* und zum *Russisch-nationalen Charakter in Philosophie und Literatur*. Die Zeitschrift *Molot* (Der Hammer) berichtet auch von öffentlichen Diskussionen, u.a. im November 1918 zum Thema »Gott und der Sozialismus«, an denen Bachtin und Pumpjanskij sowie Vertreter der Bolschewiki teilnehmen. 1918 eine solche Diskussion zu führen, wo Lenin bereits am Beginn des Jahres das »Dekret über die Trennung der Kirche vom Staat und der Schule von der Kirche« verabschiedet hatte, um der Kirche jede pädagogische Tätigkeit zu verbieten, war, wenn man sich zum Glauben bekannte, ziemlich heikel. So stellt auch der Rezensent im *Molot* Bachtin deutlich abwertend als konservativen, teilweise unverständlichen

Redner dar, der die Religion nicht ablehne und am Sozialismus kritisiere, dass dieser die Toten nicht ehre.[12]

Die öffentlichen Vorlesungen und Diskussionen des Freundeskreises fallen in eine Zeit, in der man sich in der politischen Öffentlichkeit für die klassische Philologie und für die zeitgenössische deutsche oder westeuropäische Philosophie nicht interessiert. Geradezu anachronistisch mutet es an, wenn Bachtin einen Vortrag zum Thema *Technische Kultur und Christentum* oder zu Nietzsche hält oder wenn Matvej Kagan, der in Marburg und Berlin Philosophie studierte, im postrevolutionären Russland zum philosophischen System von Hermann Cohen vorträgt.

1920 zieht Bachtin nach Vitebsk, wo er Elena Aleksandrovna Okolič (1891-1971) heiratet. In Nevel' hatte er sein Einkommen durch Unterricht in den Fächern Geschichte, Soziologie und russische Sprache an der »Arbeits-Einheitsschule« der ersten und zweiten Stufe, dem ehemaligen Gymnasium in Nevel', bestritten, in Vitebsk wird er nun Vorlesungen zur westlichen Literatur am Staatlichen Vitebsker Pädagogischen Institut und zur Geschichte der Philosophie am örtlichen Konservatorium halten. Auch in Vitebsk trifft sich der Freundeskreis, zu dem Pavel N. Medvedev hinzukommt, der am dortigen Literaturstudio lehrt. Vitebsk ist nach der Revolution für einen kurzen Zeitraum »Hauptstadt der europäischen Kulturgeschichte«.[13] Zwischen 1917 und 1922 fanden sich hier in einem »Laboratorium von geradezu ekstatischer Produktivität etliche Genies der Epoche«[14] zusammen, unter ihnen Marc Chagall, Kasimir Malevič und die von Letzterem gegründete Künstlervereinigung UNOVIS (Bestätiger der neuen Kunst), El Lissitzky, die Theaterregisseure Rudolf Ungern und Ivan Solertinskij. Malevič verwandelte Vitebsk, wie Sergej Ėjzenštejn schreibt, in eine suprematistische Stadt mit »suprematistischem Konfetti«: »Dort sind die roten Klinkerbauten an den Hauptstraßen mit weißer Farbe bedeckt. Und auf dem weißen Hintergrund laufen grüne Kreise auseinander. Orangefarbene Quadrate. Blaue Rechtecke. Das ist das Vitebsk von 1920. Die Klinkerwände hat Malevič mit seinem Pinsel bemalt.«[15]

Bachtin war nicht gerade ein Anhänger der russischen Avantgarde, er bevorzugte die Malerei und Poesie der russischen Symbolisten, insbesondere war er den mystischen Gemälden Dmitrij Vrubels zugeneigt und der Dichtung von Vjačeslav Ivanov.[16] Im Interview mit Duvakin zeigt sich Bachtin jedoch fasziniert von Malevič, allerdings weniger von dessen Arbeiten als von seiner außergewöhnlichen Persönlichkeit (B, 137).

Bachtin wird nur bis 1924 in Vitebsk bleiben, seine chronische Osteomyelitis fesselt ihn ans Bett. Er bekommt keine feste Anstellung, schon 1921 versucht Matvej Kagan, Bachtin zu einer Stelle an der Universität in Orel, seiner Heimatstadt, zu verhelfen, doch ist der Versuch vergeblich. Auch in der von Kagan 1922 in Moskau gemeinsam mit Gustav Špet gegründeten Akademie der künstlerischen Wissenschaften (GAChN) wird Bachtin nicht unterkommen. Bachtin bleibt ein Privatgelehrter, sein Medium ist das Gespräch im Freundeskreis oder der öffentliche Vortrag.

Trotz der für Bachtin durch schwere Krankheit und fehlende Daueranstellung schwierigen Lebensumstände in Nevel' und Vitebsk ist er äußerst produktiv. Neben dem winzigen Artikel *Kunst und Verantwortung* arbeitet er etwa ab 1921 in Vitebsk an *Zur Philosophie der Handlung*. Aus einem Brief an Matvej Kagan aus dem Jahr 1921 geht zudem hervor, dass er an einer Untersuchung mit dem Titel *Das Subjekt der Moral und das Subjekt des Rechts* (Sub"ekt nravstvennosti i sub"ekt prava) schreibt[17] sowie an einem Buch über Dostoevskij. Während das Buch zum Subjekt der Moral unter diesem Titel nicht erhalten geblieben ist, mündet das zweite Buch in dem 1929 publizierten Werk *Probleme des Schaffens von Dostoevskij*.

Zur Philosophie der Handlung ist zwar erhalten, aber nicht vollständig. Das vorhandene Fragment hat keinen Titel, der Einführung fehlen die ersten acht von insgesamt 52 Seiten, und vom ersten der vier angekündigten Teile sind nur 16 Seiten geschrieben. Dieser erste Teil sollte »ästhetische Tätigkeit als Handlung« heißen, die folgenden »Ethik des künstlerischen Schaffens«, »Ethik der Politik« und »Ethik der Religion«. *Zur Philosophie der Handlung* ist aber nicht nur fragmentarisch im Hinblick auf die Vollständigkeit, sondern auch in der Argumentation. Oft sind die Sätze abgehackt, Gedankengänge eher stichwortartig formuliert – es handelt sich eher um einen Entwurf als um ein publikationsfertiges Werk.

Erstmals veröffentlicht wird *Zur Philosophie der Handlung* erst 1986 in gekürzter Version, also erst nach der ersten Rezeptionswelle der Schriften Bachtins, die durch die Bücher über Dostoevskij und Rabelais dominiert wurde. Die Publikation ist das Ergebnis einer jahrelangen Entzifferungsarbeit, denn das Manuskript wurde im Dezember 1971 in einem Koffer mit weiteren Handschriften im Auftrag von Bachtin von Saransk nach Peredelkino gebracht. Die Manuskripte waren in einem denkbar schlechten Zustand: das Papier vergilbt, die Blätter eingerissen und zerknittert, die Texte lückenhaft, teilweise kaum entzifferbar. Sergej Bočarov, einer der Editoren, wird der ersten Publikation den Titel *Zur Philosophie der Handlung* geben.

Handlung, russisch *postupok*, ist einer der zentralen Begriffe des Fragments. *Postupok* lässt sich nur bedingt ins Deutsche übertragen, *postupok* drückt zugleich eine Gerichtetheit und einen Vollzug aus, impliziert also eine Richtung und den Ereignischarakter des Tuns. Die terminologische Verwendung und Herkunft des Wortes hat die Forschung immer wieder beschäftigt. Die einen machen darauf aufmerksam, dass Bachtin für *postupok* auch den ihm offensichtlich aus der Phänomenologie Edmund Husserls und Max Schelers vertrauten Ausdruck ›Akt‹ verwendet, »und dieser – verstanden als intentional gerichteter Vollzug von Erlebnissen« decke die Bedeutung von *postupok* größtenteils ab.[18] Der Übersetzer der englischen Ausgabe, Vadim Ljapunov, hat deshalb wohl auch den Titel *Toward a Philosophy of the Act* gewählt. Allerdings verwendet Bachtin die Begriffe Akt und *postupok* nebeneinander und bildet sogar das Kompositum »akt-postupok« (FP, 9). Andere wiederum betonen die zuzeiten Bachtins eher umgangssprachliche als philosophische Verwendung des Wortes – im Unterschied gerade zum Wort Akt (akt) oder Handlung bzw. Tätigkeit (dejstvie). Ein *postupok* sei immer jemandes *postupok*, in ihm klinge bereits die Verantwortlichkeit und die Initiative an.[19]

An diesen Definitionsversuchen zeigt sich, dass ein *postupok* nicht nur ein Handeln im herkömmlichen Sinn ist, sondern dass Bachtin einen erweiterten Handlungsbegriff einführt, denn auch ein Gedanke, ein Wort, das Leben ist eine Handlung: »Jeder meiner Gedanken mit seinem Inhalt ist meine individuell verantwortliche Handlung (individual'no-otvetstvennyj postupok), eine der Handlungen, die mein ganzes einzigartiges Leben ausmachen, als durchgängiges Handeln (splošnoe postuplenie), denn das ganze Leben kann insgesamt als eine komplexe Handlung angesehen werden: Ich handle mit meinem ganzen Leben, jeder einzelne Akt, jedes einzelne Erleben ist ein Moment meines Lebens-Handelns.« (FP, 8)

Bachtins gesamter vorliegender Text ist eine Auseinandersetzung mit Kant, mit dem Neokantianismus (Hermann Cohen, Heinrich Rickert), der Phänomenologie (Edmund Husserl, Max Scheler) und der Lebensphilosophie (Wilhelm Dilthey, Henri Bergson, Georg Simmel). Sein Anliegen ist es, eine *Prima philosophia*, eine Erste Philosophie zu schaffen, die er als Philosophie des »einheitlichen und einzigartigen Seins-Ereignisses (bytija-sobytija)« (FP, 28) bezeichnet. Dahinter verbirgt sich eine phänomenologisch inspirierte Ethik, in deren Zentrum die Persönlichkeit des verantwortlich Handelnden steht, die dieser in steter Wechselbeziehung zur Lebenswelt und zum anderen entfaltet. Auch Husserl arbeitet zu Beginn der 1920er Jahre an einer Ersten Philosophie, 1923/24 veröffentlicht er den ersten Teil des gleichnamigen Buches. Husserl versteht unter Erster Philosophie mit Rückbezug auf Aristoteles ganz wortwörtlich einen philosophischen Neuanfang, und zwar im Sinne einer transzendentalen Phänomenologie, nicht aber einer Metaphysik, als die Aristoteles' Erste Philosophie später überliefert worden ist.[20] Bachtin schließt allerdings nicht unmittelbar an Husserls Phänomenologie an, ganz im Gegenteil, er verfasst eher eine anti-cartesianische, phänomenologische Ethik im Sinne Schelers, keine transzendental-idealistische Phänomenologie nach Husserl.

Zugrunde liegt Bachtins Konzept der Ereignisphilosophie bzw. Ersten Philosophie die Kritik an einem Zwei-Welten-Modell in der Philosophie, das auf der einen Seite die Welt der Kultur, der Theorie und des Gesetzes und auf der anderen die Welt des Lebens, des Seins-Ereignisses, der Praxis und des Handelns situiert. Es ist eben nicht möglich zu sagen, dass auf der einen Seite sich die Welt befindet, in der der Akt unserer Tätigkeit objektiviert (Wissenschaft) und ästhetisiert (Kunst) werde, und auf der anderen Seite die Welt, in der dieser Akt ein einziges Mal tatsächlich verlaufe und vollzogen werde (Welt): »Die Welt, in der eine Handlung tatsächlich verläuft, vollzogen wird, ist die einheitliche und einzigartige Welt, die konkret erlebt wird: sichtbar, hörbar, fühlbar und denkbar. [...] Eine praktische Orientierung meines Lebens in der theoretischen Welt ist un-möglich, in ihr kann man nicht leben, verantwortlich handeln, in ihr werde ich nicht gebraucht, in ihr gibt es mich prinzipiell nicht.« (FP, 51)

Folge eines solchen Modells bzw. einer Theorie des theoretischen Subjekts sei ein abstrakt-theoretischer Seins-*Begriff*.

Bachtin polemisiert dagegen, denn es sei nicht der Seins-Begriff, »in dem ich lebe« (FP, 13). Seine Kritik an Kant richtet sich deshalb vor allem auf die Annahme »eines a priori transzendentalen Elements in unserer Erkenntnis« und eines »rein theoretischen, historisch nicht-tatsächlichen Subjekts«, »eines Bewusstseins an sich« (FP, 10). Bachtin entgegnet Kant: »Jedoch musste sich dieses theoretische Subjekt natürlich jedes Mal in einem realen, tatsächlichen, denkenden Menschen verkörpern, um mit der ganzen ihm immanenten Welt des Seins als Gegenstand seiner Erkenntnis an dem tatsächlichen, historisch ereignishaften Sein nur als sein Moment teilzuhaben.« (FP, 11) Ein Subjekt *a priori*, das vor der Erfahrung bzw. unabhängig von der Erfahrung existiert, kann für Bachtin weder Gegenstand der Erkenntnis noch der Moralphilosophie oder Wertethik sein. Bestimmtheit, Vorbestimmtheit, Vergangenheit und Abgeschlossenheit sind jene Kategorien, die mit dem Leben und dem Werden unvereinbar seien: »Wir hätten uns selbst aus dem Leben als einem verantwortlichen, gewagten, offenen Werden als Handlung geworfen, hinein in ein indifferentes, prinzipiell fertiges und vollendetes theoretisches Sein (das nur im Erkenntnisprozeß nicht vollendet und aufgegeben ist, jedoch aufgegeben eben als gegeben).« (FP, 13)

Die Wendung »gegeben und aufgegeben« verweist einerseits auf Kant, andererseits auf Hermann Cohens, Paul Natorps und schließlich auch Matvej Kagans Verwendung dieser Begriffe in ihren Schriften. Bachtin liest Cohen über die Vermittlung Matvej Kagans. Dieser organisiert dem kranken, teilweise ans Bett gefesselten Bachtin 1921 auch Cohens Bücher, die *Ethik des reinen Willens* von 1907 und *Kants Begründung der Ethik* von 1910. In der *Ethik des reinen Willens* beispielsweise unterscheidet Cohen zwischen Tun und Handlung, wobei der Begriff der Handlung dem sehr nahe kommt, was Bachtin unter *postupok* versteht. Die

Handlung, so Cohen, unterscheide sich vom Tun darin, dass es für sie nichts Fertiges gebe.[21] Handlung sei vielmehr Aufgabe. Ebenso verhalte es sich mit dem Begriff: Der Begriff, so Cohen, ist dem Denken nicht gegeben. »Der Begriff ist nämlich nicht nur von vornherein nicht gegeben, und er muss erst erzeugt werden; sondern er ist auch am Ende der Erzeugung nicht gegeben; *es gibt keinen Abschluss und kein Ende für ihn.* Das heisst: der Begriff ist Aufgabe.«[22]

Bachtin schließt in diesem Punkt an Cohen an, auch wenn er den Neokantianismus als Grundlage einer Ersten Philosophie ansonsten für ungeeignet hält. Aber in der Verbindung von *postupok* (Handlung) und Aufgabe lässt sich eine deutliche Übereinstimmung entdecken: »Meine Einzigartigkeit ist gegeben, doch gleichzeitig existiert sie nur insoweit, als sie von mir tatsächlich umgesetzt wird als Einzigartigkeit, sie ist immer im Akt, in der Handlung, d.h. aufgegeben.« (FP, 40)

Die Rede vom Gegebenen und Aufgegebenen wird zu einer oft verwendeten Formel in den 1910er und 1920er Jahren, auch bei den Formalisten Viktor Šklovskij und Jurij Tynjanov finden wir den »Kogenismus« in Bezug auf die Literatur. Tynjanov verwendet das Gegebene und Aufgegebene bei seinem Versuch, Prosa und Verse zu unterscheiden: Verse unterscheiden sich von Prosa nicht so sehr durch immanente Merkmale, durch das Gegebene, als durch die aufgegebene Reihe. Verselemete seien grundsätzlich aufgegeben, nicht gegeben.[23] Šklovskij hingegen beschreibt in seiner *Hamburger Abrechnung* den Roman als aufgegeben und nicht als gegeben.[24] Möglicherweise bezieht er sich dabei auf Georg Lukács, der in seiner Romantheorie (1916) den Roman von der Epopöe abgrenzt. Während die Epopöe sich von einer abgeschlossenen Lebenstotalität aus gestalte, sei der Roman in Bezug auf die Totalität des Lebens sucherisch, er begreife sie als aufgegeben. Auch Walter Benjamin, der sich früh mit Cohen auseinandersetzte, bezieht sich in einem Aufsatz von 1913 über den »historischen Sinn« auf den Irrtum seiner Zeitgenossen, diesen historischen Sinn nicht im Aufgegebenen und Zukünftigen zu suchen, sondern im Gegebenen, im Faktischen.[25] Ähnlich verbindet auch der Cohenschüler Kagan den »historischen Sinn« (smysl' istorii) und die historische Wirklichkeit mit dem Aufgegebenen, im Unterschied zur Gegebenheit der Kultur. Nicht die Erkenntnis der Geschichte sei aufgegeben, sondern ihr Objekt und ihr Subjekt, ihr Schöpfer und das Schöpfertum.[26] Und auch in der Literatur wird der »Kogenismus« verarbeitet: In Konstantin Vaginovs Roman *Bocksgesang* (Kozlinaja pesn', 1927) macht ein Philosoph, als dessen Vorbild Bachtin gilt, eine Zugreise und denkt: »Die Welt ist aufgegeben, nicht gegeben; die Wirklichkeit ist eine Aufgabe, keine Gegebenheit.«[27] Bachtins Verwendung der Begriffe des Gegebenen und des Aufgegebenen ist – im Unterschied zu Benjamin und Kagan – nicht auf den historischen Sinn gerichtet, sondern Teil einer Ethik, die das verantwortliche Handeln als stets aufgegeben definiert.

Mit *postupok*, dem zentralen Wort seines ersten philosophischen Textes, kennzeichnet Bachtin also ein individuelles, konkretes, ein partizipatives, aufgegebenes und verantwortungsvolles Handeln. Die Verantwortlichkeit – eine weitere zentrale Kategorie bei Bachtin – des konkret Handelnden ist dadurch bestimmt, dass sich die Handlung in der konkreten Welt und nicht in der theoretischen Welt des Gesetzes abspielt. Sie ist prinzipiell offen und kann sich nur in Korrelation (otnesennost') zum anderen bzw. in Wechselbeziehung (vzaimootnošenie) mit dem anderen entfalten. Darin zeigt sich auch die terminologische Pointe der Wörter Verantwortung, Antwort und Ereignis.[28] Verantwortung ist als antwortende Handlung gedacht und stets ereignishaft. Die wörtliche Übersetzung von Ereignis, *sobytie* im Russischen, lautet Mit-Sein. So lässt sich die Ereignisphilosophie

Bachtins bereits terminologisch als eine Philosophie der Teilnahme, des Partizipierens, des Dialogischen lesen, die sich nur *zwischen* Ich und anderem abspielen kann. Verantwortlich sein heißt also, die Teilnahme am Sein im Hier und Jetzt zu vollziehen, sich nicht auf das Dasein als theoretisches Konstrukt zu berufen oder sich ein Alibi zu verschaffen, d.h. so zu tun, als sei man an der Handlung, die man aktiv vollzieht, selbst nicht beteiligt – als sei man irgendwo anders. Bachtin nennt dies »das Faktum *meines Nicht-Alibis im Sein*« (fakt moego ne-alibi v bytie) (FP, 39). Das Nicht-Alibi im Sein fungiere wie die Unterschrift unter eine Handlung bzw. macht den Handelnden zum aktiven, nicht passiven Teilnehmer am Seinsereignis.

Wie Jurij Davydov gezeigt hat, ist die Übernahme von Verantwortung bei Bachtin jene Handlung, in der die Spaltung von Leben und Kultur, Subjekt und Objekt überwunden werden soll.[29] In gewisser Weise ist das Insistieren auf Verantwortung Bachtins Antwort auf Georg Simmels kulturphilosophischen Schlüsseltext *Die Tragödie der Kultur* von 1911. Simmel hatte darin gegen jene Gebilde des Geistes (Recht, Religion, Technik, Wissenschaft, Sitte) argumentiert, die zwar vom Subjekt hervorgebracht werden, die es aber erstarren lassen und seiner Endlichkeit und »strömenden Lebendigkeit« gegenüberstehen: »Dem vibrierenden, rastlosen, ins Grenzenlose hin sich entwickelnden Leben der in irgend einem Sinne schaffenden Seele steht ihr festes, ideell unverrückbares Produkt gegenüber, mit der unheimlichen Rückwirkung, jene Lebendigkeit festzulegen, ja erstarren zu machen; es ist oft, als ob die zeugende Bewegtheit der Seele an ihrem eigenen Erzeugnis stürbe.«[30]

Die verantwortliche Beziehung zum anderen nennt Bachtin das »höchste architektonische Prinzip der tatsächlichen Handlungswelt« (FP, 67). Bachtin reiht sich hier mit seiner auf der Beziehung zum anderen fußenden Ersten Philosophie in eine ganze Reihe von Entwürfen ein, die die Beziehung von Ich und anderem, Ich und Du sowie von Subjekt und Objekt in den Mittelpunkt stellen. Sowohl in der Phänomenologie als auch in der Lebensphilosophie, dem Neukantianismus und der Religionsphilosophie spielt die Beziehung zwischen Ich und anderem zu Beginn der 1920er Jahre eine große Rolle, z.B. bei Hermann Cohen, der 1917/18 in *Religion der Vernunft aus den Quellen des Judentums* schreibt, dass erst die Entdeckung des Du zum Bewusstsein des Ich, zur sittlichen Erkenntnis des Ich führe.[31] Cohen spricht auch von der Korrelation von Ich und Du als Voraussetzung der Korrelation von Mensch und Gott. Der Phänomenologe Max Scheler wiederum beharrt auf einem anderen Zusammenhang zwischen Ich und anderem, er macht das Mitgefühl zur Voraussetzung für das Verstehen, wobei Mitfühlen nicht bedeutet, mit dem anderen eins zu werden, sondern den anderen in seinem Anderssein zu belassen. Die deutlichste Parallele besteht aber zur Philosophie Martin Bubers, die wiederum eng mit Franz Rosenzweigs *Stern der Erlösung* (1921) und Ferdinand Ebners *Das Wort und die geistigen Realitäten – Pneumatologische Fragmente* (1921), ungefähr zur selben Zeit entstandenen Schriften zur Beziehung von Ich und Du, in Verbindung steht.[32] In Bubers *Ich und Du*, verfasst zwischen 1919 und 1923 und 1923 publiziert, unterscheidet Buber zwischen zwei Grundworten, die die Beziehung des Ich zur Welt kennzeichnen, Ich-Du und Ich-Es. Es gebe kein Ich an sich, sondern nur Beziehungen *zur* Es-Welt, die »objektiviert« werden, und Beziehungen in der Du-Welt, die »unmittelbar, gegenwärtig und mutual« sind. Aus diesem Beziehungsgefüge entstehe ein »zwiefaches Ich«.[33] Später, in seinem Text *Zwiesprache*, geschrieben 1930, publiziert 1932, schreibt Buber (ganz ähnlich wie Bachtin dies auch in *Zur Philosophie der Handlung* fordert und formuliert): »Der Begriff der Verantwortung ist aus dem Gebiet der Sonderethik, eines frei in der Luft schwebenden ›Sollens‹, in das gelebte Leben zurückzuholen. Echte Verantwortung gibt es nur, wo es wirkliches Antworten gibt.«[34]

Bachtin geht in *Zur Philosophie der Handlung* von einer anderen Ich-Du und Ich-Es Beziehung aus, als Buber sie skizziert. Für Bachtin besteht die Architektonik des Seinsereignisses aus drei Wechselbeziehungen: 1. Ich-für-mich (ja-dlja-sebja), der-andere-für-mich (drugoj-dlja-menja) und Ich-für-den-anderen (ja-dlja-drugogo). »Alle Werte des tatsächlichen Lebens und der Kultur«, schreibt Bachtin, »sind um diese grundlegenden architektonischen Punkte der tatsächlichen Handlungswelt herum angeordnet. Alle räumlich-zeitlichen und inhaltlich-sinnhaften Werte und Beziehungen bündeln sich zu diesen emotional-willentlichen, zentralen Momenten: ich, der andere und ich für den anderen.« (FP, 49 f.)

Vom Standpunkt der Ästhetik aus sei der andere immer der Welt der Objekte zugehörig, sein »Ich« sei ganz Objekt, wohingegen es in der Welt der Ethik unmöglich sei, die Objektivierung des anderen vollständig zu vollziehen. Bachtin nennt die ästhetische Objektivierung die »Lebenskorrelation zwischen mir – als einzigem Subjekt – und der ganzen übrigen Welt als Objekt nicht nur meiner Erkenntnis und meiner äußerlich sinnlichen Wahrnehmungen, sondern auch als eines des Wollens und Fühlens«. (AH, 93) Die bubersche Ich-Es Beziehung interessiert Bachtin also vor allem im Rahmen des ästhetischen Handelns. Den anderen zu entpersonalisieren, ihn zum Objekt zu machen, wird für Bachtin zur Ausgangsfrage des Verhältnisses von Autor und Figur.

Auch wenn die Handlung und nicht die Sprache die zentrale Rolle in *Zur Philosophie der Handlung* spielt, so wird doch schon hier offensichtlich, dass Bachtin Sprache selbst als Handlung versteht; er verwendet beispielsweise die Wendungen *postupok slova* und *postupok-slovo* (Wort als Handlung und Wort-Handlung). Grundsätzlich unterscheidet er die inhaltlich-sinnhafte Seite der Sprache (Wort als Begriff), die anschaulich-ausdrucksvolle (das Wort als Bild) und die emotional-volitive (die Intonation des Wortes). Alle drei Seiten der Sprache seien notwendig, um der Handlung einen Ausdruck zu geben und um die Sprache als Handlung erscheinen zu lassen. Entscheidend für den Aspekt der Handlung sei aber die emotional-volitive Seite der Sprache, in der sich der persönliche Ausdruck des Sprechenden zeige.

Später, in den zwischen 1959 und 1960, also knapp vierzig Jahre nach der *Philosophie der Handlung* entstandenen Notizen zum *Problem des Textes* (Problema teksta), kommt Bachtin in einer fast kultursemiotischen Wende noch einmal auf den *postupok* zurück. Die menschliche Handlung (postupok), schreibt er, ist ein potenzieller Text und kann nur im dialogischen Kontext ihrer Zeit verstanden werden, und zwar als Replik (PT, 179). Bachtin zufolge ist es nicht möglich, die Handlung außerhalb ihres möglichen zeichenhaften Ausdrucks zu verstehen (PT, 182). An diesen späten Notizen zeigt sich noch einmal deutlich, dass er das mit dem *postupok* verbundene prozessuale, offene, (ver)antwortliche Handeln von Beginn an immer auch als ein Sprachhandeln beschreibt und dass er umgekehrt später davon ausgeht, jedes Handeln könne zeichenhaft beschrieben werden. Dass Bachtin schließlich am Begriff des *postupok* nicht festhalten wird, ist vermutlich damit zu erklären, dass er – zumindest für die Sprache – einen viel passenderen Begriff finden wird, den des Dialogischen.

2. Außerhalbbefindlichkeit

Malevičs Dreidimensionalität – Autor und Held – Ich und anderer – Überschuss des Sehens – Außerhalbgelegenheit (vnepoložnost' bei Florenskij) – Einfühlung (Max Scheler) vs. Distanz – Herr Müller und Herr Meier – dialogische vs. monologische Außerhalbbefindlichkeit – Außerhalbbefindlichkeit als kulturelle Kategorie

Im Interview mit dem Philologen Viktor Duvakin erinnert sich der 68-jährige Bachtin an eine Begegnung mit Kasimir Malevič in Vitebsk zu Beginn der 1920er Jahre. Malevič dozierte damals vor Gästen der Kunstschule und erklärte dabei die Dreidimensionalität einer Skulptur und die Position des Künstlers in Bezug auf die Skulptur: »[...] und hier bin ich, der Künstler, der sie schuf. Wo befinde ich mich? Ich bin doch außerhalb dieser drei Dimensionen, die ich dargestellt habe. Sie sagen: Ich befinde mich auch in der Dreidimensionalität. Aber diese drei Dimensionen sind schon andere, andere. [...] Man kann nicht sagen: drei Dimensionen. Es gibt dreiunddreißig, dreihundertdreiunddreißig usw. – unendlich viele. [...] Sie können mich schlagen etc., – all das, aber versuchen sie mal, mich als Künstler zu schlagen ... Meine Augen sind außerhalb von Ihren ...« (B, 139)

Bachtin erinnert sich noch nach fünfzig Jahren an den genauen Wortlaut von Malevičs Vortrag über die Position des Künstlers im Schaffensprozess. Das ist einigermaßen verblüffend, auch wenn Bachtin immer wieder betont, dass er früher sogar in der Lage gewesen sei, ganze Passagen aus einem Buch nach einmaligem

Lesen auswendig zu erinnern (B, 38). Ein Grund für das an dieser Stelle so detailgetreu funktionierende Gedächtnis könnte allerdings sein, dass Malevičs Theorie das beste Beispiel für Bachtins Idee der Außerhalbbefindlichkeit (vnenachodimost') ist.

Außerhalbbefindlichkeit ist ein Schlüsselbegriff in Bachtins Arbeiten, auch wenn er – im Unterschied etwa zu Dialogizität oder Karneval – nicht so populär geworden ist. Vielleicht liegt das daran, dass Bachtin kein Buch über die Außerhalbbefindlichkeit geschrieben hat; der Begriff taucht vielmehr stetig auf, zuerst im Zusammenhang mit der ethischen und ästhetischen Tätigkeit in *Zur Philosophie der Handlung*, dann als Position des Autors gegenüber den Figuren in dem ebenfalls Mitte der 1920er Jahre geschriebenen Buch *Autor und Held*, später dann als monologische oder dialogische Außerhalbbefindlichkeit im 1929 publizierten Dostoevskij-Buch.

Was also ist Außerhalbbefindlichkeit? Bachtin kennzeichnet mit der Außerhalbbefindlichkeit die Position des ästhetischen Subjekts in der ästhetischen Tätigkeit. Unter dem ästhetischen Subjekt fasst er den Autor und den Leser, die »Schöpfer der Form« (AH, 38) eines ästhetischen Werkes, zusammen. Die Position, in der sich Autor und Leser befinden, »von wo ihre künstlerische, formende Aktivität ausgeht, kann bestimmt werden als *zeitliche, räumliche und sinnbezogene Außerhalbbefindlichkeit* gegenüber ausnahmslos allen Momenten des inneren architektonischen Felds des künstlerischen Sehens« (AH, 38).

Bachtin bestimmt die ästhetische Tätigkeit des Autors in Abhängigkeit von seiner Positionierung zum künstlerischen Werk und der sich daraus ergebenden Perspektive. Aber nicht nur der Autor, sondern auch der Leser befindet sich außerhalb, beide »schließen« (zaveršit') von außen den Text bzw. das Werk beim Schreiben oder Lesen »ab«, d.h., sie vervollständigen es aus ihrer Perspektive, geben ihm eine Form. Das ›Abschließen‹, ein

Ausdruck, den Bachtin im Zusammenhang mit der ästhetischen Tätigkeit zunächst positiv verwendet, ist unmittelbar mit der Außerhalbbefindlichkeit verbunden.

Im Unterschied zur ästhetischen Tätigkeit ist für Bachtin die ethische Handlung nicht abschließbar. Im Bereich der Ethik kennzeichnet die Außerhalbbefindlichkeit ganz generell die Position des Ich als außerhalb des anderen und des bzw. der anderen als außerhalb des Ich. Im Unterschied zur ästhetischen oder abstrakt-theoretischen Tätigkeit kann man bei der ethischen Tätigkeit, im offenen Seins-Ereignis, den anderen nicht zum Objekt machen, man kann ihn nicht völlig durchdringen oder überblicken, immer bleibt dem Beobachtenden etwas verborgen. Jemanden zum Objekt machen könne man nur im Bereich der Theorie, der Ästhetik oder des Gesetzes. Nur dort sei es möglich, aus der Position der Außerhalbbefindlichkeit heraus, den anderen »abzuschließen«. Bachtin schreibt, der Mensch sei nicht »in der Lage, das gegebene Ganze« seiner Person aus dem »Inneren heraus wahrzunehmen« (AH, 59). »Um zu leben«, müsse man »unabgeschlossen sein, offen für sich selbst, [...] um sich selbst werthaft noch bevorzustehen, darf man mit seiner eigenen Existenz nicht identisch sein« (AH, 67).

Im Bereich des ästhetischen Handelns ist es, so Bachtin, hingegen notwendig, den anderen bzw. die literarische Figur von einem Blickpunkt aus zu betrachten, der außerhalb ihrer jeweiligen Horizonte liegt. Wie bei Malevič befinden sich Autor, Leser und Held (Figur) auch bei Bachtin in ihrer jeweiligen Dimension, sie haben, um es mit Bachtins Worten zu sagen, einen eigenen Wertehorizont. Nur wer außerhalb steht, ist als Autor in der Lage, das Ganze zu erfassen und damit einen perspektivischen Vorteil gegenüber dem Helden bzw. den Figuren im Inneren zu erlangen. Der Autor schafft den Text aus der Position der Außerhalbbefindlichkeit, aber außerhalb der Äußerung existiert er selbst als Autor nicht. Seine Außerhalbbefindlichkeit ist vielmehr in der Äußerung enthalten. Das Außen des Autors ist nur im Text oder, wie bei Malevič, in der Skulptur verkörpert. Das Außen der Außerhalbbefindlichkeit ist so gesehen relativ, weil es immer schon an der Immanenz des Textes und an der Innerhalbbefindlichkeit der Figuren partizipiert. Schon in *Zur Philosophie der Handlung* hat Bachtin die ästhetische Architektonik deshalb als eine *in* »der ästhetischen Handlung produzierte Weltanschauung« beschrieben, wobei die ästhetische Handlung selbst und das handelnde Ich *außerhalb* dieser Weltanschauung liegen (FP, 66).

Im Artikel *Eine der eigenen Lügenhaftigkeit angemessene Rhetorik* (Ritorika, v meru svoej lživosti) von 1943 fasst Bachtin stichpunktartig alle wichtigen Punkte der Außerhalbbefindlichkeit noch einmal zusammen: »Die Sichtweise der Außerhalbbefindlichkeit und ihr Überschuss (izbytok). Vorrangige Nutzung all dessen, was der andere prinzipiell nicht über sich selbst wissen, nicht in sich beobachten und sehen kann. All diese Elemente besitzen vorrangig eine abschließende Funktion. Die Möglichkeit eines objektiv-neutralen Selbstbewusstseins und einer Selbsteinschätzung, die nicht von der Sichtweise des Ich oder eines anderen abhängig ist. Eben das ist das tötende, den Horizont überschreitende (zaočnyj) Abbild. Ihm fehlt es an Dialogizität und Unabgeschlossenheit. Das abgeschlossene Ganze ist immer außerhalb des Gesichtskreises (zaočno). Das abgeschlossene Ganze kann man nicht von innen betrachten, sondern nur von außen. Eine abschließende Außerhalbbefindlichkeit.« (RL, 68)

Mit der Außerhalbbefindlichkeit ist also immer ein Überschuss des Sehens (izbytok videnja) gegenüber dem anderen bzw. gegenüber dem Helden verbunden. Denn jeder sieht, wenn er jemand anderen betrachtet, immer mehr, als dieser von sich selbst sehen kann. Der Autor fügt dieses zu einem Ganzen zusammen, das dem Held selbst aufgrund der Unmöglichkeit, aus sich selbst herauszutreten, unzugänglich ist: »beispielsweise sein vollständiges Erscheinungsbild, das Äußere, das Geschehen hinter seinem Rücken, seine Beziehung zum Ereignis des Todes und der absoluten Zukunft u.a.« (AH, 76). Bachtin vergleicht diese Position aber nicht mit derjenigen einer übergeordneten oder absoluten Macht, er bezeichnet sie als »liebevolle Entfernung seiner selbst aus dem Lebensfeld des Helden«, als »ein teilnehmendes Verstehen« und als »das Abschließen des Ereignisses seines Lebens durch einen real-kognitiven und auch ethisch unbeteiligten Betrachter« (AH, 69). Eine absolute Rundumsicht, eine totale Übersicht jedoch wird Bachtin als monologische Position bzw. monologische Schreibweise bezeichnen, da sie den anderen und dessen Horizont auslöscht.

Die im Zitat erwähnte *zaočnost'* verwendet Bachtin im Sinne einer totalen und abschließenden Perspektive. *Zaočnost'* lässt sich kaum adäquat ins Deutsche übersetzen. Die übliche Übersetzung zielt auf Abwesenheit, Ferne, Uneinsehbarkeit. Wörtlich genommen bedeutet *zaočnost'*, auch das zu sehen, was »hinter den Augen« liegt. Bachtin spricht auch von einem *zaočnoe slovo*, vom Wort, das seine eigene Rück- oder Kehrseite schon einschließt. *Zaočnost'* gilt Bachtin als Zeichen von Monologizität, d.h. als Versuch, dasjenige zu ergänzen, was der horizontalen Perspektive verschlossen bleibt. In einem Punkt lässt sich *zaočnost'* vergleichen mit Husserls »Horizonterweiterung«, die auf dem Vorgang der »Appräsentation«, des Mitgegenwärtigmachens, beruht. Auch Husserl schreibt, dass die Rückseite eines Gegenstands uns an die Grenzen des Erkennens führt, die Rückseite bleibe transzendent, sie ist die im Horizont bewusst ungesehene Rückseite.[35] Im Unterschied zu Husserl, der davon ausgeht, dass die Gegenstände konstituierte Gebilde der transzendentalen Subjektivität sind, geht es Bachtin allerdings nicht darum, die Position bzw. den Standpunkt des von empirischen, kontingenten Daten befreiten Bewusstseins zu erlangen, sondern umgekehrt zu fragen, wie sich Ich und anderer aus der Sicht des konkreten Seins-Ereignisses raum-zeitlich konstituieren und beschreiben lassen. Die nicht zugängliche Rückseite ist für Bachtin so etwas wie der Widerstand bzw. die Lücke im Prozess der Repräsentation und Selbstreflexion.

Außerhalbbefindlichkeit betrifft in der Regel die Beziehung zwischen Ich und anderem, Autor und Held. In Bezug auf mich selbst (ja-dlja-sebja) ist es mir unmöglich, eine außerhalb von mir selbst gelegene Position einzunehmen, zur Komplettierung des Selbst benötige ich den anderen, der im Idealfall dialogisch auf mich ›reagiert‹ und mich, im weniger idealen Fall, monologisch abschließt. Auch wenn es mir unmöglich ist, in Bezug zu mir eine *Außerhalbbefindlichkeit* einzunehmen, übernehme ich doch stets stellvertretend den Blick des anderen auf mich. Die stellvertretende Einnahme des Platzes des anderen vergleicht Bachtin mit dem Sitzen auf zwei Stühlen (R, 68). Zwar mache man sich ein Bild von sich aus dem Blickwinkel des anderen, aber man könne sich von seiner inneren Vorstellung über sich selbst und von dem Begehren, das mit dieser Perspektive verbunden ist, nicht lossagen. Dies zeigt sich besonders deutlich beim Blick in den Spiegel, mit dem stets ein Wunsch verbunden ist: »Die Gestalt von mir, die außerhalb meines Gesichtsfeldes ist (zaočnyj), zu erspähen.« (CHZ, 71) Aber der Blick in den Spiegel selbst verrät etwas anderes: »Nicht ich schaue von innen mit meinen Augen auf die Welt, sondern ich schaue auf mich mit den Augen der Welt, mit fremden Augen.« (CHZ, 71)

Bachtin ist nicht der einzige Philosoph, der sich zu Beginn des 20. Jahrhunderts mit Fragen der Distanzierung, Entfernung, des Außersichseins und der »Außerhalbgelegenheit« befasst.[36] Malevič deutet im eingangs zitierten Vortrag auf das Nebeneinander von Räumen hin und bezieht sich damit auf eine Tradition des anti-kantianischen Denkens, das der Mathematiker Nikolaj Lobačevskj und nach ihm u.a. Albert Einstein weiter differenziert haben, nämlich dass »verschiedene Phänomene der physischen Welt in verschiedenen Räumen ablaufen«[37]. Der Philosoph, Theologe, Mathematiker und Kunsthistoriker Pavel Florenskij nimmt diese Erkenntnis in seiner 1923 und 1924 gehaltenen Vorlesungsreihe über *Raum und Zeit in der bildenden Kunst* an den VCHUTEMAS (Höhere Künstlerisch-Technische Werkstätten) in Moskau zum Anlass, um auch das »Außerhalbgelegensein« (vnepoložnost') zu beschreiben: »Das Außerhalbgelegensein, d.h. der Umstand, daß sich diese oder jene getrennten Einheiten *außerhalb* voneinander befinden, ist das Grundmerkmal der Räumlichkeit.«[38] Für Florenskij ist das Außerhalbgelegensein nicht auf den Raum der visuellen Wahrnehmung beschränkt, sondern erstreckt sich auch auf andere Wahrnehmungsweisen, auf das Gefühl, den Geschmack, den Geruch oder auch den Gedanken, die er alle als räumlich charakterisiert. Die wechselseitige Außerhalbgelegenheit all dieser Räume ist in seinen Augen die Möglichkeitsbedingung erstens für Mannigfaltigkeiten und zweitens für das Bilden von Zusammenhängen, Verbindungen (svjazi) bzw. einer Koordination zwischen den Räumen. Sowohl Florenskijs Außerhalbgelegensein als auch Malevičs Vortrag zum Außen des Autors und schließlich auch Bachtins raum-zeitliche Grundierung seiner Philosophie, die schließlich in den 1930er Jahren im Terminus ›Chronotopos‹ münden wird, ist deutlich von mathematischen und physikalischen Raum- und Zeit-Modellen inspiriert. Im Unterschied jedoch zu Florenskij und Malevič versucht Bachtin, die Raumzeitlichkeit und damit auch die Außerhalbbefindlichkeit bezogen auf literarische Texte zu lesen, in denen er eine grundsätzliche Modellierung des Verhältnisses von Ich und anderem bzw. ihren Horizonten verkörpert sieht.

Ein zweiter wichtiger Aspekt in Bachtins Konzept der Außerhalbbefindlichkeit ist die für die ästhetische Tätigkeit zentrale Distanzierung und die mit der Distanznahme verbundene Einfühlungskritik. Schon in *Zur Philosophie der Handlung* widmet Bachtin der Einfühlungskritik mehrere Seiten. Für ihn ist es wichtig zu betonen, dass Einfühlung (er verwendet häufig das deutsche Wort oder *vživanie*, was so viel wie »Hineinleben« bedeutet und ein Begriff aus der Sprache des Theaters ist) nicht den Verlust des Selbst durch die totale Identifikation nach sich zieht. Ein solches *passives* Einfühlen lehnt er ab, wohingegen er für ein *aktives* Einfühlen in die Individualität plädiert, bei dem ich »mich und meinen einzigartigen Ort außerhalb von ihr [der Individualität] nicht für einen einzigen Augenblick« verliere (FP, 18). Das Verstehen des anderen lasse sich nicht als ein »Sich-Einfühlen und Hineinversetzen in den fremden Standpunkt als Aufgabe des eigenen Standpunktes verstehen und auch nicht als die Übersetzung einer fremden Sprache in die eigene« (RZ, 402). Bei einem durch Einfühlung hervorgerufenen Verstehen gehe es vielmehr darum, den anderen bzw. den Helden von innen zu sehen – von einem äußeren Standpunkt aus –, mit dem Ziel, inneres und äußeres Sehen (und Hören) zu einem einheitlichen Ganzen zu formen (AH, 39).

Einfühlungskritik hat zu Beginn des 20. Jahrhunderts Konjunktur. Einflussreich war insbesondere (auch für die russische Rezeption) Theodor Lipps, dessen *Leitfaden der Psychologie* (1903) durch Ivan Lapšins Buch *Probleme des fremden Ich in der neuesten Philosophie* (Problemy ›čužogo Ja‹ v novejšej filosofii, 1910) die russische Rezeption erreichte. Lapšin war einer der Professoren, bei denen Bachtin in Petrograd studierte. Aber auch Nikolaj Losskij, ebenfalls Philosoph an der Petersburger Universität, diskutiert in *Wahrnehmung des fremden Geisteslebens* (Vozprijatie čužoj duševnoj žizni, erschienen 1914 in *Logos*) Einfühlungstheorien, wobei er sich insbesondere auf Max Scheler bezieht.

Unabhängig von den gängigen Einfühlungstheorien formuliert auch Martin Buber in *Ich und Du* die Distanznahme als Bedingung für die Ich-Es-Beziehung. Er schreibt, dass der Mensch aus der Ich-Du-Beziehung heraustreten müsse, eine Du-Entfernung vollziehen müsse, um in die Ich-Es-Beziehung eintreten zu können; nur so könne aus Begegnung Erfahrung und aus Gegenwart Geschichte werden.[39] In *Autor und Held* spricht Bachtin auch von einer liebevollen Entfernung (ustranenie) des Autors aus dem Umfeld des Helden.

Die entscheidende Rolle für Bachtins Idee der Entfernung spielt aber Max Scheler. In Bachtins Notizbüchern findet sich ein Exzerpt von Schelers Buch *Wesen und Formen der Sympathie* von 1926.[40] Bachtin übernimmt in seinen Frühschriften Schelers Kritik der Einfühlung als bloße Identifikation. Er schreibt: »Gerade das (echte) Mitgefühl ist weder Ansteckung noch Einsgefühl.« (OK, 660) Und an anderer Stelle: »Mitleiden [...] ist Leiden am Leiden des anderen als dieses anderen.« (OK, 658)

Bachtin notiert auch wortwörtlich eine Stelle bei Scheler, die wiederum als Erklärung für Außerhalbbefindlichkeit gelesen werden kann. Und zwar kommt Scheler auf einen alten englischen Scherz zu sprechen, der aber, wie er betont, mehr als ein Scherz sei: »Wenn Herr ›Müller‹ und Herr ›Meier‹ miteinander sprechen, spricht immer nur Müllers ›Müller‹ mit Meiers ›Meier‹, dazu Müller immer nur zu Müllers Meier, Meier immer nur zu Meiers Müller, während den ›wirklichen‹ Müller und Meier und den ›ganzen‹ Sinn ihres Gesprächs nur der allwissende Gott voll überschaut und gleichsam hört.« (OK, 660) Der von Scheler auf diese Weise wiedergegebene Scherz beinhaltet sowohl Bachtins Idee der Architektonik des Seins-Ereignisses als auch jene eines Standpunkts im totalen Außen. Während Müller und Meier sich gegenseitig aus der Position der Außerhalbbefindlichkeit wahrnehmen und immer nur den Teil des anderen sehen oder mit jenem Teil des anderen sprechen, den sie durch ihre Perspektive auf den anderen herstellen, nie aber mit dem anderen als solchem, gibt es jemanden, in diesem Fall Gott, der den Gesamtüberblick hat. Nur Gott kann sehen, was sich hinter dem Rücken des anderen befindet, nur Gott hat die totale Perspektive. Im Grunde basiert der Scherz auf der Differenzierung von relativer und totaler Außerhalbbefindlichkeit. Totale Außerhalbbefindlichkeit ist nur theoretisch möglich, sie basiert auf einer ästhetischen Operation, der Einnahme einer fiktiven Perspektive.

In diesem Zusammenhang lässt sich noch eine weitere zeitgenössische Theorie nennen, in der die Distanznahme in Form eines »Aussichheraustretens« ebenfalls eine zentrale Rolle spielt, Nicolai Hartmanns 1921 erschienenes Buch *Grundzüge der Metaphysik der Erkenntnis*. Hartmann formuliert darin seine Kritik an der neokantianischen Marburger Schule, der er selbst angehört hatte. »Außersichsein« versteht Hartmann als Gegensatz zum »Gefangensein in sich«, zum »Fürsichsein«[41] und als Voraussetzung von Erkenntnis. Das Erfassen des Objekts sei nur durch das »Außersichsein« des Subjekts möglich, durch ein Aussichheraustreten.[42] Scheler verweist in seinem Buch genau an der Stelle auf Hartmann, an der er den Scherz über Müller und Meier wiedergibt, wobei sowohl Scheler als auch Bachtin nicht die Beziehung zwischen Subjekt und Objekt in den Mittelpunkt stellen, sondern die zwischen Ich und anderem.

Welche Rolle spielt nun Außerhalbbefindlichkeit bei der Analyse literarischer Texte? Sowohl in zur *Philosophie der Handlung* als auch in *Autor und Held* beschäftigt Bachtin ein und dasselbe Gedicht von Aleksandr Puškin aus den 1830er Jahren, das unter dem Titel *Die Trennung* (Razluka) überliefert worden ist.[43] Zunächst, in *Zur Philosophie der Handlung*, interessiert ihn die

45

ethische Beziehung zwischen dem lyrischen Ich und dem von ihm angesprochenen Du, anschließend dann, in *Autor und Held*, die ästhetische Beziehung zwischen den Figuren und dem Autor bzw. Leser, also zwischen der inneren und äußeren Dimension. Puškins Gedicht dient ihm einerseits dazu zu zeigen, wie das Verhältnis von Autorschaft und Außerhalbbefindlichkeit beschaffen sein kann, und andererseits dazu zu überlegen, inwiefern Außerhalbbefindlichkeit und Genre korrelieren. Bachtin unterscheidet, terminologisch noch etwas unbeholfen, zwischen der vom Autor gewählten »Intonation« der Figuren im Inneren des Textes und dem Rhythmus, der von außen, als formaler Ausdruck des Autors im Text, vorhanden ist und nicht einer einzelnen Figurenstimme zugeordnet werden kann. Dieser Ausdruck des Autors ist vielmehr Stimme des Textes. Resümierend stellt er fest, dass der Autor in der Lyrik am stärksten formalisiert sei, dass er hier nur mehr in der Form vorkomme. Dass Bachtin sich später nie wieder mit Lyrik befassen wird, hat vermutlich etwas mit dieser frühen Einsicht zu tun. Im Grunde wird Bachtin später, vereinfacht gesagt, die Kategorien des Dramas auf den Roman projizieren, während er die Lyrik in seinem eigenen Genresystem als nicht dialogisch abwertet. Das ist zwar einigermaßen erstaunlich, weil er immerhin an Puškins Gedicht die Korrelation von lyrischem Ich und lyrischem Du exemplarisch als Dialog beschrieben hatte, aber da er die Position des Autors als absolut außerhalbbefindlich betrachtet, wird Bachtin nicht nur bei Puškin, sondern von der Lyrik insgesamt später als einem tendenziell monologischen Genre sprechen. Diese Verkürzung der eigenen Theorie hat ihm in der Folge eine scharfe Kritik eingebracht, zumal er die konzeptuell dialogische Lyrik seiner Zeitgenossen, der akmeistischen Dichter Osip Mandel'štam, Anna Achmatova und Dmitrij Gumilev, in seinem Entwurf völlig ignoriert. Bachtin richtet sein Interesse schon in *Autor und Held* fast ganz auf den

Roman, wobei er (je nach Schwinden der Distanz) drei mögliche Verhältnisse zwischen Autor und Held unterscheidet:

Im ersten Fall beherrsche der Held den Autor. Der Autor sei dann nicht in der Lage, »einen überzeugenden und dauerhaften Wertstandpunkt außerhalb des Helden einzunehmen« (AH, 72); die gewählte Position außerhalb des Helden habe dann eher zufälligen, weder prinzipiellen noch überzeugenden Charakter; der Außenstandpunkt sei vielmehr instabil, d.h., er werde häufig gewechselt – je nach Entwicklung des Helden (AH, 72). Im zweiten Fall beherrsche der Autor den Helden, indem er die abschließenden Momente den Helden selbst erledigen lässt, so dass die Beziehung des Autors zum Helden sich fast in eine »Beziehung des Helden zu sich selbst« (AH, 74) verwandelt. Dies komme vor allem in autobiografischen Texten und in der Romantik vor, wo der Held prinzipiell nicht abzuschließen ist, er wächst innerlich über jede totale, ihm nicht adäquate Bestimmung hinaus. Im dritten Fall schließlich ist der Held sein eigener Autor, durchdenkt sein eigenes Leben ästhetisch, als spiele er eine Rolle. Ein solcher Held genügt im Unterschied zum unendlichen Helden der Romantik und dem unerlösten Helden Dostoevskijs sich selbst und ist unangefochten abgeschlossen.[44]

Im Dostoevskij-Buch (1929) stellt Bachtin dann vor allem zwei Romanautoren und ihre spezifische Außerhalbbefindlichkeit einander gegenüber: Tolstoj und Dostoevskij. Dabei verknüpft er die Idee einer absoluten Außerhalbbefindlichkeit mit der »monologischen« Schreibweise Tolstojs und die einer relativen Außerhalbbefindlichkeit mit der »dialogischen« Schreibweise Dostoevskijs. Während Tolstoj die Position benutze, um den Helden »abzuschließen« (PPD, 79), und selbst eine »feste Position außerhalb« mit einem »festen Horizont« (PPD, 58) einnimmt, sei bei Dostoevskij der »äußere Standpunkt von vornherein geschwächt und des abschließenden Wortes beraubt« (PPD, 58).

Diese in *Autor und Held* noch negativ bewertete Position des Autors gegenüber dem Helden wird im Dostoevskij-Buch umgewertet und zur Voraussetzung für das dialogische Verhältnis von Autor und Held. Dostoevskij lasse das »letzte Wort den Helden sprechen« (DID, 303) und nutze die Außerhalbbefindlichkeit und damit den Überschuss des Sehens nie als Falle (zasada) für den Helden. Der Autor tue also nie so, als könne er über den eigenen und den Gesichtskreis des Helden hinausblicken (Z 61, 358).

Relative Außerhalbbefindlichkeit wird also für Bachtin zum Gradmesser für das dialogische Verhältnis von Autor und Held. Das Maß der Außerhalbbefindlichkeit gegenüber den literarischen Figuren – total oder relativ – entscheidet letztlich über die Offenheit des literarischen Werks und über die in ihm angelegte Ambivalenz.

In einer 1970 erschienenen *Antwort auf die Fragen der Redaktion ›Neue Welt‹* (Otvet na vopros redakcii ›Novogo Mira‹) kommt Bachtin schließlich auch auf die kulturelle Bedeutung der Außerhalbbefindlichkeit zu sprechen. Er schreibt: »Auf kultureller Ebene ist die Außerhalbbefindlichkeit der mächtigste Hebel des Verstehens. Die fremde Kultur eröffnet sich voller und tiefer nur in den Augen der anderen Kultur. Ein Sinn öffnet seine Tiefen, nachdem er von einem anderen Sinn getroffen und mit einem anderen, fremden Sinn in Berührung gekommen ist: Zwischen ihnen fängt so etwas wie ein Dialog an, der die Verschlossenheit und Einseitigkeit dieser Sinne, dieser Kulturen überwindet. [...] Bei einem solchen dialogischen Treffen zweier Kulturen fließen diese weder zusammen noch werden sie vermischt, jede bewahrt ihre Einheit und offene Ganzheit, aber sie bereichern sich gegenseitig.« (O, 457) Für einzelne Kulturen gilt, was Bachtin bereits für literarische Texte gezeigt hatte: Dialogische Verhältnisse sind durch Polyperspektivik gekennzeichnet, die das Andere und Fremde nicht leugnen oder ersetzen, sondern es in seinem Anderssein belassen.

3. Autor, Autorschaft, Autormystifikation

Biografiediebstahl – Autor und Held – Merkmale von Autorschaft – Erlebnis der ästhetischen Tätigkeit (Dilthey/Husserl) – Autobiografie – Autorschaft bei Dostoevskij – Autorschaft und Poststrukturalismus (Barthes/Lacan) – Autorschaft der umstrittenen Texte – Textdiebstahl

Als sich Michail Bachtin im Oktober 1920 an der Vitebsker Hochschule um eine Stelle als Dozent für westeuropäische Literaturgeschichte bewirbt, muss er Auskunft über seine Biografie geben und macht folgende Angaben: »Geboren 1891 in Orel, 1908 Abschluss des 4. Odessaer Gymnasiums, von 1908 bis 1910 Student der Philologischen Fakultät der Universität von Novorossijsk. Von 1910 bis 1912 Aufenthalt in Deutschland, wo er vier Semester an der Universität Marburg absolvierte und ein Semester in Berlin. Von 1912 bis 1914 Student der Petrograder Universität. 1914 Abschluss der Petrograder Universität mit anschließender Anstellung am Lehrstuhl für Klassische Philologie von Zieliński. Von 1914 bis 1917 arbeitete er an der Universität, in der philologischen Abteilung und der Abteilung für Klassische Philologie. Von 1917 bis 1918 war er Lehrer am Svencjanker Knaben-Gymnasium. Von 1918 bis 1920 war er Lehrer an der Arbeits-Einheitsschule [...] in Nevel'.«[45]

Weder Geburtsdatum noch die Angaben zur Universitätskarriere und zum Auslandsaufenthalt stimmen: Bachtin wurde 1895 geboren, Russland bzw. die Sowjetunion hat er Zeit seines Lebens nie verlassen, an der Petrograder Universität war er weder eingeschrieben noch angestellt. Offensichtlich vermischt Bachtin hier Elemente seiner eigenen Biografie mit der seines Bruders, Nikolaj Michajlovič Bachtin (1894-1950), und der des befreundeten Philosophen Matvej Isaevič Kagan (1889-1937). Nikolaj Bachtin hatte u.a. in Novorossijsk und Petrograd studiert. Kagan kehrte 1918 aus Deutschland zurück, wo er u.a. in Marburg und Berlin die Universität besucht hatte. Er schrieb zu dieser Zeit u.a. einen Artikel über Hermann Cohens Philosophie und gründete mit Bachtin den Zirkel »Kritik der reinen Vernunft«.

Über die Frage, warum Bachtin sich einige Jahre älter machte und eine deutsche und russische Universitätsausbildung erfand, lässt sich nur spekulieren. Offensichtlich ging es ihm um eine Version seiner Biografie, die ihm den Eintritt in die Vitebsker Hochschule ermöglichen sollte.

Einen solchen Biografiediebstahl bzw. die Vermischung der eigenen Biografie mit dem Lebenslauf anderer Personen nimmt später auch der Petersburger Schriftsteller und Dichter Konstantin Vaginov in seinen Romanen auf. Vaginov skizziert in seinen Ende der 1920er Jahre geschriebenen metafiktionalen Texten die intellektuelle Szene Petersburgs, insbesondere den sogenannten Bachtin-Kreis, dessen Mitglied Vaginov selbst auch war. Bachtin erscheint in Vaginovs Roman *Bocksgesang* (Kozlinnaja pesn') als der Philosoph Andrej Ivanovič Andrievskij: »Der Philosoph spielte. Marburg sah er vor sich, den großen Cohen, und die Reise durch die Metropolen der westeuropäischen Welt; ihm fiel ein, wie er ein Jahr an der Place Jeanne d'Arc gewohnt hatte ...«[46] Auch bei Vaginov besteht Andrievskij-Bachtin aus biografischen Elementen von Kagan, im Grunde aus denselben, mit denen Bachtin seine eigene Biografie zuvor komplettiert hatte.

Die ›Modifikation‹ der eigenen Biografie führt jedoch nicht zum Erfolg. Kagan versucht zwar immer wieder, Bachtin jeweils dort eine Anstellung zu vermitteln, wo er selbst lehrt, erst in

Orel, später in Moskau, allerdings gelingt es ihm nicht, den kranken Bachtin unterzubringen, auch nicht in der 1921 von Kagan gemeinsam mit Gustav Špet gegründeten Akademie der künstlerischen Wissenschaften (GACHN). In Vaginovs Roman heißt es: »[I]n früheren Zeiten hätte diesen Philosophen ein bedeutender Lehrstuhl erwartet. Die ehrfürchtige Jugend hätte man von seinen Büchern gar nicht mehr wegbekommen. Aber jetzt – nichts dergleichen: weder Lehrstuhl noch Bücher, geschweige denn ehrfürchtige Jugend.«[47]

Trotz Krankheit ist Bachtin Mitte der 1920er Jahre äußerst produktiv. Er verfasst die schon erwähnte Studie *Autor und Held in der ästhetischen Tätigkeit*, die zwischen 1924 und 1926 entstanden sein muss. Zu diesem Zeitpunkt hatte er Vitebsk bereits verlassen und war wieder nach Petrograd, nun Leningrad, gezogen – wo er sechs Jahre bleiben wird. Diese Jahre sind besonders intensive Jahre der Beschäftigung mit allgemeinen ästhetischen Fragestellungen, mit Dostoevskij, der formalistischen Theorie, mit Sigmund Freud und Max Scheler.

Allerdings wird Bachtin auch in Leningrad keine feste Anstellung bekommen, nur gelegentlich lehrt er am Russländischen Staatlichen Institut für Kunstgeschichte (Rossijskij gosudarstvennyj institut istorii iskusstv), benannt als Zubov-Institut nach seinem Gründer, dem Grafen Valentin P. Zubov, und arbeitet als Redakteur im Lenizdat (Leningrader Verlag). Der einzige Eintrag unter dem Namen Bachtin im Zubov-Institut ist für das Jahr 1924 zu finden, wo Bachtin im August des Jahres einen öffentlichen Vortrag mit dem Titel *Das Problem des Helden im literarischen Werk* hält, der offensichtlich mit der Arbeit am Buch *Autor und Held* zusammenhängt.

Auch *Autor und Held in der ästhetischen Tätigkeit* ist ein Fragment, es fehlen sowohl Einleitung und erstes Kapitel als auch ein Kapitel oder mehrere am Schluss, u.a. »Das Problem von Autor und Held in der russischen Literatur«. Im Grunde könnte man *Autor und Held* auch als die Fortsetzung von *Zur Philosophie der Handlung* lesen, als deren überarbeitetes zweites Kapitel.

Im Mittelpunkt der zweihundert Druckseiten umfassenden Studie steht das Verhältnis von Autor und Held, das in etwa analog zur Korrelation von Ich und anderem in *Zur Philosophie der Handlung* zu verstehen ist. Der heute etwas irritierende Terminus Held (geroj) war in den 1920er Jahren überall dort im Gebrauch, wo heute von einer Figur bzw. von Figuren gesprochen wird. Während es in der ethischen Tätigkeit um das Verhältnis von Ich und anderem geht, ist die ästhetische Tätigkeit von dem Verhältnis von Autor und Figur bestimmt.

Im Folgenden soll nun ganz das von Bachtin bereits in *Autor und Held* ausgearbeitete Verständnis von Autorschaft im Mittelpunkt stehen, das er im Laufe der Jahre deutlich modifizieren wird. Die ersten Überlegungen zur Autorschaft bilden die Voraussetzung für den Entwurf der Konzepte von Polyphonie und Dialogizität, die Bachtin im 1929 publizierten Buch *Probleme des Schaffens von Dostoevskij* erstmals vorstellt. Diese wird er später, u.a. in Texten wie *Das Problem des Textes* oder in seinen *Arbeitsnotizen aus den 60er und 70er* Jahren, immer deutlicher pointieren – zum Teil wiederum im Rückgriff auf seine Schriften aus den 1920er Jahren. Bachtins Entwurf von Autorschaft wird schließlich eher implizit als explizit auch die Debatten um Autorschaft im französischen Poststrukturalismus und in ihrem Gefolge die Theorien der Intertextualität bestimmen.

Bachtin beschäftigt sich aber nicht nur theoretisch mit Problemen der Autorschaft, gerade in den 1920er Jahren entstehen im Bachtin-Kreis einige Texte, deren Autorschaft bis heute Rätsel aufgibt und die das Problem ganz praktisch stellen. Es handelt sich dabei um Texte, die unter den Namen von Valentin Vološinov, Pavel Medvedev und Ivan Kanaev publiziert worden sind. Ohne dass das Rätsel ihrer Autorschaft hier aufgelöst werden soll, wollen wir in diesem Kapitel die vielfältigen Aspekte von Autorschaft in und um Bachtins Werk – die mystifikatorischen Elemente in den wenigen biografischen Daten und Selbstaussagen, die Theorie der Autorschaft selbst, die strittige Autorschaft der genannten Texte und zudem Bachtins Umgang mit Zitaten und fremden Texten – näher betrachten. Dabei kann es nicht darum gehen, die Frage nach der realen Autorschaft mit Bachtins Auffassung von Autorschaft zu beantworten, sondern lediglich um den Versuch, das Verhältnis von praktizierter und theoretischer Autorschaft etwas genauer ins Auge zu fassen.

Während in *Zur Philosophie der Handlung* vom Autor insbesondere als vom Initiator der verantwortlichen Handlung die Rede ist, der sich nicht davonstiehlt, der also kein Alibi für sein Sein und Handeln sucht, konzentriert sich Bachtin in *Autor und Held in der ästhetischen Tätigkeit* ganz auf den Autor als Produzenten eines künstlerischen Werks, der die ästhetische Tätigkeit vollzieht.

Im Grunde ist der Autor bei Bachtin durch folgende Merkmale gekennzeichnet: Er steht immer in einem Bezug zum Helden – ohne diesen Bezug gibt es keinen Autor und keine Autorschaft. Bachtin nennt das »Ereignis« der »dynamisch-lebendigen« Beziehung von Autor und Held das »Leben des Werkes« (AH, 45). Ferner befindet sich der Autor, wie bereits im vorherigen Kapitel erläutert, immer in einer Position der Außerhalbbefindlichkeit, er schließt das Werk und den Helden ab und hat gegenüber dem Objekt seiner Beschreibung einen perspektivischen Vorteil.

Im Gegensatz zum Helden sieht Bachtin den Autor in diesem Verhältnis als den Aktiven, den Schaffenden, der den anderen, den passiven Helden, zum Gegenstand, zum Objekt der Beschreibung macht. Der Autor ordnet und organisiert das Material, er ist der Schöpfer der Form. Die ›Stimme‹ des Autors, seine

»emotional-volitive Wertung« des Materials ist in der formalen Intonation bzw. in der »formalen Reaktion« (AH, 42) hörbar, ist im Rhythmus und in der Perspektive, in der Wortwahl, der Themenwahl und der Auswahl von Held und Farbe, im Bild oder im Begriff (AH, 43) ausgedrückt. In seinen *Arbeitsnotizen* wird Bachtin später resümieren: »Der Autor eines Werkes ist nur im Ganzen des Werkes anwesend, er ist nicht in einem extrahierten Moment dieses Ganzen und noch weniger im von diesem Ganzen losgelösten Inhalt. Er befindet sich in jenem nicht extrahierbaren Moment, in dem Form und Inhalt untrennbar zusammenfließen, vor allem empfinden wir seine Anwesenheit in der Form.« (RZ, 422)[48]

Die Anwesenheit des Autors im Text ist trotz der Außerhalbbefindlichkeit seiner Position im Prozess der ästhetischen Tätigkeit also stets gegeben. Dennoch wird der Autor im Werk, so Bachtin, selbst nicht Gegenstand der Betrachtung, er ist »nicht unmittelbar ausgedrückt« (AH, 43): »Der Autor reflektiert die emotional-volitive Position des Helden, nicht aber seine eigene Position gegenüber dem Helden. Letztere setzt er um, sie liegt im Gegenstand, wird aber selbst nicht zum Gegenstand der Betrachtung und des reflektierenden Erlebens; der Autor erschafft, doch sieht er sein Schaffen nur im Gegenstand, den er formt, d.h., er sieht lediglich das werdende Produkt seines Schaffens und nicht seinen inneren, psychologisch bestimmten Prozess.« (AH, 61)

Der außerhalb befindliche Autor ist also nur vermittels der Art und Weise, *wie* er den Gegenstand darstellt, im Werk präsent. Er ist im Werk anwesend »als darstellendes Prinzip«, nicht aber »als dargestelltes Bild« (PT, 313). Bachtin insistiert gleichzeitig darauf, dass der Autor sich selbst, als Autor, weder im Schaffensprozess noch im Text zum Gegenstand machen kann. Er könne über sich selbst im Schaffensprozess nichts aussagen, weil er den

Prozess selbst nicht reflektiere. Bachtin erweitert diese Erkenntnis auf den gesamten Bereich der ästhetischen Tätigkeit, indem er konstatiert, dass man »seinen Gegenstand und sich selbst in diesem Gegenstand« erlebe, »nicht aber den Prozess seines Erlebnisses (pereživanie). Eine schöpferische Tätigkeit wird erlebt, aber das Erleben hört und sieht nicht sich selbst, sondern nur durch dieses das Produkt oder durch es den Gegenstand, auf den es zielt. Deshalb ist ein Künstler auch nicht in der Lage, über seinen Schaffensprozess etwas auszusagen – er geht vollkommen in das geschaffene Produkt ein.« (AH, 61)

Sicherlich bezieht sich Bachtin hier auf verschiedene Aspekte des Erlebnisbegriffs in der Lebensphilosophie und Phänomenologie. Im Unterschied zu Dilthey, der in *Das Erlebnis und die Dichtung* (1906) davon spricht, dass der Ausgangspunkt für die Dichtung immer die Lebenserfahrung sei, »als persönliches Erlebnis oder als Verstehen anderer Menschen«[49], geht es Bachtin nicht um das Erlebnis des biografischen Autors, das ins Werk eingeht. Ganz im Gegenteil, der biografische Autor, das wird Bachtin in späteren Schriften deutlich betonen, ist nie Gegenstand seines Interesses, auch dann nicht, wenn, wie der Formalist Boris Tomaševskij in seinem historisch angelegten Aufsatz *Literatur und Biographie* (1923) beschrieben hat, die Biografie eine »literarische Funktion« übernimmt bzw. »die Biographie zum literarischen Faktum« wird.[50] Über den biografischen Autor, den Autor als Menschen und dessen Erlebnisse, kann man laut Bachtin nichts sagen, nur über den Autor als Schöpfer wisse man etwas (AH, 62). Denn wie der Autor als Schöpfer die Welt sieht, ist in seiner »formalen Reaktion«, in der Perspektive oder in der Intonation ersichtlich bzw. hörbar.

Auch mit Husserls Erlebnisbegriff bzw. mit seiner Idee des »intentionalen Erlebnisses«, das auch eine zentrale Rolle in der Ästhetik des russischen Phänomenologen Gustav Špet spielt, lässt sich Bachtins Anliegen nicht ganz fassen. Zwar versteht Husserl wie auch Bachtin unter Erlebnis nicht das tatsächliche Ereignis im Leben selbst, sondern die »Akte des Wahrnehmens, Urteilens usw. mit ihrem wechselnden Empfindungsmaterial«[51]. Bachtin allerdings konzentriert sich in *Autor und Held* nicht auf Erlebnisse schlechthin, sondern auf die Wahrnehmung der ästhetischen Tätigkeit, also auf das Erlebnis des ästhetischen Sehens (videnie).

Den Erlebnisbegriff bzw. die Selbstreflexion diskutiert Bachtin in *Autor und Held* u.a. in Verbindung mit dem Genre der Autobiografie (Selbstporträt). In *Autor und Held* fungiert die Autobiografie als Abweichung der direkten Beziehung zwischen Autor und Held (AH, 69) – als Deckungsgleichheit. Der Autor müsse hier »in Bezug zu sich selbst zu einem anderen werden, auf sich selbst mit den Augen des anderen blicken« (AH, 70). In den 1940er Jahren resümiert Bachtin: »Sich selbst auszudrücken bedeutet, sich zum Objekt für einen anderen und für sich selbst zu machen.« (PT, 314)

Das Problem, das sich für Bachtin im Hinblick auf Selbstbezüglichkeit und Selbstreflexion ergibt, besteht in der Unmöglichkeit, sich selbst abschließen bzw. sich selbst »künstlerisch objektivieren« (AH, 212) zu können: »Das letzte Wort gehört unserem eigenen Bewusstsein, nicht aber dem Bewusstsein des anderen. Unser Bewusstsein wird sich aber niemals ein abschließendes Wort sagen.« (AH, 71) Aus diesem Dilemma komme der Autor nur heraus, wenn er auf die Rückkehr zu sich selbst verzichtet, wenn er also ein gänzlich anderer wird, sich ganz zu einem Helden macht: »Der Autor muss einen Fixpunkt außerhalb seiner selbst finden, damit er zu einer ästhetisch abgeschlossenen Erscheinung wird« (AH, 71) – eine, wie sich in der Diskussion um die Außerhalbbefindlichkeit gezeigt hat, unmögliche, rein fiktive Position. Autobiografien und Selbstporträts sehe man letztlich immer den blinden Fleck an, ihnen eigne etwas Unheimliches. Sie können nicht verbergen, dass der Autor die Position der absoluten Außerhalbbefindlichkeit, die Position des »Künstlers als solchem« oder »Autors als solchem« hier nicht einnehmen könne (AH, 88). Das führt zu einem Offensichtlichwerden der Inkongruenz bzw. Nichtidentifikation von Autor und Held in der Autobiografie, die eine mimetische oder realistische Darstellung stets verhindert: »In diesem Akt der Selbst-Objektivierung bin ich nicht mit mir selbst kongruent. [...] Ich kann mich selbst nicht gänzlich in das Objekt versetzen, ich überrage jegliches Objekt als dessen aktives Subjekt.« (AH, 58) Beim Verfassen eines Porträts oder einer Biografie jedoch sei das anders. Da habe man es mit einem »Sich-selbst-Sehen in der Welt des anderen mit den Augen eines [...] anderen Menschen« (AH, 89), des Künstlers, zu tun.

In der 1929 veröffentlichten Schrift *Probleme des Schaffens von Dostoevskij* (Problemy tvorčestva Dostoevskogo) beobachtet Bachtin schließlich einen Perspektivwechsel in den Romanen Dostoevskijs, der auch sein Konzept von Autorschaft betrifft. Die Beobachtung dieses Wechsels ist die Bedingung dafür, dass Bachtin etwas entdecken kann, das er »Polyphonie« bzw. »dialogische Schreibweise« nennen wird. Dafür muss Bachtin einige Aspekte seiner Konzeption von Autorschaft noch einmal zuspitzen und einen entscheidenden Aspekt verändern bzw. anders bewerten. Zunächst schreibt er: »Jede Äußerung hat ihren Autor, den wir als ihren Schöpfer in der Äußerung selbst hören. Über den wirklichen Autor, wie er außerhalb der Äußerung existiert, können wir absolut nichts wissen.« (PPD, 205) Bachtin bestätigt noch einmal, dass mit dem Autor der Äußerung nicht der Autor als Mensch gemeint ist, nicht die biografische Person, die hinter der Äußerung steht. Viel entscheidender aber ist: Der Autor ist nur in der Äußerung, nicht in der Sprache zu fassen. Er erscheint im Akt der Verwendung von Sprache, was nicht bedeutet, dass er einen Originalitätsanspruch in Bezug auf die Sprache und auch nicht auf die Äußerung besitzt. Der Autor erscheint im Moment des Äußerungsereignisses. Oder anders formuliert, der Autor ist nicht Autor der Sprache, sondern der Äußerung.

Den entscheidenden Schritt vollzieht Bachtin nun, indem er das Abschließen nicht länger als Voraussetzung für das künstlerische Ganze betrachtet. Ganz im Gegenteil: Bei Dostoevskij entdeckt Bachtin, dass der Autor, indem er sich auf die Ebene der Helden bzw. Figuren begibt, nicht mehr *über* den Helden spricht, sondern *mit* ihm (PPD, 72). Dostoevskij als Autor schließe den Helden nicht mehr ab, mache ihn nicht mehr zum Objekt, sondern überlasse ihm stets das letzte Wort. Bei Dostoevskij ist die Beziehung zwischen Autor und Figuren demnach horizontal und ermöglicht so ein dialogisches Wechselverhältnis. Diese Abkehr vom Abschließen als positivem Kriterium für die künstlerische Tätigkeit ist die notwendige Voraussetzung für Bachtins Konzept der Dialogizität. Bachtin schreibt, dass die »neue künstlerische Einstellung des Autors zu seinem Helden im polyphonen Roman Dostoevskijs [...] also eine ernsthaft verwirklichte und konsequent durchgeführte dialogische Position [ist], die die Selbstständigkeit, innere Freiheit, Unabgeschlossenheit und Unentschlossenheit des Helden anerkennt. Der Held ist für den Autor nicht ›er‹ und nicht ›ich‹, sondern ein vollwertiges ›du‹, d.h. ein anderes, fremdes, vollberechtigtes Ich (›du bist‹). Der Held ist Subjekt einer ernstgemeinten, echten und nicht rhetorisch vorgetragenen oder konventionell-literarischen, dialogischen Anrede.« (PPD, 71)

Das dialogische Verhältnis von Autor und Held bringt aber, worauf im Kapitel zum Dostoevskij-Buch ausführlich eingegangen werden wird, noch einen anderen Aspekt von Autorschaft zum Vorschein. Der Autor und auch der Held reagiert mit seinem Wort stets auf ein fremdes Wort. Das antwortende

Reagieren bezieht sich nicht nur auf ein einzelnes Wort, sondern auf ganze Autorschaftsformen: »Die Autorschaftsformen und insbesondere die ihnen entsprechenden Tonlagen sind im Wesentlichen traditionsgebunden und reichen weit in die Vorzeit zurück. Sie erneuern sich in neuen Situationen. Sie können nicht erfunden werden, genauso wenig wie die Sprache erfunden werden kann.« (RZ, 371) An anderer Stelle macht Bachtin deutlich, dass die »Suche des Autors nach dem eigenen Wort« in diesem Sinne eine Suche nach dem Genre ist, nach Stil und Perspektive (RZ, 412).

Der Schritt von Bachtins Konzept der Autorschaft zu Roland Barthes' berühmt gewordenem Artikel *Der Tod des Autors* (1967 engl., 1968 frz.) ist nicht weit. Auch Barthes übt, wie schon Tomaševskij und Bachtin vierzig Jahre zuvor, Kritik an den naiven Versuchen, die »Erklärung eines Werks bei seinem Urheber« zu suchen.[52] Ähnlich wie Bachtin kommt er zu dem Schluss, dass an die Stelle des Autors die Sprache – Bachtin würde jedoch sagen die ›Äußerung‹ oder das ›Wort‹ – getreten ist und dieser nun nicht mehr als ihr Eigentümer gelten kann.[53] Dabei geht es Barthes wie Bachtin nicht um einen Gegensatz von Subjektivität und Objektivität in der Äußerung, sondern um die Feststellung, dass eine Äußerung nie originell sein kann, sondern immer schon ein »Gewebe von Zitaten«[54] ist.

Es ist kein Zufall, dass Barthes hier von einem Gewebe aus Zitaten spricht – Julia Kristeva hat 1967 in einem seiner Seminare ein Referat über Bachtin gehalten, aus dem ihr Artikel *Das Wort, der Dialog und der Roman* (1967) hervorgegangen ist.[55] In diesem Artikel schreibt sie mit Bezug auf Bachtin von einem »Mosaik aus Zitaten«[56], aus dem ein Text bestehe. Barthes schließlich verbindet den ›Tod‹ des Autors mit der Geburt des Lesers, da jedes Schreiben immer schon mit einem Akt der Rezeption verbunden ist. Bachtin sieht den Rezipienten zunächst in einer Position der

Außerhalbbefindlichkeit, von der aus er, wie der Autor, den Text abschließt, seine Leerstellen oder Unbestimmtheitsstellen – ganz im Sinne der Rezeptionsästhetik – ergänzt.[57]

Eine weitere Parallele lässt sich auch zur Sprachanalyse von Jacques Lacan entdecken. In seiner Diskussion des Übertragungsbegriffs bei Freud schreibt Lacan, dass die Bedeutung eines Wortes sich nur aus der Summe seiner Verwendungen ergeben kann: »Wenn Sie die Bedeutung des Wortes *main* in der französischen Sprache kennenlernen wollen, dann müssen Sie den Katalog seiner Verwendungen aufstellen.«[58] Lacan spricht an anderer Stelle auch davon, dass das Sprechen die »Resonanz all seiner Bedeutungen erschafft«[59]. Beide, Bachtin und Lacan, insistieren unabhängig voneinander und mit anderem Ausgang darauf, dass der Autor immer nur der Benutzer und Verwender der Sprache ist, nicht ihr ›Eigentümer‹ oder Urheber. Deshalb zeige sich Autorschaft immer im Moment des Aussagens, nicht im Moment der Aussage.[60]

Neben den theoretischen Ausführungen zur Autorschaft gibt es auch ein praktisches Autorschaftsproblem, das weniger Bachtin als die Bachtin-Forschung interessiert hat. 1973 bemerkte der Linguist Vjačeslav Ivanov in einer Fußnote zu seinem Artikel *Die Bedeutung von M. M. Bachtins Idee von Zeichen, Äußerung und Dialog für die zeitgenössische Semiotik*, dass Bachtin der Autor von unter den Namen Vološinov und Medvedev veröffentlichten Texten sei. Medvedev und Vološinov als seine Schüler, so heißt es dort, hätten nur Abschnitte hinzugefügt und umformuliert.[61]

Die Behauptung Ivanovs, die eine ganze Lawine von detektivischer Nachforschung ins Rollen brachte, ist bis heute ungeklärt, so dass die Autorschaft zahlreicher Bücher und Aufsätze nicht eindeutig festgestellt werden kann. Unter dem Namen von Valentin Vološinov wurden publiziert: *Jenseits des Sozialen* (Po tu storonu social'nogo, 1925), *Das Wort im Leben und in der*

Dichtung (Slovo v žizni i slovo v poėzii, 1926), *Freudismus* (Frejdizm, 1927), *Marxismus und Sprachphilosophie* (Marksizm i filosofija jazyka, 1929), *Über die Grenzen der Poetik und Linguistik* (O granicach poėtiki i lingvistiki, 1930), *Stilistik der künstlerischen Rede* (Stilistika chudožestvennoj reči, 1930); unter dem Namen von Pavel Medvedev erschienen: *Wissenschaftlicher Salierismus* (Učenyj Sal'ierizm, 1925), *Soziologismus ohne Soziologie* (Sociologizm bez sociologii, 1926), *Formale Methode in der Literaturwissenschaft* (Formalnyj metod v literaturovedenij, 1928).

Diese Texte wurden seit den 1990er Jahren in Russland unter Bachtins Namen veröffentlicht – *pod maskoj* (maskiert). Das mag eine Anspielung darauf sein, dass Bachtin selbst einmal Autorschaft als Maskierung bezeichnet hat: »Es ist üblich, von der Maske des Autors zu sprechen. Doch in welchen Äußerungen (Sprechakten) tritt das Individuum ohne Maske auf, d.h. in welchen gibt es keine Autorschaft?« (RZ, 371)

Insbesondere von russischer Seite wird Bachtins Autorschaft dadurch belegt, dass sich seine Wiederentdecker und Herausgeber an diesbezügliche Aussagen Bachtins erinnern können. Sergej Bočarov hat mit ihm, wie er schreibt, mehrfach vorsichtig über die strittige Autorschaft gesprochen und folgendes Gesprächsprotokoll notiert: »Schauen Sie, ich dachte, dass ich das für meine Freunde machen kann, mir hat das nichts ausgemacht, ich dachte eher, dass ich meine Bücher ja noch schreibe, und ohne die unangenehmen Ergänzungen (wobei er das Gesicht verzog und mir zunickte). Ich wusste doch nicht, dass sich alles so zutragen wird. Und danach – was hat das alles für eine Bedeutung – Autorschaft, der Name. Alles, was für dieses letzte halbe Jahrhundert auf dieser unglückseligen Erde unter diesem unfreien Himmel geschaffen wurde, all das ist mehr oder weniger unzulänglich.«[62] Oder an anderer Stelle: »Das waren meine Freunde, sie brauchten Bücher, und ich hatte noch vor, meine eigenen zu schreiben. [...] Publikationen nicht unter meinem eigenen Namen zu schreiben passte mir gut: ich fand, dass es noch nicht an der Zeit ist.«[63]

Zitiert wird in diesem Zusammenhang auch die Äußerung von Bachtins Frau: »Erinnerst Du Dich Mišenka, wie Du es Valentin Nikolaev auf der Datscha in Finnland diktiert hast?« Gemeint sind *Marxismus und Sprachphilosophie* und Valentin Vološinov, mit dem Bachtin den Sommer 1928 auf der Datscha verbrachte und über Ernst Cassirer debattierte. Oder die Bestätigungen der Witwe von Vološinov, die Sergej Bočarov gegenüber 1975 bekundete: »Diese Bücher hat Michail Michajlovič geschrieben.« (*Freudismus* und *Marxismus und Sprachphilosophie*)

Bestätigt ist allein die ›maskierte‹ Autorschaft des Aufsatzes *Moderner Vitalismus* (Sovremennnoj vitalizm), der 1926 in der Zeitschrift *Der Mensch und die Natur* (Čelovek i priroda) unter dem Namen von Ivan Kanaev erschien. Kanaev hat 1975 sogar eine beglaubigte Erklärung abgegeben: »Dieser Artikel ist vollständig von M. M. Bachtin verfasst worden, ich habe ihn lediglich mit Literatur versorgt und ihm zur Publikation in jener Zeitschrift verholfen, in der ich in der Redaktion bekannt war. 3. November 1975, Ivan Kanaev.«[64]

In der Forschung gibt es neben der Position, dass man die Frage von Bachtins Autorschaft nicht abschießend klären könne, vor allem zwei Lager, die sich seit den 1980er Jahren an folgende Argumentationen halten. Katerina Clark und Michail Holquist, Slavisten in Yale und Verfasser der ersten (Werk-)Biografie über Bachtin von 1984, gehen davon aus, dass Bachtin Autor der umstrittenen Texte ist. Sie folgen den Aussagen der Zeitzeugen und der russischen Herausgeber, insbesondere von Kožinov und Bočarov, von denen die oben zitierten Erinnerungen stammen. Holquist und Clark nennen dieses Phänomen »reverse plagiarism«[65].

Gary Saul Morson und Caryl Emerson, Slavisten in Chicago (Northwestern) und Princeton, haben sich in ihrem Buch *Rethinking Bakhtin* (1989) von ihrer ursprünglichen, an Clark und Holquist orientierten Position verabschiedet und beharren nun darauf, dass Vološinov und Medvedev eigenständige Denker gewesen seien und der Marxismus der Bücher nicht nur im Vorwort und der Zusammenfassung zu finden sei und von dort jederzeit extrahiert werden könne, sondern dass die marxistische Argumentation das Wesen der Bücher ausmache. Der Bachtin-Kreis sei vielmehr in marxistische und nicht-marxistische Denker einzuteilen, und es stelle sich die Frage, ob nicht gerade Vološinov und Medvedev es gewesen seien, die Bachtins Interesse für das Soziale der Sprache erst geweckt hätten.

Auf der 1999 in Sheffield organisierten Konferenz »In Abwesenheit des Meisters. Der unbekannte Bachtin-Kreis« war man sich schließlich einig, alle drei Autoren, Bachtin, Vološinov und Medvedev, als eigenständige Autoren zu führen und zu behandeln.[66]

Diese Fragen werden im Folgenden nicht im Vordergrund stehen. Vielmehr wird es darum gehen, ausschließlich Texte und Thesen gegenüberzustellen, wozu im siebten Kapitel insbesondere Bachtins und Vološinovs Idee der sprachlichen Reaktion, ihr Zeichenbegriff und die Frage der Korrelation von Text und Kontext herangezogen werden. Beim Vergleich von Bachtin und Medvedev wird es vor allem um die Beziehung des Bachtin-Kreises zum Formalismus gehen.

Ein letzter Punkt in der langen Liste der Fragen zur Autorschaft sei hier noch angesprochen: Bachtins Umgang mit Quellen bzw. mit anderen Texten. Als Brian Poole 1998 entdeckte, dass Bachtin in seinem Rabelais-Buch eine halbe Seite aus Cassirers *Individuum und Kosmos in der Philosophie der Renaissance* (1927) ins Russische übersetzt und inhaltlich unverändert übernommen hatte, ging ein Raunen durch die Bachtin-Gemeinde. Beim besten Willen konnte man diese Übernahme nicht als Dialog lesen, wobei »versteckte« Quellen und Bezüge in der russischen Philosophie zu diesem Zeitpunkt nicht ungewöhnlich waren. Danach wurde in der Bachtin-Forschung vor allem die Konzept- und Begriffsgenese untersucht, die sich bestenfalls als Rekonstruktion eines Dialogs mit der zeitgenössischen Philosophie bzw. Philologie und ungünstigenfalls als stupide Suche nach weiteren Übernahmen aus fremden Texten lesen lässt. Diese Suche führte schließlich dazu, dass man bei allen ›bachtinschen‹ oder zumindest ›bachtinisierten‹ Begriffen und Gedankengängen, wie etwa dialogisch, Dialog, karnevalisierte Literatur, Chronotopos, nach einem Ursprung zu fahnden begann. Das letzte Wort in dieser Sache soll vorläufig Bachtin haben, der in seinem Essay *Das Problem von Form, Inhalt und Material* (vermutlich 1924) ausführt, wie er es mit den Quellen hält: »Wir haben unsere Arbeit auch von überflüssigem Ballast an Zitaten und Nachweisen freigehalten, die in nichthistorischen Arbeiten systematischen Charakters völlig überflüssig sind: der kompetente Leser bedarf ihrer nicht, dem nicht kompetenten Leser sind sie nicht von Nutzen.« (IMF, 95)

4. Bachtin, Medvedev und die Formale Schule

Materialästhetik – Formale Schule und Formalismus – Poetik vs. Ästhetik – Erkenntnis, Ethik, Ästhetik – Komposition vs. Architektonik – Inhalt, Material, Form – *videnie* (Sehen) vs. *ustanovka* (Einstellung) – *ustranenie* (Entfernung) vs. *ostranenie* (Verfremdung) – Broder Christiansen – Bachtin/Medvedev: organische Sprache vs. mechanische Sprache – Humboldt, Bergson – Aneinanderreihung vs. Korrelation – Neolamarckismus vs. formale Genetik

In den Arbeitsheften aus den 1960er und 1970er Jahren notiert Bachtin resümierend seine »Beziehung zum Formalismus« und seine »Beziehung zum Strukturalismus« (RZ, 434). Am Formalismus beklagt er »die Ignoranz des Inhalts«, die zu einer »Materialästhetik« geführt habe, das »Unverständnis gegenüber der Geschichtlichkeit und die mechanistische Wahrnehmung von Umbrüchen« (RZ, 434). Gegenüber dem Strukturalismus führt er kritisch die »Depersonalisierung« des Textes, den »logischen Charakter der Beziehungen«, die Aufstellung »mechanistischer Kategorien wie Opposition, Kodewechsel« an (RZ, 434).

Materialästhetik, Mechanik, A-Historizität, Isolation, Inhaltsvergessenheit, Komposition anstelle von Architektonik, das sind ungefähr die Stichworte, mit denen Bachtin seine Kritik an der sogenannten Formalen Schule formuliert. Er tut dies zunächst implizit in *Kunst und Verantwortung* sowie in *Autor und Held*, später dann explizit in seinem 1924 geschriebenen Essay *Das Problem von Form, Inhalt und Material im Wortkunstschaffen* (Problema formy, soderžanija i materiala v slovesnom chudožestvennom tvorčestve). Dieser Essay wurde Ende der 1960er Jahre aus Bachtins Archiv geborgen und 1973 im Sammelband *Kontext* unter dem Titel *Zur Ästhetik des Wortes* (K èstetike slova) zunächst in Auszügen, 1975 schließlich vollständig publiziert. Ursprünglich war der Essay der erste Teil einer geplanten umfangreicheren Publikation mit dem Titel *Zu methodischen Fragen der Ästhetik des Wortschaffens* (K voprosam metodologii èstetiki slovesnogo tvorčestva), dessen zweiter Teil jedoch nie geschrieben wurde.

Bachtin reiht sich mit seinem Essay in eine ganze Reihe von kritischen und zum Teil ablehnenden Stimmen gegenüber dem Formalismus als neuer Richtung in der Literaturwissenschaft ein. Im Unterschied jedoch zur marxistisch-leninistischen Kritik und zur vulgärmarxistischen Polemik lehnt Bachtin den Formalismus nicht völlig ab, ganz im Gegenteil, er würdigt die Anstrengungen der Formalen Schule, eine historische Poetik formuliert zu haben, teilt aber nicht die Auffassung, dass man diese ohne eine philosophische Ästhetik verfassen könne: »Eine *systematisch bestimmte Poetik muß eine Ästhetik des künstlerischen Schaffens sein. Diese Bestimmung unterstreicht ihre Abhängigkeit von der allgemeinen Ästhetik.*« (IFM, 98)

An der Kritik Bachtins und des Bachtin-Kreises am Formalismus lässt sich die Situation der Literaturwissenschaft und Ästhetik zu Beginn der 1920er Jahre sehr gut illustrieren und zudem voraussehen, welche Aspekte beider Theorien für den unaufhaltsam herannahenden Sozialistischen Realismus und die proletarische Ästhetik völlig inakzeptabel sein werden.

Zunächst ein paar Daten: 1915 werden der »Moskauer Linguistische Zirkel« (MLK) und 1916 die Petrograder »Gesellschaft zum Studium der poetischen Sprache« (OPOJAZ) gegründet. Ihre Gründungsmitglieder, Viktor Šklovskij (1893-1984), Boris Èjchenbaum (1886-1959), Jurij Tynjanov (1894-1943) und Osip Brik (1888-1945) in Petrograd und u.a. Roman Jakobson

(1896-1982) in Moskau richteten ihr Interesse auf die Poetizität (poetičnost')[67] von literarischen Werken. Als Gründungsmanifest gilt der schon 1914 in Buchform erschienene Essay *Die Auferweckung des Wortes* (Voskrešenie slova) des damals gerade einundzwanzigjährigen Šklovskij. Šklovskij versucht darin, eine Bestimmung des Poetischen und der künstlerischen Wahrnehmung anhand der »Spürbarkeit der Form« (oščutimost' formy) vorzunehmen. Wenn man künstlerische Wahrnehmung definieren wolle, dann am ehesten als »Erleben (perezivanie) der Form«, heißt es in dem Essay.[68] Èjchenbaum charakterisiert dieses Formverständnis als ein »konkret-dynamisches«, das »bereits inhaltlich an sich sei, ohne irgendwelche Wechselbeziehungen« eingehen zu müssen.[69] Der frühe Formalismus arbeitet vorwiegend – zum Teil in Anlehnung an die Phänomenologie und in Abgrenzung zu Aleksandr Potebnjas Bestimmung der »Poesie als Denken in Bildern«[70] – eine Wahrnehmungstheorie des künstlerischen Materials aus, die sich mit dem Erleben der Form, der Erschwerung der Form (zatrudnennaja forma), der Verfremdung der Form (ostranenie) und dem daraus resultierenden neuen Sehen (videnie) und der Deautomatisierung beschäftigt. Èjchenbaum schreibt in seinem 1925 verfassten und 1926 auf Ukrainisch publizierten Resümee unter dem Titel *Theorie der formalistischen Methode* darüber, dass die Entwicklung der formalen Methode vom neuen Verständnis der Form zum Verfahren und vom Verfahren zur Funktion geführt habe.[71]

Die Bezeichnung ›Formale Schule‹ oder ›Formalisten‹ stammt allerdings nicht von den ›Formalisten‹ selbst, ganz im Gegenteil, sie wurde nach der Revolution von gegnerischer Seite eingeführt, um auf die angebliche Einseitigkeit der Erforschung der Form des Literarischen aufmerksam zu machen. Die Kritik an der Formalen Schule begann bereits in den frühen 1920er Jahren und sie kam von höchst offizieller Stelle. 1923 veröffentlicht Lev Trockij, seit 1918 Volkskommissar für das Kriegswesen, in der *Pravda* seinen Artikel *Die Formale Schule der Poesie und der Marxismus* (Formal'naja škola poėzii i marksizm), den man als Kriegserklärung gegen die Formale Schule lesen kann. Er bezeichnet den Formalismus darin als »arrogante Frühgeburt«, die sich »mit allen Kräften dem Marxismus theoretisch entgegenstellt«[72]. Trockij erklärt kurzerhand Kant und den Vitalismus zu Vorläufern des Formalismus und drückt allen gemeinsam den Stempel eines »frühreifen Popentums« auf, denn für sie gelte: »am Anfang war das Wort. Für uns aber stand am Anfang die Tat. Das Wort folgt ihr wie ein Klangschatten«[73].

Die schrittweise Kriminalisierung des Formalismus beginnt Ende der 1920er Jahre, zu einem Zeitpunkt, als der Formalismus als Strömung bereits langsam aufhört zu existieren. Šklovskij distanziert sich erzwungenermaßen von seinen frühen Schriften, Roman Jakobson lebt längst nicht mehr in der Sowjetunion (seit 1920 ist er in Prag), Tynjanov schreibt Ende der 1920er Jahre wissenschaftliche Prosa und eine Studie über Literatur und Evolution, in der die Wechselwirkung (vzaimootnošenie) von Literatur und Leben (byt) im Mittelpunkt steht.

In den 1930er Jahren, ab etwa 1933 war ›Formalismus‹ – inzwischen losgelöst von der formalistischen Schule – als Methode und auch als Verfahren in der Kunst nicht mehr systemkonform. ›Formalismus‹ wurde als Gegenbegriff zum (Sozialistischen) ›Realismus‹ postuliert. 1936 wurde dann in einer breit angelegten Kampagne gegen verschiedene Künstler der Begriff Formalismus als Anklagepunkt, ja als Vergehen aufgefasst.

Bachtin hat *Das Problem von Form, Inhalt und Material im Wortkunstschaffen* nach eigenen Angaben 1924 verfasst, und zwar im Auftrag der Zeitschrift *Russischer Zeitgenosse* (Russkij sovremennik), die unter Mitwirkung von Evgenij Zamjatin, Boris Pil'njak, Aleksej Tolstoj, Anna Achmatova, Fedor

Sologub und Osip Mandel'štam und unter der Redaktion von Aleksandr N. Tichonov im Mai 1924 gegründet worden war. Viele der Formalisten publizierten ebenfalls in dieser Zeitschrift. Allerdings erschien Bachtins Artikel nicht, die Zeitschrift selbst wird schon nach vier Nummern Ende 1924 – von proletarischen Kritikern als reaktionär beschimpft – wieder eingestellt. Die Formalismuspolemik wäre nach *Kunst und Verantwortung* Bachtins erste Publikation gewesen. 1925 erscheint jedoch in der dritten Nummer von *Zvezda*, einer linken proletarischen Zeitschrift, der Artikel *Gelehrter Salierismus. Über die formale (morphologische) Methode* (Učenyj sal'erizm. O formal'noj (morfologičeskoj) metode)[74] – ebenfalls eine Polemik aus dem Bachtin-Kreis gegen den Formalismus. Als Autor unterzeichnet den Artikel Pavel N. Medvedev, Bachtins Freund seit der Zeit in Vitebsk. Pavel Medvedev war zum Zeitpunkt der Publikation von *Gelehrter Salierismus* am Herzen-Institut für Pädagogik und am Puškin-Institut für russische Literatur angestellt. 1928 erscheint sein Buch *Die formale Methode in der Literaturwissenschaft. Kritische Einführung in die soziologische Poetik* (Formal'nyj metod v literaturovedenii. Kritičeskoe vvedenie v sociologičeskuju poėtiku), zudem arbeitet er in der Abteilung für Literatur beim Staatsverlag und bereitet dort 1928/29 die Herausgabe von *Probleme des Schaffens von Dostoevskij* vor, obwohl Bachtin inzwischen inhaftiert ist. Der Formalismuskritiker Medvedev wird kurze Zeit später selbst mit einem Formalismusvorwurf konfrontiert; der Kritiker Vladimir Ermilov, Funktionär der Russländischen Assoziation Proletarischer Schriftsteller (RAPP), beschuldigt ihn öffentlich des »Kantianismus, Formalismus und anderer Arten von Dunkelmännertum«[75], und der sowjetische Schriftsteller Aleksandr Fadeev bezeichnet ihn als »Vernichter der proletarischen Kunst«[76].

Medvedevs und Bachtins Text sind in ihren Thesen fast identisch, in ihrem wissenschaftlichen Stil unterscheiden sie sich allerdings deutlich. Medvedevs Text ist polemischer und zugleich korrekter, d.h., er gibt seine Quellen genau an. Beide fordern, dass eine systematische Poetik eine Ästhetik des Wortkunstschaffens sein muss, wobei unter Ästhetik die »wissenschaftlich-systematische Theorie vom Objekt der künstlerischen Wahrnehmung« (US, 9) verstanden wird. Bachtins und Medvedevs Unterscheidung von Erkenntnis, Ethik und Ästhetik führt beide zu einer Abgrenzung von Material, Inhalt und Form, die der Formalismus so nicht leisten könne. Die ästhetische Tätigkeit sei im Unterschied zum Erkennen der Epistemologie und zum Handeln der Ethik sekundär, sie sei stets schon »Ausdruck einer Beziehung zur Welt des Erkennens und Handelns« (IMF, 118). Es ist diese Wirklichkeit, die in »ihrem Erkanntsein und Bewertetsein« in das ästhetische Objekt einfließt bzw. das Kunstwerk zu einem ästhetischen Objekt macht. Diese in das ästhetische Objekt einfließende Wirklichkeit bezeichnet Bachtin als Inhalt. Sie wird konkretisiert, isoliert und vollendet, d.h., sie wird geformt mithilfe eines bestimmten Materials (IMF, 117). Inhalt, Form und Material, so Bachtin, könne man nicht isoliert voneinander betrachten. Weder gebe es eine reine Form, wie z.B. Viktor Šklovskij behaupte, noch einen reinen Inhalt. Form sei vielmehr »Form eines Inhalts, die durchgehend im Material realisiert ist, ihm gleichsam verhaftet ist« (IMF, 139).

Bachtin unterscheidet zwischen architektonischer und kompositioneller Form, wobei die architektonische Form, Form des Inhalts, werthaft und sinnbezogen ist, die kompositionelle Form jedoch Form des Materials. In der architektonischen Form ist der »Künstler-Autor ein konstitutives Moment« (IMF, 141), d.h., die Form stellt durch die ästhetische Sicht des Autors den Bezug zum Inhalt erst her, dringt in diesen ein und verwandelt ihn (IMF, 141).

Ein ästhetisches Objekt, so resümiert Bachtin schließlich, ist kein Ding, »denn seine Form (genauer: die Form des Inhalts, denn das ästhetische Objekt ist geformter Inhalt), in der ich mich selbst als aktives Subjekt wahrnehme, in die ich als ihr notwendiges konstitutives Moment eingehe, kann natürlich nicht die Form eines Dings, eines Gegenstandes sein« (IMF, 152).[77]

Nach Bachtin richtet die Materialästhetik keinen Schaden an, solange sie nicht versucht, »ein Kunstwerk in seiner Gesamtheit, in seiner ästhetischen Eigenart und Bedeutung zu verstehen und zu erforschen« (IFM, 101). Der Grund dafür: Sie sei nicht imstande, die künstlerische Form zu begründen, weil sie ein verkürztes Formverständnis habe. Form bezieht sie ausschließlich auf das Material und dessen Anordnung. Das für Bachtin so zentrale emotional-volitive Moment, d.h. die in das Material eingeschriebene Position des Autors, dessen Wahrnehmung und Intention immer ein Moment der Wertung immanent ist, ist durch eine solche Reduktion der Form auf das Material nicht vorhanden. Kurzum, die Materialästhetik berücksichtige das Werk nur in seiner Komposition, nur in seiner sprachlichen Gestalt, nicht aber in seiner Architektonik. Das bedeutet auch, dass sie das Werk als Artefakt sieht, nicht aber, wie Bachtin es verstanden haben will, als »ästhetisches Objekt«. Bachtin konkretisiert hier für die Definition des »ästhetischen Objekts« noch einmal den Begriff der Architektonik, den er schon seit *Zur Philosophie der Handlung* als Kennzeichen des Ästhetischen verwendet hatte, und stellt diesen nun der Komposition gegenüber. Er schreibt: »Architektonische Formen sind Formen des seelischen und körperlichen Wertes des Menschen in der Ästhetik, Formen der Natur wie seiner Umwelt, Formen des Ereignisses in seinem sozialen und historischen Aspekt und dem des persönlichen Lebens u.a.m.; sie alle sind Errungenschaften, Verwirklichungen, sie dienen keinem Zweck und genügen sich selbst: dies sind die

Formen des ästhetischen Seins in seiner Eigenart«. (IMF, 107) Wie hier deutlich wird, versteht Bachtin unter Architektonik das ›Wie‹ der Sicht auf die Welt, eines Autors, eines Rezipienten, das sich in einem Werk verkörpert, wobei es ihm auch hier nicht um die biografische oder psychologische Erfahrung des Autors oder Rezipienten geht. »Humor, Heroisierung, Typus, Charakter sind architektonische Formen, doch werden sie durch bestimmte kompositionelle Verfahren verwirklicht, Poem, Kurzroman, Novelle.« (IMF, 106) Architektonik und Komposition schließen also einander nicht aus. Ganz im Gegenteil, die Architektonik »wird durch kompositionelle Verfahren verwirklicht« (IMF, 106), genauso wie der Komposition architektonische Formen eigen sind.

Bei genauer Betrachtung ist jedoch selbst dem Frühformalismus das, was Bachtin als Architektonik beschreibt, nicht so fremd, wie von Bachtin selbst skizziert. Im formalistischen Begriff der Einstellung (ustanovka) und des Sehens (videnie) lassen sich durchaus Parallelen erkennen. Mit *ustanovka* kennzeichnet u.a. Viktor Šklovskij die schöpferische Intentionalität des Autors wie auch die des Rezipienten, die in das Artefakt eingeschrieben ist.[78] Mit dieser verbunden ist wie bei Bachtin ein Moment der Wertung. Hinzu kommt aber bei den Formalisten, dass dieses Sehen die Wahrnehmung des Künstlerischen als Künstlerischem selbst betrifft. Roman Jakobson schreibt in seinem Aufsatz über die *Neueste russische Poesie* (Novejšaja russkaja poèzija, 1921) den berühmt gewordenen Satz: »Poesie, das ist die Äußerung mit Einstellung (ustanovka) auf den Ausdruck.«[79] Eine *ustanovka*, und das unterscheidet den frühen Bachtin von den Formalisten, kann also nicht nur auf Welterkenntnis und Handeln gerichtet sein, die in einem Werk dargestellt und bewertet werden, sondern auch auf die Art und Weise der Darstellung selbst. Erst später, in *Die Sprache in der künstlerischen Literatur,* wird Bachtin schreiben, dass Literatur selbst so etwas wie die künstlerische

Erkenntnis von Sprache sei. Er wird diese Erkenntnis ebenfalls an das Sehen knüpfen, das er – ähnlich wie die Formalisten – als Erleben (*pereživanie*) von Sprache durch Sprache denkt, als eine reflexive Wechselbeziehung von abbildender und abgebildeter Sprache (KL 151).

Als spezifische Form des Sehens hat der Formalismus die Verfremdung gekennzeichnet, Verfremdung führe überhaupt erst zu einem Sehen und nicht bloß zu einem Wiedererkennen.[80] Caryl Emerson hat die formalistische Verfremdung zu Bachtins Außerhalbbefindlichkeit in Bezug gesetzt, der, wie Bachtin schreibt, eine »liebevolle Entfernung« (ustranenie) zum Helden eigen ist.[81] Es ist wohl die morphologische Nähe von *ostranenie* und *ustranenie*, die hier den Reiz des Vergleichs ausmacht. Für Bachtin ist Außerhalbbefindlichkeit Bedingung für ästhetisches Sehen im Prozess der ästhetischen Tätigkeit, Verfremdung aber ist immer schon die Verschiebung des gewöhnlichen Blicks, sie bezieht sich auf ein ungewöhnliches Sehen des Autors oder der Figuren und führt zu einem Anders-Sehen des Lesers. Bachtin selbst nennt Verfremdung eine Funktion der Isolation, ein Herausheben des Gegenstands aus der epistemologischen bzw. ethischen Reihe (IMF, 143). Während also Außerhalbbefindlichkeit bei Bachtin erst das Sehen der Erkenntnis und Ethik von Wirklichkeit ermöglicht, ist Verfremdung nach Bachtin eine Distanznahme, die sich rein auf das Material richtet, nicht auf die Verbindung von Form und Inhalt.

Diese wenigen Übereinstimmungen von Bachtin und den Formalisten sind nicht weiter verwunderlich, wenn man sich vergegenwärtigt, welche Texte beide bei der Ausarbeitung ihrer Theorien zugrunde gelegt haben. Die russischen Formalisten beziehen sich in ihren Schriften von Anfang an auf den deutschen Philosophen Broder Christiansen, der in Freiburg im Breisgau beim Neokantianer Heinrich Rickert promoviert hatte, und zwar auf dessen Werk *Philosophie der Kunst*, das 1909 auf Deutsch und in russischer Übersetzung 1911 als *Filosofija iskusstva* in Petersburg erschien. Zuerst zitiert Šklovskij in seiner 1916 verfassten Studie über die *Verbindung von Verfahren des Sujetaufbaus mit allgemeinen stilistischen Verfahren (*Svjaz' priemov sjužetosloženija s obščimi priemami stilja) einzelne Passagen aus dem Buch und orientiert sich an Christiansens Beobachtung von der »Veralltäglichung von Kunstwerken«[82]; er übernimmt von Christiansen die Forderung nach einer »Distanz vom Gewohnten«[83] und verwendet den Begriff der »Differenzqualität« (diferencial'noe kačestvo). Auch Bachtin scheint Christiansens Buch gekannt zu haben. Zum Beispiel verwendet er wie dieser den Begriff des »ästhetischen Objekts«, wenngleich in anderer Ausrichtung, und er versucht – mit anderem Ergebnis – Material, Inhalt und Form zu unterscheiden. Christiansen unterscheidet im zweiten Kapitel seiner Studie das »ästhetische Objekt« vom »äußeren Kunstwerk«, bei dem man Material, Inhalt und Form unterscheiden könne. Beim ästhetischen Objekt sei dies nicht möglich, dort verschmelzen die drei Kategorien, was an ihnen in das ästhetische Objekt eingehe, sind ihre Stimmungsimpressionen. Christiansens These ist, dass sich das ästhetische Objekt aus Stimmungsimpressionen und Differenzimpressionen aufbaut, während »Material, Gegenstand und Form nicht direkt in das ästhetische Objekt«[84] eingehen. Im Unterschied zu Bachtin betrachtet Christiansen die Elemente des ästhetischen Objekts nicht als »emotional-volitiv« oder »sinnlich-anschaulich«, sondern als »konkrete Erlebnisinhalte von individuell bestimmter Qualität«[85]. Bachtin, im Unterschied dazu, insistiert geradezu auf das aus der Anschauung resultierende Emotional-Volitive, das die Architektonik jedes Werkes ausmache.

Während sich *Das Problem von Form, Inhalt und Material* (Bachtin) und *Gelehrter Salierismus* (Medvedev) in den Thesen gleichen, werden in Medvedevs Buch *Die Formale Schule in der Literaturwissenschaft*, das 1928 erscheint, einige neue Termini und Beobachtungen eingeführt. Medvedev entwickelt dort ein Konzept der organischen Sprache, die als Gegensatz zur mechanischen Sprachauffassung der Formalisten eingeführt wird.

Die Rede von der organischen Sprache wird dann in Vološinovs *Marxismus und Sprachkritik* und in Bachtins *Das Wort im Roman* wieder aufgegriffen. D.h., Bachtin spricht, im Unterschied zu Medvedev und Vološinov, erst recht spät von einer organischen Sprache, zumindest tut er das erst dezidiert in den 1930er Jahren, auch wenn er im Dostoevskij-Buch bereits die »tiefe Organizität seiner [Dostoevskijs] Poetik« (PTD, 14) erkannt hatte.

Die Kritik an der mechanischen Sprachauffassung kreist im Wesentlichen um zwei Punkte: Isolation und Aneinanderreihung (nanizyvanie). Medvedev argumentiert, dass die Isolation des literarischen Werks von seiner Umgebung dazu führt, Literatur als anorganischen, mechanischen Gegenstand, als Summe von fertigen Einzelteilen zu bestimmen: »Die grundlegenden Voraussetzungen formalistischen Denkens bestehen darin, dass aus ihrer Position bloß Erklärungen von Umgruppierungen, Umplazierungen und Rekombinationen im Rahmen schon vorhandenen und völlig fertigen Materials möglich sind.« (FML, 275) Šklovskij ignoriere den organischen Charakter des Romans, heißt es, er untersuche bloß die Reihung »einander innerlich fremder Materialbrocken« (FML, 313). Nach Medvedev wird weder Sprache noch Literatur aus Fertigteilen gebildet, die rekombinierbar sind, sondern aus sich ständig in Wechselbeziehungen befindenden und sich deshalb stets verändernden Elementen. Die Rede vom »selbstwertigen Wort« (samovitoe slovo) oder vom »Wort als solchem« (slovo kak takovoe) führe auf einen Irrweg, weil sich das Wort nicht isolieren lasse vom anderen Wort, vom vorhergehenden und vom antwortenden

Wort (FML, 272). Bachtin und der Bachtin-Kreis gehen davon aus, dass neue Worte nicht aus fertigen, distinkten, unveränderlichen Einheiten gebildet werden, die miteinander kombiniert werden, sondern in einem dem Organismus sowie dem Wort und seiner Verwendung eigenen schöpferischen Prozess. Sprache ist somit weder gegeben, noch erreicht die Sprachentwicklung je einen Zustand von Abgeschlossenheit.

Bei der organischen Sprachauffassung steht vielmehr ein stetes Werden im Vordergrund. In *Marxismus und Sprachphilosophie* kommt Vološinov zu dem Schluss, dass die Sprache »ein ständiger Prozess des Werdens [ist], der durch die gesellschaftliche sprachliche Interaktion der Sprechenden verwirklicht wird« (MS, 162).

Auch Bachtin versteht Sprache in den Schriften der 1930er Jahre, u.a. in *Das Wort im Roman* (Slovo v romane), zunehmend als organisches, als natürliches System, das durch den Gebrauch, durch Sprecher und durch das soziale Umfeld immer wieder Modifikationen erfährt. Auch wenn Bachtin die bekannte Gegenüberstellung von ›organisch‹ und ›mechanisch‹ übernimmt und eine Ganzheit im Sinn hat, die mehr ist als die Summe der Teile (Gedanken, die sich auch schon in Friedrich Schlegels, Wilhelm von Humboldts und Jacob Grimms sprachtheoretischen Forschungen finden), verbindet Bachtin mit der Idee des Organischen vor allem den Gedanken des Schöpferischen und Vitalen, auf den insbesondere Henri Bergson in seiner Gegenüberstellung von organisch und anorganisch insistierte. Bergson denkt den Unterschied zwischen Organischem und Anorganischem, dem Leben und dem Mechanischen, vor dem Hintergrund der modernen Naturwissenschaft, die den Organismus restlos zu erkennen und zu ergründen sucht. Im Unterschied zu den modernen Naturwissenschaften, die, wie es bei Simmel über Bergson heißt, »die mechanistische Naturgesetzlichkeit« sogar auf das

»Innere des Organismus übertragen«, d.h. auch einen Organismus als Körper betrachten, in dem »mechanistische Wirkungen sich zusammenfinden in einer außerordentlichen Komplikation *der* Gesetzmäßigkeiten, die sie auch außerhalb des Organismus zeigen«[86], wendet sich Bergson gegen diese Neukonzeption des Organischen, weil sie den Zeitfaktor vergisst und damit glauben macht, dass die Zukunft jedes Wesens aus dem Vorhergehenden berechenbar sei. Simmel fügt – mit Seitenblick auf künstlerische Prozesse – hinzu, dass das Lebendige in dieser Konzeption gegen das Konstruiertwerden, gegen die Wiederholbarkeit von Prozessen arbeitet: »Das Nebeneinander der Atome, auf das der Mechanismus anwendbar ist, gleicht dem bloßen Nebeneinander der Worte, das nicht mehr von der Lebenskraft eines Sinnes durchblutet ist.«[87]

Auch in seinem einzigen Ausflug in die Biologie, dem 1926 unter dem Namen Ivan Kanaevs veröffentlichten Artikel *Moderner Vitalismus* (Sovremennyj vitalizm), bekennt sich Bachtin als Kanaev zum »kritischen Vitalismus« bzw. Neovitalismus, den er u.a. bei Bergson und Hans Driesch gegeben sieht. Der Text erscheint 1926 in der Zeitschrift *Der Mensch und die Natur* (Čelovek i priroda). Bachtin konzentriert sich in diesem Text auf die Experimente Hans Drieschs (1867-1941) an Seeigeleiern, die die Thesen des »kritischen Vitalismus« demonstrieren sollen, klärt aber zuvor die traditionell gegensätzlichen Standpunkte mechanistischer und vitalistischer Konzepte seit der Antike. Dieser kritische Vitalismus denke nicht wie die moderne Naturwissenschaft den Organismus wie eine mechanische Gesetzmäßigkeit, sondern – umgekehrt – auch das Mechanische organisch, d.h., auch im Mechanischen finde sich ein Rest des Irrationalen, des Autonomen und Unvorhersehbaren.

Der Bachtin-Kreis reduziert in seiner Polemik die formalistische Literaturtheorie auf ihre synchrone, isolierende Literaturanalyse, die ohne Kontakt zu außerliterarischen Reihen auskomme, ohne Kontakt zur Gesellschaft, und Neues allein durch Rekombination bereits gegebener Elemente, die im historischen Prozess der literarischen Entwicklung keinen Veränderungen unterlagen, hervorbringe.

Boris Gasparov hat beobachtet, dass die Auseinandersetzungen zwischen dem Bachtin-Kreis und dem Kreis der Formalisten Ähnlichkeit haben mit der Polemik, die die russischen Neolamarckisten gegen die ›formale Genetik‹ führen.[88] Gasparov weist darauf hin, dass der Bachtin-Kreis Argumente verwendet, die auch gegen die Genetiker, die Mendelisten, ins Feld geführt werden, u.a. auch vom Biologen und Pflanzenzüchter Ivan Mičurin und später, stalinistisch zugespitzt, vom Bioideologen Trofim Lysenko.[89] Die biologistischen, an die Mendelisten angelehnten Begriffe, so Gasparov, finden sich jedoch nicht nur in den Polemiken des Bachtin-Kreises, sondern werden auch von den Formalisten selbst verwendet. So sprechen Šklovskij und Tynjanov beispielsweise von den Genen, aus denen ein literarisches Werk besteht und aus denen es sich – aus sich selbst heraus – entwickelt. Bei Tynjanov heißt es in seiner frühen Evolutionstheorie, dass ein Genre wie ein Gen funktioniere und mutiere. D.h., Literaturgeschichte wird bei Tynjanov wie eine Bewegung präsentiert, die aus sich selbst heraus durch ständige Automatisierung und Deautomatisierung in Gang gehalten wird und also frei von äußeren Einflüssen erfolgt.[90]

Wenige Jahre später übrigens verwendet Šklovskij in einer erzwungenen ›Selbstkritik‹, die 1930 unter dem Titel *Denkmal eines wissenschaftlichen Fehlers* (Pamjatnik naučnoj ošibke) in der *Literaturnaja gazeta* erscheint, genau jenes Vokabular zur Selbstverteidigung, das gegen ihn und die Formalisten zu diesem Zeitpunkt ins Feld geführt wurde. Er muss sich rechtfertigen dafür, dass er Literatur naiverweise als Summe von Verfahren betrachtet habe, und sehe nun ein, dass sich Einzelteile nicht zu Literatur summieren ließen (summirujutsja), sondern nur miteinander in Wechselbeziehung treten können (sotnosjatsja).[91] Die isolierte und isolierende Betrachtung der Literatur sei ein Fehler gewesen. In seinen Memoiren wird er später schreiben: »Ich verfolgte eine völlig falsche Theorie der sich aus sich selbst heraus entwickelnden poetischen Gene.«[92]

Šklovskij verwendet nun den von Bachtin bevorzugten Begriff der Wechselwirkung, wobei zu diesem Zeitpunkt, 1930, auch Bachtins Theorie der dialogischen Wechselwirkung nicht mehr systemkonform ist. Weder die formalistische Poetik noch die bachtinsche Ästhetik sind für die Ausarbeitung – und dies aus ganz unterschiedlichen Gründen – einer sowjetischen marxistischen Literaturtheorie geeignet. Das Insistieren auf den Stellenwert der Poetizität wird – selbst wenn die Formalisten, insbesondere Tynjanov, Ende der 1920er Jahre eine Evolutionstheorie ausarbeiten, die die Wechselwirkung zum Leben mit einbezieht – in der inhaltsbezogenen proletarisch-marxistischen Kritik als reaktionäre und bourgeoise Literaturwissenschaft eingestuft. Und selbst Bachtins organisches Modell der dialogischen Wechselwirkung wird – missverstanden als formalistisches Herangehen an den Text – als eine Gefahr für die sozialistische Ästhetik betrachtet. Denn im Unterschied zu dieser arbeitet Bachtin mit einem Modell des Organischen, dem zufolge Werden und Wachsen sich nicht steuern und voraussagen lassen. Dieses Modell führt zu einem Konzept des Heterogenen und im Fall des Dialogischen zu einem horizontalen und a-hierarchischen Modell, das der totalitären Perspektive entgegengesetzt ist. Bachtins Theorie wäre eigentlich die ideale Grundlage für eine marxistische Theorie gewesen, hätte diese in der Sowjetunion nicht von vornherein totalitäre Züge angenommen.

5. Dialogizität: das Dostoevskij-Buch

Publikation des Dostoevskij-Buches – Verhaftung/Verbannung – Lunačarskijs Rezension – Geschlossenheit vs. Offenheit – Polyphonie – Intonation – Stimme: Bachtin und Derrida – dialogisch/monologisch – Dialogforschung: Buber, Hirzel, Hirt, Jakubinskij – Typen des Prosaworts – das fremde Wort – Wort mit Hintertür – Nietzsche und Bachtin lesen Dostoevskij: Reaktivität vs. Dialogizität

Im Frühjahr 1929 erscheint Bachtins erstes Buch *Probleme des Schaffens von Dostoevskij* (Problemy tvorčestva Dostoevskogo) – eine literaturtheoretische Analyse, die, wie es gleich zu Beginn heißt, einen »völlig neuen Typus künstlerischen Denkens« (PTD, 7), die polyphone Schreibweise Dostoevskijs behandelt. Es ist jenes Buch, das – nach der Überarbeitung und erneuten Herausgabe im Jahr 1963 – insbesondere die westliche Literaturwissenschaft zur Überarbeitung der Konzepte von Autorschaft und Text veranlasste. Die junge bulgarische Literaturwissenschaftlerin Julia Kristeva stellt Bachtins Bücher nach ihrer Emigration 1965 in Frankreich u.a. Roland Barthes und Gérard Genette vor.[93] Aus einem Referat im Seminar von Barthes entsteht der bekannte Artikel *Bachtin. Das Wort, der Dialog und der Roman* (Bakhtine, le mot, le dialogue et le roman), der 1967 in der Zeitschrift *Critique* erscheint und die Bachtin-Rezeption im Westen auf den Weg bringt. Kristeva radikalisiert darin Bachtins Idee vom Dialogischen und prägt den Begriff der Intertextualität.

1929 jedoch verlief die Rezeption ohne große Resonanz. Das lag sicherlich auch daran, dass Bachtin am 24. Dezember 1928, kurz vor der Veröffentlichung des Buches, verhaftet worden war. Angeklagt wurde er wegen konterrevolutionärer Tätigkeit, d.h. aufgrund seiner angeblichen Mitgliedschaft in der illegalen Organisation der »rechten Intelligencija« Voskresenie (Auferstehung).[94] In seiner Akte steht zudem, Bachtin habe im Laufe der vorangegangenen Jahre Vorträge in antisowjetischem Geist gehalten, in verschiedenen illegalen Zirkeln mitgewirkt, schätze sich selbst als einen »Marxisten-Revisionisten« ein und sein Bruder Nikolaj, ein bekannter Monarchist, lebe im Ausland und predige dort aktiv den »bewaffneten Kampf gegen die Sowjetunion«[95].

Am 5. Januar 1929 wird Bachtin unter der Bedingung, Leningrad nicht zu verlassen, wieder aus der Untersuchungshaft entlassen. Die Verurteilung erfolgt in Abwesenheit, Bachtin liegt zu dieser Zeit im Krankenhaus. Am 22. Juli wird er schließlich nach Paragraph 58/II zu fünf Jahren Konzentrationslager auf den im weißen Meer gelegenen Soloveckij-Inseln verurteilt, einem der größten und berüchtigsten Spezial-Straflager der frühen Sowjetunion (SLON), dessen Hauptsitz in dem 1920 geschlossenen Soloveckij-Kloster errichtet worden war. 1931 wurden in diesem Lager, das als Prototyp für das sowjetische Lagersystem Gulag gilt, bereits über 70.000 Häftlinge gezählt.

Für Bachtin hätte der Aufenthalt in diesem Lager den sicheren Tod bedeutet. Am 2. September beantragt er beim Volks-Komitee für Gesundheit, dass eine Ärztekommission seine Gesundheit erneut beurteilen möge. Zudem setzen sich Marija Judina, Ivan Kanaev, Matvej und Sof'ja Kagan, Maksim Gor'kij, Ekaterina Peškova (Gor'kijs Frau), die zum damaligen Zeitpunkt Leiterin der Moskauer Abteilung des politischen Roten Kreuzes war, und der Schriftsteller Aleksej Tolstoj für ihn ein. Die Lagerhaft wird tatsächlich kurze Zeit später, am 23. Februar 1930, in Verbannung nach Kasachstan umgewandelt.

Vadim Kožinov schätzt die Verhaftung Bachtins, der Angehörigen des Kreises um den Philosophen Aleksandr A. Meier (Voskresenie) und zahlreicher weiterer Intellektueller seit 1928 als einen Generalangriff auf die russischen Intellektuellen ein, der zunächst nicht von Stalin, sondern von Nikolaj Bucharin ausging. Bucharin war von 1925 bis 1929 der ideologische Führer der Partei, ihr Theoretiker, zudem war er der Chefredakteur der *Pravda*, des wichtigsten Parteiorgans der Sowjetunion. Im Januar 1928 hielt Bucharin einen Vortrag auf der Versammlung des ZK der Partei über den langsamen ›Umbau‹ der Wissenschaften, den er 1928 mit der stufenweisen Vernichtung der Akademie der Wissenschaften, insbesondere der Geisteswissenschaften, auch einläutete. Allein an der geisteswissenschaftlichen Abteilung der Akademie wurden von zwanzig Mitgliedern elf verhaftet.[96]

Es ist nach wie vor erstaunlich, dass Bachtins Dostoevskij-Buch – trotz Verhaftung – im Frühjahr 1929 erscheinen konnte, kurz vor dem Urteilsspruch. Dieser Umstand ist wohl vor allem Pavel Medvedev zu verdanken, der als Mitarbeiter in der Abteilung für Literatur beim Staatsverlag 1928/29 die Herausgabe vorantrieb. Die wenigen Reaktionen auf das Buch waren ambivalent. In der Zeitschrift *Novyj mir* (Neue Welt) erschien eine recht umfangreiche Rezension von Anatolij Lunačarskij, der zu diesem Zeitpunkt schon nicht mehr Volkskommissar für Aufklärung war. Lunačarskijs Rezension mit dem Titel *Über die ›Vielstimmigkeit‹ (mnogogolosnosti) von Dostoevskij* war eigentlich positiv. Zwar wertet er Bachtins Buch als »formale Analyse«, stimmt aber mit dem Verfasser darin überein, dass »Vielstimmigkeit« eine zentrale Rolle im Werk von Dostoevskij spiele. Er wertet diese allerdings als Zeichen einer inneren Zerrissenheit des Autorbewusstseins, der sogenannten Dostoevščina, und der äußeren

Zerrissenheit der jungen russischen kapitalistischen Gesellschaft im 19. Jahrhundert.[97] Bachtin wird Lunačarskijs Rezension, die man auch als missglückten marxistischen Rettungsversuch von Bachtins Theorie lesen kann, in der Bearbeitung des Dostoevskij-Buches 1963 eine »genetische Analyse« (PPD, 42) nennen, in der es Lunačarskij trotz aller anfänglichen Zustimmung letztlich darum gegangen sei, die Ursachen für die Vielstimmigkeit in Gesellschaft und Individuum zu suchen. Was Bachtin als neue europäische Poetik und tiefe Einsicht in das Funktionieren von Sprache vorstellte, sah Lunačarskij historisch als überkommene und unbedingt zu überwindende Darstellungsform an.

Mit dem Dostoevskij-Buch vollzieht Bachtin eine entscheidende Wende in seinem bisherigen Schaffen, nicht nur im Hinblick auf sein Konzept von Autorschaft, sondern auch für seine ästhetische Theorie insgesamt. Noch in *Zur Philosophie der Handlung* hatte er geschrieben, dass die »ästhetische Tätigkeit« das »Moment der Vergänglichkeit« und der »offenen Ereignishaftigkeit« des Seins nicht »in Besitz nehmen« könne (PH, 7). In *Probleme des Schaffens von Dostoevskij* wird er einen Ausweg aus diesem Dilemma finden. Denn Bachtin beobachtet nun, dass die Architektonik des Seins-Ereignisses in Dostoevskijs Romanen durchaus zu erkennen sei, und zwar in einer spezifischen Beziehung zwischen Autor und Held: »Das Ereignis des Lebens des Textes, d.h. sein eigentliches Wesen, entwickelt sich immer an der Grenze zweier Bewußtseine, zweier Subjekte.« (PT, 5)

Dass Bachtin in der Beziehung von Autor und Held nun die Momente der »offenen Ereignishaftigkeit« entdecken kann, hat mit der ›offenen‹ und nicht ›abschließenden‹ Schreibweise Dostoevskij zu tun. Das ›Abschließen‹ des Werkes war für Bachtin in *Autor und Held* noch wesentliches Merkmal für seine Auffassung von Autorschaft und ästhetischer Tätigkeit. Deshalb hatte Bachtin Dostoevskij in *Autor und Held* als Autor beschrieben, der vom Helden beherrscht werde und keinen eigenen überzeugenden Wertstandunkt außerhalb des Helden einnehmen könne. Der Autor bei Dostoevskij sei instabil und wechselhaft, hatte es pejorativ geheißen (AH, 73f.). In *Probleme des Schaffens von Dostoevskij* beschreibt Bachtin dieses Wechselverhältnis zwischen Autor und Held mit einer völlig neuen Terminologie und die Unabgeschlossenheit zudem als Errungenschaft einer neuen Weltanschauung, die sich im Verhältnis von Autor und Held manifestiere. Wenn die Kritik bislang angenommen habe, der künstlerische Wille des Autors werde in den Texten von Dostoevskij zerstört, dann habe sie übersehen, dass es sich hier um die strukturale Besonderheit der Poetik von Dostoevskij handle. Bachtin beginnt sein Dostoevskij-Buch entsprechend mit der Beobachtung, dass Dostoevskij ein »völlig neues künstlerisches Weltmodell« (PPD, 9), eine neue Sehweise hervorgebracht habe: »Die Vielfalt selbständiger und unvermischter Stimmen und Bewußtseine, die echte Polyphonie vollwertiger Stimmen.« (PPD, 10)

In *Probleme des Schaffens von Dostoevskij* führt Bachtin den Begriff der Polyphonie ein und den Begriff des Dialogischen, wobei er beide beinahe synonym verwendet. Dem Dialogischen stellt er das Monologische, dem Polyphonen das Homophone gegenüber. Die Begriffe »polyphon« und »dialogisch« akzentuieren jedoch unterschiedliche Aspekte innerhalb der Poetik Dostoevskijs. Während das Polyphone vor allem den »Pluralismus« (PPD, 33) und die »Koexistenz« (sosuščestvovanie) (PPD, 34) bezeichnet, sind mit dem Dialogischen eher die Beziehungen der koexistierenden Kräfte zueinander »in einem einzigen Augenblick« (PPD, 35), also ihre »Wechselwirkungen« (vzaimodejstvie) (PPD, 34) angesprochen.

Zunächst zum Polyphonen: Bachtin entwickelt seine Vorstellung vom Polyphonen in Abgrenzung zur zeitgenössischen Dostoevskij-Literatur, die er zu Beginn seines Buches vorstellt. In

Bezug auf die Polyphonie reagiert Bachtin auf eine Dostoevskij-Studie von Vasilij Komarovič von 1925, in der dieser Dostoevskijs Romane mit polyphoner Musik verglichen hatte. Allerdings revidiert Bachtin das Polyphonieverständnis von Komarovič vollständig. Der Held bei Dostoevskij vereine keineswegs ganz unterschiedliche, kontradiktorische Stimmen in sich bzw. durch seinen Willensakt, wie Komarovič dies behauptet, sondern der Roman setze sich aus vollwertigen, koexistierenden Stimmen zusammen: »Das Wesen der Polyphonie besteht gerade darin, dass die Stimmen selbstständig bleiben und als solche in eine Einheit höherer Ordnung, als es die Homophonie ist, aufgehen. [...] Man könnte sagen: der künstlerische Wille der Polyphonie ist der Wille zur Verbindung vieler Willensakte, der Wille zum Ereignis.« (PPD, 27) Damit unterscheidet sich Bachtins Konzept von Polyphonie auch in einem wesentlichen Punkt von demjenigen Roman Ingardens, das dieser in seinem 1931 erschienenen Buch *Das literarische Kunstwerk* privilegiert hatte. Im Unterschied zu Bachtin geht es bei Ingarden gerade darum, dass sich die Polyphonie in eine höhere Ordnung füge, er spricht in diesem Zusammenhang auch von »polyphoner Harmonie ästhetischer Wertqualitäten«[98].

Polyphonie nimmt Bachtin auf der Ebene des Romans als Polyphonie gleichwertiger und vollständiger Stimmen und zudem *innerhalb* einer Stimme wahr: »In jeder Stimme konnte er [Dostoevskij] zwei miteinander streitende Stimmen hören, in jeder Äußerung einen Bruch und die Bereitschaft, sofort zu einer anderen, entgegengesetzten Äußerung überzugehen; in jeder Geste entdeckte er Sicherheit und Unsicherheit zugleich; er begriff die tiefe Zweideutigkeit und Vieldeutigkeit jeder Erscheinung.« (PPD, 37) Auch bei der Polyphonie innerhalb einer Stimme legt Bachtin Wert darauf, dass diese einzelnen Stimmen noch hörbar sind, sie vermischen sich nicht zu einer Stimme, sondern bleiben als selbständige bestehen.

Dem Konzept der Stimmenvielfalt gehen Bachtins Überlegungen zur Intonation voraus, wobei Bachtin unter Intonation nicht einfach einen Tonhöhenverlauf oder Tonfall versteht. ›Intonation‹ bezeichnet vielmehr die personale Perspektive und emotional-volitive Reaktion auf einen Gegenstand oder auf den anderen, die in der Äußerung eine Stimme bekommt, also hörbar wird. Der Autor, so Bachtin in *Autor und Held*, intoniere die Handlungen, das Denken und Fühlen seines Helden, »vergleichbar dem, wie wir auch im Leben wertend auf eine jede Äußerung und Erscheinung der uns umgebenden Menschen reagieren« (AH, 59). Denn, so formuliert es Bachtin in den *Arbeitsnotizen aus den 60er und 70er Jahren*, »das Wort kann nicht existieren in der Loslösung von dem Sprecher, seiner Position, seiner Beziehung zum Hörer und von den sie verbindenden Situationen (das Wort des Führers, des Opferpriesters u.ä.)« (RZ, 441). Intonation ist so gesehen hörbares Resultat der Einstellung auf den anderen. Mit der »Polyphonie« betont Bachtin innerhalb dieser volitiven Stimmgebung zusätzlich etwas anderes. Bei Dostoevskij sei zu beobachten, dass die Helden mit einer eigenen Stimme sprechen, wodurch sich, innerhalb des Romans, unterschiedliche Intonationen und dadurch Perspektiven und Weltanschauungen zeigen können.

Renate Lachmann hat darauf aufmerksam gemacht, dass Bachtins Konzept der Stimme sich sowohl in Opposition zu als auch in der Nähe von Derridas Konzept der Schrift befindet. Bachtin habe gegen Derridas »Hypostase des Buchstabens« »die Hypostase der Stimme« gesetzt, wobei Bachtin und Derrida sowohl unter Stimme als auch unter Schrift je etwas anderes verstehen.[99] Derrida hat in seinen frühen Schriften, insbesondere in der *Grammatologie* (De la grammatologie, 1967) und *Die Stimme und das Phänomen* (La voix et le phénomène, 1967) die Rolle der Stimme in der abendländischen Kultur als ein Medium von Innerlichkeit, Unmittelbarkeit und Gegenwärtigkeit dekonstruiert. In der Tradition von Aristoteles, Rousseau, Hegel und auch de Saussure, so formuliert er es in der *Grammatologie*, werde ein Konzept von Stimme entworfen, das diese als primäre, als einen direkten Ausdruck der Gedanken bzw. als Repräsentation der Seele begreife, während die Schrift nur den lautlichen Ausdruck, also wiederum die Stimme, repräsentiere. Schrift ist in dieser Traditionslinie, die Derrida vorstellt und als »Phonozentrismus« bezeichnet, immer sekundär. Derrida beruft sich dabei insbesondere auf folgendes Zitat von de Saussure, das in unverkennbarer Aristoteles-Nachfolge stehe: »Es ist also das in der Stimme verlautete Zeichen für die in der Seele hervorgerufenen Zustände, und das geschriebene Zeichen für das in der Stimme verlautete.«[100] Derrida richtet sich nicht nur gegen die in dieser Tradition verortete Sekundarität der Schrift, sondern auch gegen das dort formulierte Konzept der Repräsentation, egal ob es letztlich die Stimme oder die Schrift betrifft. Schrift ist für ihn diejenige Form, die deutlich macht, dass es keine Repräsentation ohne Differenz geben kann, Schrift so schreibt Derrida, ist Differenz, »etwas, was nicht auf die Form der Präsenz reduziert werden kann.«[101] Schrift ist Spur, ist Nicht-Identität, Verzögerung, Nachträglichkeit, Aufschub, Verräumlichung.

Derridas Kritik am Phonologozentrismus hätte gerade zur Zeit des Sozialistischen Realismus, der Zeit der Propagierung des lebendigen Wortes, ins Schwarze getroffen. Unter Stalin wurde besonders die Stimme zum Indikator für Unmittelbarkeit stilisiert und damit auch für Wahrheit, insbesondere in der Kampagne der Selbstkritik ab 1928, die nicht nur den Phonologozentrismus der abendländischen säkularisierten Kultur reanimierte, sondern vor allem auch den der Kirche. Möchte man Bachtins Polyphonie-Konzept ebenfalls als Kritik dieses Phonologozentrismus begreifen, was durchaus möglich ist, so wird deutlich, dass Bachtin der Stimme nicht die Schrift gegenüberstellt, sondern dass er einfach eine andere Auffassung von Stimme und insbesondere von der Stimmlichkeit der geschriebenen Äußerung entwickelt, anders als dies beispielsweise de Saussure tut. Bachtin stellt sein Konzept von Stimme dem Modell de Saussures gegenüber, indem er das Binaristische durch das Ambivalente ersetzt. Auch Bachtin übt eine implizite Kritik an den Kriterien des Phonozentrismus, an Identität, Unmittelbarkeit und Innerlichkeit. Indem er aber deutlich macht, dass dieser Phonozentrismus von falschen Voraussetzungen ausgeht, weil es gerade die Stimme ist, die immer schon zu einem Bruch und zu Differenz führt, unterhöhlt er das phonozentrische Denken von innen. Denn die Stimme kann nicht als reine Stimme konzipiert werden, auch nicht als Stimme einer Innerlichkeit, sondern Stimme ist der Sprache in ihrer Äußerlichkeit eigen. Sprache ist Stimme, und zwar Stimme, die flüchtig ist, die polyphon ist, die keinen Punkt setzt, deren Sinn sich nur in Bezug auf andere Stimmen erschließt.

Das zweite zentrale Charakteristikum des Polyphonen ist das Plurale und A- bzw. Antihierarchische. Der Autor ist auf der Ebene seiner Helden, er nimmt nicht die Position der absoluten Außerhalbbefindlichkeit ein, sondern die der relativen, die jede ethische Handlung, jedes Seins-Ereignis charakterisiert. Zeitgenössisch-politisch betrachtet handelt es sich eigentlich um das Prinzip des Kollektivs, in dem jeder Einzelne (zumindest theoretisch) eine vollwertige Stimme hat und mit den anderen auf gleicher Ebene interagiert, ohne dass eine höhere Macht dieses Kollektiv steuert. Interessanterweise zieht auch Sergej Ėjzenštejn Ende der 1920er Jahre eine Verbindung zwischen der Polyphonie und dem Politischen. Ėjzenštejn spricht im Unterschied zu Bachtin jedoch nicht von einer Polyphonie der Stimmen, sondern von jener der Reizerreger bei der Montage von Filmen. Eine polyphone Montage ist bei ihm eine Obertonmontage, wieder ein Begriff aus der Musik, die das Prinzip der Demokratie verkörpere, während z.B. die Dominantenmontage, die er bislang verwendete, dem Prinzip der Aristokratie entsprochen habe. Bei Ėjzenštejn soll der Oberton in der Filmmontage eine Polyphonie der Reizerreger ermöglichen, und diese Polyphonie der Reizerreger wiederum soll beim Rezipienten eine polyphonische Wahrnehmung bewirken, die durch unterschiedliche Reize (Ton, Licht, Schnittrhythmus) erzeugt wird. Später, in *Die nicht gleichmütige Natur* (etwa 1944) kommt Ėjzenštejn schließlich Bachtins Idee von Polyphonie sehr nahe; für ihn ist nun eine polyphone Schreibweise durch den »Wechsel des Standpunktes der Beschreibung« gekennzeichnet, und ausgerechnet bei Tolstoj, dem Bachtin eine Homophonie attestiert, entdeckt Ėjzenštejn das Prinzip des wechselnden Standpunkts.[102]

»*Der polyphone Roman ist durch und durch dialogisch*« (PPD, 48), schreibt Bachtin gleich zu Beginn in seinem Dostoevskij-Buch.[103] Die einzelnen, vollwertigen Stimmen interagieren, treten in Wechselbeziehungen, Antworten einander, provozieren und antizipieren weitere Reaktionen. In jedem Wort sei deshalb ein anderes, ein fremdes Wort präsent, als mitverstandenes, als entgegengesetztes oder als verworfenes Wort. Dieses ist in jeder Äußerung hörbar, geht also nicht vollständig in ihr auf. Später, in seinen *Arbeitsnotizen*, wird Bachtin resümieren, dass jede »Äußerung immer schon vorangehende und ihr nachfolgende Äußerungen voraussetzt«, dass »keine Äußerung die erste oder die letzte sein« kann, dass jede »Äußerung lediglich Glied in einer Kette [ist] und deshalb außerhalb dieser Kette nicht erforscht werden« kann (RZ, 394).

Mit der Einführung des Dialogischen im Dostoevskij-Buch kommentiert Bachtin eine Beobachtung Vjačeslav Ivanovs, der zufolge Dostoevskij das fremde Ich nicht zum Objekt mache, sondern es als anderes Subjekt anerkenne (PPD, 14), wobei sich diese Beobachtung, so Bachtin, nicht nur, wie bei Ivanov, auf der Ebene des Inhalts und der Idee, sondern vor allem in der Poetik Dostoevskijs machen lasse. Denn Dostoevskij vollziehe einen Perspektiv- bzw. Positionswechsel, der den Übergang vom ›Er‹ zum ›Du‹, »zu einem anderen, fremden, vollberechtigten ›Ich‹« (PPD, 71) überhaupt erst ermögliche: »Der Autor konzipiert den Helden als *Wort*. Deshalb ist das Wort des Autors über den Helden ein Wort über ein anderes Wort. Es ist an den Helden als an einem Wort orientiert und deshalb *dialogisch* an ihn gerichtet. Der ganze Roman ist so angelegt, dass der Autor nicht *über*, sondern *mit* dem Helden spricht.« (PPD, 72)

In den wenigen Aussagen zum Monologischen, die Bachtin im Dostoevskij-Buch vor allem auf Tolstojs Schreibweise bezieht, geht es vor allem um die sprachliche und perspektivische Geschlossenheit des Helden, die von einem »festen Horizont des Autors« erzeugt wird (PPD, 78). Bachtin bezeichnet die künstlerische Welt Tolstojs als »einheitlich monologisch«, Kategorien wie Selbstbewusstsein bleiben rein auf der darstellerischen bzw. inhaltlichen Ebene und werden nicht zum Wort. Selbst die ethische Unabgeschlossenheit des Helden werde durch die Sicht des Autors wieder aufgehoben, sie erlangt kein adäquate Form (PPD, 63). Im Unterschied zu Tolstoj, der einzelne Standpunkte nur beschreibt oder darstellt, demonstriert Dostoevskij diese einzelnen Standpunkte in der dialogischen Schreibweise, sie sind auf der Ebene des Performativen erfassbar.

Bei der Überarbeitung des Dostoevskij-Buches geht Bachtin so weit zu sagen, dass dem Wort eine ontologische Dialogizität eigne, und schreibt, dass das Wort seiner Natur nach dialogisch sei (tak kak slovo po svoej prirode dialogično) (PPD, 205). Dialogizität ist also nicht erst ein ästhetisches Phänomen, gründet nicht in der poetischen Verwendung von Sprache bei Autoren wie Dostoevskij, sondern ist der Sprache schon wesensmäßig eigen. Das ist übrigens eine Erkenntnis, die Bachtin schon in den 1930er Jahren vertritt, insbesondere in seinen Studien zur *Ästhetik des Wortes*. Nun könnte man sich fragen, warum Bachtin überhaupt zwischen »monologisch« und »dialogisch« unterscheidet, wenn Sprache ohnehin dialogisch ist. Mit dieser Frage wird ein wichtiger Aspekt der bachtinschen Konzeption angesprochen, der in der Rezeption häufig ausgeklammert wird. Denn für Bachtin kann die dialogische oder die monologische Schreibweise in der Literatur immer nur ein Umgang mit dem ohnehin dialogischen Wesen von Sprache sein. Im Falle der dialogischen Schreibweise wird dem Wort seine dialogische Seinsweise belassen oder umgekehrt gedacht: Dialogische Schreibweisen nutzen das dialogische Potenzial der Sprache, während monologische Schreibweisen dieses Potenzial löschen durch den »festen Horizont des Autors«, der auch zum (Sprach-)Horizont der Helden wird. Julia Kristeva wird in ihrem berühmt gewordenen ersten Bachtin-Aufsatz schreiben, dass auch dem denotativen Wort ein immanenter Dialogismus als Prinzip jeglichen Aussagens eigen sei.[104] Sie sieht das als Erweiterung dessen, was Bachtin geschrieben hat, aber im Grunde handelt es sich nicht um eine Erweiterung, sondern um eine Bestätigung von Bachtins Ansatz. Im Unterschied zu Bachtin jedoch postuliert Kristeva poetische Sprache insgesamt als dialogisierte Sprache, hebt also den von Bachtin vorgenommenen Unterschied zwischen monologischer und dialogischer Schreibweise gerade im Poetischen auf.

Sicherlich können Bachtins Arbeiten zum Dialogischen auch auf Untersuchungen zurückgreifen, die sich bereits mit dem Dialog als Genre auseinandergesetzt haben. Keine dieser Studien, mit Ausnahme derjenigen Martin Bubers, ist jedoch den entscheidenden Schritt gegangen, das Wesen von Sprache als dialogisches zu betrachten. Dass Bachtin Martin Bubers *Ich und Du* gekannt hat, steht fest. *Ich und Du* wurde verfasst zwischen 1919 und 1923 und 1923 publiziert, nicht befasst haben kann sich Bachtin hingegen mit Martin Bubers Entwurf zum dialogischen Prinzip. Bei Buber taucht das Dialogische als Begriff erst um 1932 in seinem Buch *Zwiesprache* auf, bei Bachtin 1929. Bei beiden mündet also der jeweils getrennt voneinander entwickelter Versuch, das Verhältnis von Ich und anderem (Bachtin) und Ich – Du (Buber) zu formulieren, in der Terminologie des Dialogischen.

In der Sekundärliteratur zu Bachtin werden aber noch andere ›Quellen‹ des Dialogischen angegeben: Rezipiert haben kann Bachtin Rudolf Hirzels Studie zur Geschichte des Dialogs in der Literatur, in der Hirzel »alles Sprechen« schon als »Theil eines Gespräches«[105] betrachtet, oder Ernst Hirts Buch *Das Formgesetz der epischen, dramatischen und lyrischen Dichtung*, in dem Hirt das Konzept des »verkappten Dialogs« im Monolog mit Bezug zum Drama entwickelt.[106] Keine dieser Studien entwickelt eine Theorie des Dialogischen, wie Bachtin sie vornimmt, d.h., keine dieser Studien geht von einem dialogischen Charakter des Wortes aus, sondern vom Dialog als literarischem Genre oder Sprechakt. Dass sich das Dialogische unbedingt vom Dialog unterscheiden müsse, hat Bachtin von Anfang an betont. Es ist sogar so, dass Bachtin zufolge gerade der Dialog im Drama und die dramatisierte Rede im Roman meistens von einem monologischen Rahmen umgeben sind, d.h., die Helden oder die Stimmen sind in den »einheitlichen Horizont des Autors« (PPD, 22) eingeordnet. Der Dialog ist also in einem künstlerischen Werk nicht zwangsläufig dialogisch, nicht als solcher und auch nicht im Gefüge des Werks.

Für Bachtin gilt vielmehr, dass der dialogische Charakter der Werke Dostoevskijs sich nicht in jenen äußeren, in der Komposition in Erscheinung tretenden Dialogen erschöpft, die seine Helden führen, der Dialog dringt vielmehr in jedes Wort ein »und macht es zweistimmig« (PPD, 4). Er nennt diesen im Wort stattfindenden Dialog auch einen »Mikrodialog« (PPD, 49).

Mit der These der inneren Dialogisierung des Wortes im Roman erweitert Bachtin auch die zeitgenössische linguistische Dialogforschung von Lev Jakubinskij. Jakubinskijs Aufsatz, auf den Bachtin zwar an keiner Stelle seiner publizierten Schriften hinweist, den er aber in seinen Notizen zum Problem des Redegenres (1952) erwähnt, trägt den Titel *Über die dialogische Rede* und ist 1923 in einem Sammelband mit dem Titel *Russische Rede* (Russkaja reč') erschienen. Der Herausgeber des Bandes, Lev Vladimirovič Ščerba (1880-1944), sowjetischer Linguist und Literaturwissenschaftler, Schüler von Baudoin de Courtenay, hatte in seiner Dissertation über den sorbischen Dialekt (1915) bereits die Idee vertreten, dass die »Sprache ihr wirkliches Sein nur im Dialog zutage treten lässt«[107]. Was sich hier wie die Feststellung einer ontologischen Dialogizität liest, gelangt aber bei Jakubinskij über die Untersuchung von Dialogen als Form der mündlichen Kommunikation nicht hinaus. Das heißt, Jakubinskij interessiert sich, anders als Bachtin, nicht für die Frage, inwieweit Merkmale dialogischer Kommunikation in einen Text Eingang finden und dort ein Kommunikationsmodell schaffen können, das durch Offenheit gekennzeichnet ist. Jakubinskij untersucht vielmehr die dialogische Rede in der Alltagskommunikation, wobei er zu dem Schluss kommt, dass diese, im Unterschied zum Monolog, durch eine Natürlichkeit gekennzeichnet sei. Diese Natürlichkeit zeige sich in einer Spontaneität und einer Unabschließbarkeit der Redesituation: »jegliches Sprechen [ist] vom Standpunkt des Sprechers aus überhaupt nichts Abgeschlossenes« und setzt eine »Fortsetzung voraus, die auf die Erwiderung des Gesprächspartners folgt.«[108] Auch wenn bei Bachtin Unabgeschlossenheit und Fortsetzung durch den anderen, ja und selbst Natürlichkeit eine wichtige Rolle spielen, so haben sie doch im Hinblick auf eine Poetik bzw. Ästhetik eine andere Konsequenz als für die linguistische Dialogforschung. Ganz im Unterschied zu Bachtin betrachtet Jakubinskij die schriftliche Rede als durchweg monologisch: »Die Momente der Mimik, Gestik, Intonation und überhaupt die unmittelbare Wahrnehmung des Gesprächspartners und die damit verbundenen Besonderheiten des Verstehens der Rede, die für die dialogische und teilweise mündliche monologische Rede charakteristisch sind, entfallen hier.«[109] Bachtin erweitert also Jakubinskijs Dialogkonzeption an einer entscheidenden Stelle, er gesteht dem Text bzw. dem schriftlichen Wort die Möglichkeit zu, Eigenschaften des Mündlichen zu besitzen. Noch in den 1930er Jahren, in der Schrift *Wort im Roman*, wird Bachtin sich darüber beklagen, dass von Seiten der Linguistik immer noch keine fruchtbare Dialogforschung betrieben werde, die das Dialogische der Sprache berücksichtigt (WiR, 162).

Das Dostoevskij-Buch von 1929 lässt sich in zwei größere Abschnitte teilen. Während Bachtin im ersten Teil vor allem das Polyphone und Dialogische in seine bisherige ästhetische Forschung einpasst, u.a. in die Frage nach dem Verhältnis von Autor und Held, wendet er sich im zweiten Teil, »Das Wort bei Dostoevskij«, der von ihm so genannten »Metalinguistik« zu. Das dialogische Moment der Sprache könne nur von dieser Metalinguistik, die die Grenzen der Linguistik überschreitet, erfasst werden. Wie das aussehen kann, führt Bachtin anhand einer Worttypologie vor, in der das fremde Wort, das er mit zahlreichen Beispielen aus dem Werk Dostoevskijs illustriert, im Mittelpunkt steht. Das fremde Wort, so schreibt Bachtin in seinen *Arbeitsnotizen* später, sei allgegenwärtig: »Ich lebe in einer Welt fremder Worte. Mein ganzes Leben erscheint als Orientierung an dieser Welt, als eine Reaktion auf fremde Worte (als eine unendlich vielfältige Reaktion), angefangen mit ihrer Aneignung (im Prozess der primären Beherrschung der Sprache) bis hin zur Aneignung des ganzen Reichtums der menschlichen Kultur (die sich im Wort oder in anderen Zeichenmaterialien artikuliert).« (RZ, 406)

Das »Wort mit Ausrichtung auf ein fremdes Wort« (slovo s ustanovkoj na čužoe slovo), das zweistimmige Wort, steht bei Bachtin dem »direkten, unmittelbar auf seinen Gegenstand gerichteten Wort (Wort des Sprechenden)«, das er auch einstimmig und monologisch nennt, sowie dem monologischen Objekt-Wort (Wort des Helden) gegenüber (PPD, 222). Letzeres, die direkte Rede des Helden, ist dann ebenfalls monologisch, wenn sie als »Objekt der Auffassung des Autors« erscheine und »nicht vom Standpunkt seiner [des Helden] eigenen Gegenstandsbezogenheit« aus (PPD, 208).

Letztlich ist für Bachtin nur das Wort mit Einstellung auf das fremde Wort relevant, es handelt sich dabei um jenes Wort, bei dem die »dialogischen Beziehungen zum Wort, d.h. zur Äußerung (vyskazyvanie) werden« (PPD, 205). Beim Wort mit Ausrichtung auf das fremde Wort differenziert Bachtin noch weiter auf der Ebene der Bezugnahme, gleichgerichtet (z.B. Stilisierung) und verschieden-gerichtet (z.B. Parodie), aktiv, reflektiert (z.B. Polemik, Wort mit Seitenblick).

Als ein besonderes Wort innerhalb des aktiven, reflektierten Typus charakterisiert Bachtin das Wort mit Hintertür (lazejka). *Lazejka* bezeichnet im Russischen eine Ausflucht, eine Öffnung, ein Schlupfloch, beispielsweise ein Loch im Zaun, durch das man verschwinden kann, oder eine Hintertür, die man offen lässt. Eine monologische Konzeption von Literatur und Sprache kennt nach Bachtin keine Hintertür. Sich eine Hintertür offen zu lassen bedeutet, »sich die Möglichkeit offen zu halten, den letzten, endgültigen Sinn seines Wortes« ändern zu können (PPD, 262). Deshalb ist das Wort mit Hintertür immer nur »ein vorletztes Wort und setzt nur einen bedingten, keinen endgültigen Punkt« (PPD, 262). Für Bachtin steht die Hintertür also vor allem für die Möglichkeit einer Änderung des Sinns. Man lässt sich etwas offen, setzt keinen Punkt, findet keinen Abschluss, sondern kalkuliert die Möglichkeit ein, dem gerade Gesagten in der Zukunft eine andere Wendung geben zu können. Jedoch verbirgt man dieses Anliegen, man legt die Absicht nicht offen, sondern tut so, als setze man einen Punkt. Bachtin beobachtet, dass Dostoevskijs Protagonisten entweder aus Furcht oder aus Berechnung ihr letztes Wort zurückhalten, es hinauszögern. Diese Möglichkeit zur Ausflucht schaffe einen besonderen Wort-Typ, den Typ »des fiktiven, letzten Wortes« (osobyj tip fiktivnogo poslednogo slovo) (PPD, 263). Dieses Wort sei wie ein Chamäleon, das in der Lage ist, seine Farbe, seinen Ton zu ändern. Aus diesem Grund, schreibt Bachtin, ist das Wort mit Hintertür stets zweideutig und unfassbar (dvusmyslennyj i neulovimyj) (PPD, 264). Man könnte dieses Wort, Bachtin weiterdenkend, auch als Mimikry-Wort bezeichnen, das sich tarnt, zeitweilig anpasst an eine existierende Bedeutung oder einen Kontext, aber nicht endgültig dabei bleibt, sondern nur vorläufig.

Den Gedanken der Hintertür übernimmt Bachtin aus Dostoevskijs *Aufzeichnungen aus dem Kellerloch* (Zapiski iz podpol'ja, 1864). Der Protagonist, der Untergrundmensch, charakterisiert darin seine Lebensphilosophie in einem dialogischen Monolog wie folgt: »Ich hatte mir für alles eine edle Hintertür zugelegt ...«[110] In Dostoevskijs *Aufzeichnungen aus dem Kellerloch* dient das Hintertürverhalten zur Markierung eines Auswegs aus einem – aus der Perspektive des Kellerlochmenschen und wohl auch aus der Sicht Dostoevskijs – philosophischen bzw. naturwissenschaftlichen Dilemma des 19. Jahrhunderts: der Verbreitung deterministischer Theorien.

Auch Friedrich Nietzsche liest die *Aufzeichnungen aus dem Kellerloch*, und zwar im Winter 1886/87 zur Zeit der Niederschrift der *Genealogie der Moral*. Das Hintertürverhalten ist in Nietzsches *Genealogie* Kennzeichen des reaktiven Verhaltens des Menschen mit Ressentiment, während es bei Bachtin Charakteristikum des Möglichkeiten erzeugenden, dialogischen Prinzips der Rede ist. Nietzsches und Bachtins Lektüren von Dostoevskijs Text sind auf den ersten Blick sehr unterschiedlich, sie führen den einen, Nietzsche, zur Reaktivität, den anderen, Bachtin, zur Dialogizität. Aus der reaktiven, rückwärts gerichteten Bewegung der Umwertung bei Nietzsche wird in Bachtins Konzeption eine potenzielle Mehrwertigkeit, die auf die mögliche künftige Bedeutung eines Wortes gerichtet ist.[111]

Umwertung und Mehrwertigkeit stehen für unterschiedliche semiotische und kulturelle Prozesse. Die von Nietzsche zunächst am Christentum beobachtete Umwertung tilgt und usurpiert das Vergangene, ohne sich dies einzugestehen. Primäre Gründe, Ursachen und Ursprünge, die diese Umwertung legitimieren und nobilitieren sollen, werden erfunden und gesetzt, wiederum ohne dies offenzulegen. Die von Nietzsche als Gegenentwurf ins Spiel gebrachte positive »Umwertung der Werte« zielt hingegen auf etwas anderes. Bei dieser »Umwertung der Werte« geht es zunächst um die Offenlegung der reaktiven Prozesse, um die Offenlegung der »immer neuen Interpretationen und Zurechtmachungen« in der »Zeichenkette«[112], wie Nietzsche dies formuliert. Diesen Zurechtmachungen stellt Nietzsche eine Konfrontation der Interpretationsweisen gegenüber, die sich dieser Konfrontation auch stellen sollen. In diesem Punkt sind sich Nietzsches unvollendet gebliebener Entwurf einer positiven »Umwertung der Werte« und Bachtins Überlegungen zum dialogischen Prinzip ähnlich. Denn Bachtins Theorie richtet sich ebenfalls gegen verheimlichte »Überwältigungsprozesse«, wie Nietzsche sie nennt, gegen Prozesse der Usurpation und auch der Identifikation, wie Bachtin sie bezeichnet. Nichts anderes verbirgt sich hinter dem dialogischen Erkenntnisprinzip Bachtins, das weder eine Tilgung des Vergangenen oder des Anderen (also Usurpation) anstrebt, noch auf eine Tilgung des eigenen durch Identifikation mit dem anderen zielt. Als Arena, in der Standpunkte und Werte umkämpft und Meinungen ausgetragen werden, hatte Bachtin ganz in diesem Sinne Dostoevskijs Romane bezeichnet. Die Hintertür, wie Bachtin sie versteht, garantiert das Prozessuale in diesen Aushandlungen, die in jedem Moment eine andere Richtung einschlagen und eine unvorhergesehene Wendung nehmen können.

6. Vološinov und Bachtin

Vološinov und/oder Bachtin – *Freudismus* in der Sowjetunion – *Freudismus*, das Buch – verbale Reaktionen (Vygotskij, Vološinov, Bachtin) – fremde Äußerung vs. fremdes Wort – Interaktion vs. Dialogismus – inoffizielles vs. offizielles Bewusstsein – *Sprachphilosophie und Marxismus* – Zeichen (Vološinov, de Saussure) – Wort (Vološinov, Bachtin) – Rede, Äußerung (Vološinov, de Saussure, Jakubinskij, Cassirer, Bachtin) – Cassirer

Zuerst kamen Valentin Vološinovs Arbeiten, zwei Bücher, einige Aufsätze,[113] unter seinem eigenen Namen heraus, so auch 1975 die deutsche Übersetzung von *Marxismus und Sprachphilosophie* (Marksizm i filosofija jazyka, 1929). Dann nahm man an, Vološinov sei ein fiktiver Autor oder eine Maske Bachtins, schließlich hatte er nur fünf Jahre lang, zwischen 1925 und 1930, bis zu Bachtins Verbannung nach Qostanei, im Kontext des Bachtin-Zirkels veröffentlicht. Zwischen 1931 und 1936, dem Jahr, in dem Vološinov in Leningrad an Tuberkulose stirbt, erscheint keine einzige Zeile. Dann ging man davon aus, dass seine Arbeiten ein Produkt des Bachtin-Zirkels seien. Heute erscheinen Vološinovs Texte mehrheitlich wieder unter seinem Namen, die Autorschaft ist letztlich nicht zu klären (vgl. Kap. 3).

Über das Verhältnis von Bachtin und Vološinov sind einige Studien erschienen, darunter Ken Hirshkops Buch *Mikhail Bakhtin: An Aesthetic for democracy* (1999), Brian Pooles Aufsatz *From Phenomenology to Dialogue* (2001) und Vladimir Alpatovs Buch *Vološinov, Bachtin und die Linguistik* (Vološinov, Bachtin i lingvistika, 2005). Während Alpatov davon ausgeht, *Marxismus und Sprachphilosophie* sei aus der Zusammenarbeit von Bachtin und Vološinov entstanden, wobei Bachtin eine »allgemeine Konzeption der Sprache«[114] entwickelt und Vološinov das linguistische Wissen beigesteuert habe, sind Poole und Hirshkop davon überzeugt, dass Vološinov nicht nur der Urheber des Werks ist, sondern dass dessen linguistisches Wissen und seine Kenntnis der Schriften von Ernst Cassirer wesentlich dazu beigetragen haben, dass Bachtin seine Theorie des dialogischen Wortes entwickeln konnte. Vološinov als Vermittler von Cassirer erscheint dabei geradezu als Wegbereiter der Thesen Bachtins. Es wird sich in diesem Kapitel jedoch zeigen, dass Vološinov und Cassirer zwar beide an der Überwindung der neokantianischen Trennung von Leben und Diskurs interessiert sind, daraus aber ein unterschiedliches Zeichenkonzept entwickeln, und dass sich Bachtin und Vološinov vor allem in der dialektisch und dialogisch konzipierten Wechselbeziehung von Leben und Diskurs, Form und Inhalt unterscheiden.

Zuerst soll es nun darum gehen zu verfolgen, wie Vološinov über das Konzept der »verbalen Reaktionen« (slovesnye reakcii) aus dem Freud-Buch zu seiner Theorie der »fremden Rede« (čužaja reč') kommt, die im Zentrum von *Marxismus und Sprachphilosophie* steht.

Vološinovs *Freudismus. Kritische Studie* erscheint 1927 als letztes Werk in der Psychologischen und Psychoanalytischen Bibliothek, die von Ivan Ermakov, Mitbegründer und Erster Präsident der Russischen Psychoanalytischen Vereinigung im Staatsverlag herausgegeben wurde. Die frühen 1920er Jahre waren die Blütezeit der freudschen Psychologie in der Sowjetunion, offiziell akzeptiert, ja sogar gefördert (insbesondere von Lev Trockij) ließ der Staatsverlag zwischen 1921 bis 1924 unter der Leitung von Otto Šmit, Vizepräsident der Russischen Psychoanalytischen Vereinigung, achtundzwanzig Werke von Freud übersetzen. Ein Trainingsinstitut, eine ambulante Klinik in Moskau und zwei experimentelle Schulen wurden eingerichtet, eine davon in Petrograd unter der Leitung der Psychoanalytikerin Tatjana Rosenthal, die andere 1921 in Moskau, initiiert von Vera Šmit, der Ehefrau von Otto Šmit. Es handelte sich um ein Tagesheim für dreißig Kinder (Dom detej), eines davon war absurderweise Stalins ältester Sohn Vasilij. 1925 beginnen schließlich von Stalin selbst und aus seinem Umfeld erste verbale Angriffe gegen die Psychoanalyse, die frühere Unterstützung von Trockij wird den Freudianern nun zum Verhängnis. 1926 werden die Mittel für das psychoanalytische Institut gestrichen, 1928 das Heim für Kinder geschlossen, 1930 sämtliche Aktivitäten der Sowjetischen Psychoanalytischen Gesellschaft eingestellt, es erscheint die letzte Übersetzung eines Textes von Freud (*Die Zukunft einer Illusion*, 1927). Auf dem Allunionskongress zur Erforschung des menschlichen Verhaltens (Vsesojuznyj s"ezd po izučeniju povedenija čeloveka) 1930 in Moskau wird die freudsche Psychoanalyse endgültig verurteilt und als reaktionär eingestuft. Freuds Theorie wurde in der Folge als pansexualistisch und sexuell entartet bewertet, als individualistisch und idealistisch abgelehnt.[115]

Vološinovs Buch erschien also, als die Psychoanalyse in der Sowjetunion immer mehr in eine bourgeoise und konterrevolutionäre Ecke gedrängt wurde. Es war deshalb kein leichtes Unterfangen für Vološinov, sich mit Freud kritisch auseinanderzusetzen, ohne der vulgärmarxistischen und stalinistischen Verurteilung nicht noch geeignete Argumente zu liefern. Zudem war Vološinov ›Laie‹, studiert hatte er in Leningrad Soziologie und Linguistik, während seiner Promotion beschäftigte er sich mit Literaturwissenschaft. Dennoch nennt der Kulturwissenschaftler Aleksandr Ėtkind Vološinovs *Freudismus* »die einzige gehaltvolle Auseinandersetzung mit der Psychoanalyse seit Ende der 1920er Jahre, das einzige Juwel dieser Art im tönenden Erz von fünfzig Jahren sowjetischer Ideologieproduktion«[116].

Im Zentrum von *Freudismus* steht – neben der Kritik an der Vorstellung einer individuellen Psyche – die Entwicklung einer Theorie der verbalen Reaktionen, die Vološinov in Abgrenzung zu Reflexologie (Reflex) und Behaviorismus (Reaktion) diskutiert. Vološinov will zwar an behavioristische wie auch an reflexologische Modelle anschließen, diese aber »von ihrem primitiven Materialismus« loslösen und dafür soziologische Perspektiven einbeziehen (F, 108). Die Psyche, so seine Ausgangsthese, sei ein gesellschaftlich organisiertes Phänomen. Für seine Theorie der verbalen Reaktionen übernimmt er deshalb nicht den physiologischen Reaktionsbegriff der Behavioristen, sondern wohl eher denjenigen, der Mitte der 1920er Jahre im Kontext der Reaktologie von dem Psychologen Konstantin Kornilov[117] entwickelt und von Lev Vygotskij in seinem 1924 geschriebenen und erst in den 1960er Jahren veröffentlichten Buch *Psychologie der Kunst* (Psichologija iskusstva) als ›ästhetische Reaktion‹ fruchtbar gemacht wurde. Bei Vygotskij und Vološinov ist eine Reaktion psychologisch, physiologisch und sozial bzw. kulturell bedingt.

Ein Schrei in der Folge eines Schmerzes, so schreibt Vološinov in *Marxismus und Sprachphilosophie*, sei keine verbale Reaktion in seinem Sinne (höchstens im behavioristischen Sinne oder ein Reflex nach Pavlov), der Schrei sei rein physisch, ihm fehle das Soziale. Erst wenn eine interindividuelle werthafte Interaktion vollzogen werde, sei der Schrei eine verbale Reaktion, d.h. zeichenhaft (MS, 70). Bachtin spricht in seinen Frühwerken auch von Reaktion oder Antwortreaktion, wobei er den Begriff sicher nicht im Kontext von Behaviorismus, Reaktologie oder Soziologie situiert, sondern eher im Sinn eines verbalen Antwortverhaltens verwendet.

In *Freudismus* geht es Vološinov darum, das psychoanalytische Gespräch als komplexe verbale Reaktion zu betrachten. Seine Überlegungen beginnt Vološinov mit der Beobachtung, dass Freuds »psychologische Konstruktion« allein auf den verbalen Äußerungen des Patienten basiere. Vološinov kritisiert, dass Freud die verbalen Äußerungen bzw. Reaktionen nicht auch von ihrer »objektiven« Seite aus betrachte, also von ihren physiologischen und sozialen Wurzeln aus. Die im psychoanalytischen Gespräch verwendete Sprache gehöre jedoch nicht dem Patienten und könne dadurch auch nicht Ausdruck seiner individuellen Psyche sein. Der »Psychologe-Objektivist« dürfe deshalb keiner einzigen verbalen Äußerung glauben, die ihm der Patient als Selbstbeobachtung liefert. Vielmehr müsse die Äußerung des Patienten im Wechselverhältnis mit der Situation betrachtet werden, in der sie erscheint, im Gespräch mit dem Analytiker. Hier aber, so Vološinov, treffen nicht nur ihrer Herkunft, ihres Geschlechts bzw. ihrer Profession nach ganz unterschiedliche Menschen aufeinander, sondern auch ganz unterschiedliche Sprecher, d.h. Menschen, die Sprache ganz unterschiedlich verwenden. Weil der Patient aber in einer Sprache spreche, die durch seine soziale Herkunft und andere Umstände gekennzeichnet sei, seien seine Äußerungen nicht Zeichen einer individuellen Aussage oder gar seiner individuellen Psyche, sondern eines sozialen Prozesses: »Überhaupt keine einzige sprachliche Äußerung kann ausschließlich demjenigen zugeschrieben werden, der sie gemacht hat: Sie ist das *Produkt der Wechselwirkung der Sprechenden*, und mehr noch – das Produkt jener ganzen komplizierten *sozialen Situation*, in der die Äußerung entstanden ist.« (F, 157)

Vološinov behauptet ganz grundsätzlich, dass es überhaupt keine individuelle Äußerung eines Menschen gibt, sondern jede Äußerung, jedes Wort vielmehr Ausdruck einer sozialen Situation sei. Selbst die Wortwahl, die Konstruktion der Sätze, die

Intonation erweise sich als Äußerung der Wechselbeziehung zwischen Sprechendem und Hörendem. In jede noch so kleine Äußerung gingen soziale Ereignisse ein, die ihr vorausliegen bzw. ihren Kontext bilden. Zwar stimmt Vološinov Freud zu, wenn dieser dem Bewusstsein nicht traut und dieses als einen zensierenden Kommentator versteht. Aber für Vološinov ist auch das Unbewusste ein solcher Kommentator, das er – politisch durchaus brisant – als ein inoffizielles Bewusstsein bezeichnet (F, 163). Das Unbewusste sei nur eine andere Form des Bewusstseins, nur das »ideologisch andere seines Ausdrucks« (F, 157). Wie das Bewusstsein sei es ebenfalls zeichenhaft, womit Vološinov dem berühmt gewordenen Satz von Jacques Lacan, dass das Unbewusste durch Sprache[118] organisiert sei, beinahe vorausgreift. Bewusstsein und auch das Unbewusste sind für Vološinov gesellschaftlich, d.h. interindividuell (›gesellschaftlich‹, schreibt er, sei nicht der Gegenbegriff von ›individuell‹, dies sei vielmehr der Begriff ›natürlich‹). (MS, 61)

Zwei Jahre später entwickelt Vološinov in *Marxismus und Sprachphilosophie* schließlich sein Konzept der ›fremden Rede‹, das auf der ›verbalen Reaktion‹ aufbaut. Den Begriff der Reaktion verwendet er dann kaum noch, stattdessen spricht er vom noch dynamischeren Reagieren (reagirovanie): »Wir haben es hier mit dem Reagieren eines Wortes auf ein Wort zu tun, das sich jedoch scharf und wesentlich vom Dialog unterscheidet. Im Dialog sind die Repliken grammatisch getrennt und nicht in einen einheitlichen Kontext inkorporiert. Denn es gibt keine syntaktischen Formen, die die Einheit des Dialogs konstruieren.« (MS, 180) Vološinov nennt dieses Reagieren die aktive Beziehung einer Äußerung zu einer anderen Äußerung, d.h. zur fremden Rede: »Die ›fremde Rede‹, das ist die Rede in der Rede, die Äußerung in der Äußerung, doch gleichzeitig ist es auch die Rede von der Rede, die Äußerung über die Äußerung.« (MS, 178)

Während Bachtin im Dostoevskij-Buch seine Thesen zur Dialogizität durch die Theorie des fremden Wortes (čužoe slovo) grundiert, formuliert Vološinov in *Marxismus und Sprachphilosophie* eine Theorie von der »fremden Rede« (čužaja reč') und von der »fremden Äußerung« (čužoe vyskazyvanie). Vološinov spricht von Interaktion bzw. Wechselwirkung (vzaimodejstvie), Bachtin von Dialogizität (dialogičnost'), Dialogisierung (dialogizacija), »innerer dialogischer Einstellung« (vnutrennjaja dialogičeskaja ustanovka) (PTD, 146) usw. Interaktion findet Vološinov zufolge zwischen Individuen, zwischen Zeichen und zwischen innerem Bewusstsein und äußerer Erfahrung statt. Vološinov deutet an, dass die Interaktion immer eine Metasprachlichkeit impliziere (»Äußerung über die Äußerung«), in Bachtins »Metalinguistik« ist von einem solchen »meta« keine Rede, sondern davon, dass durch die dialogische Wechselbeziehung gegenseitig ein Bild (obraz) der Sprache geschaffen werde: das eine Wort stelle durch Parodie oder Stilisierung das andere Wort dar.

Trotz der unterschiedlichen Begriffe gehen beide von einer inneren Dialogisierung des Wortes bzw. der sich in der Äußerung ereignenden Interaktion mit der fremden Äußerung aus, die den Sinnbildungsprozess dynamisiert und als Werden begreift. Vološinovs Werden ist jedoch im Unterschied zu dem von Bachtin ein dialektisches Werden, eine »innere Dialektik des Zeichens« eingespannt in »ein dialektisches Werden der Gesellschaft«, das »von der Basis ausgeht und sich im Überbau vollendet« (MS, 64). Das Zeichen bricht das Sein, die Basis, und kann dabei Lebendigkeit verlieren und seine Vieldeutigkeit löschen (MS, 72) – mit Bachtin gedacht, läuft jedes Zeichen Gefahr, auf eine Monologisierung zuzusteuern. Vološinov beschreibt diesen Bezeichnungsprozess als Widerspruch und Kampf im Zeichen, als Kampf zwischen Lebendigkeit und Tod, wobei das lebendige und mehrdeutige bzw. das tote und eindeutige Element des Zeichens miteinander ringen, d.h., sie führen eine dialektische Beziehung. Bachtin spricht an keiner Stelle von einer Dialektik dialogischer und monologischer Elemente des Zeichens, auch nicht von einer Dialektik von Leben und Kultur, er stellt vielmehr die Dialogik als Prozess der Dialektik gegenüber. Bei der Dialogik lösen sich Widersprüche nie auf. Das beobachtet er insbesondere bei Dostoevskij, wo »Widersprüche und Zwiespalte nicht dialektisch wurden, sich nicht zeitlich innerhalb einer evolutionären Reihe entwickelten« (PPD, 37), sondern auf einer Ebene stehen: gegen- oder nebeneinander, harmonisch oder widersprüchlich, aber nie ineinander übergehend oder sich auflösend in ihrer Vielfalt.[119]

Es ist an der Zeit, sowohl Bachtins als auch Vološinovs Verwendung einiger wesentlicher Begriffe zu klären, und zwar: ›Zeichen‹ (znak), ›Wort‹ (slovo), ›Rede‹ (reč') und ›Äußerung‹ (vyskazyvanie). Zunächst aber müssen noch ein paar Bemerkungen zum Entstehungsprozess von *Marxismus und Sprachphilosophie* gemacht werden, das 1929 erschien und kurze Zeit zuvor, 1928, von Vološinov als Dissertation eingereicht wurde. Alpatov hat gezeigt, dass die Entstehungsgeschichte von *Marxismus und Sprachphilosophie*, die sich aus einem 1928 abgeschlossenen detaillierten Arbeitsbericht ergibt, der erst in den 1990er Jahren im Archiv gefunden wurde, auch einiges über die Frage der Aneignung von Begriffen und Theoremen im Bachtin-Kreis aussagt. Das konzipierte Buch bestand in dem Arbeitsbericht zunächst aus zwei Teilen, den Kapiteln zur Bedeutung der Sprachphilosophie für den Marxismus, einem kurzen Abriss der sprachphilosophischen bzw. linguistischen Schulen und der Ausarbeitung der Theorie der fremden Rede. Im April 1928 schickt Vološinov ein (nicht erhalten gebliebenes) Buchmanuskript an die Leningrader Vereinigung der staatlichen Verlage, das den Titel *Problem der Übersetzung der fremden Rede. Versuch einer soziolinguistischen Untersuchung* (Problema peredači čužoj reči. Opyt sociolingvističeskogo issledovanija) trägt.[120] Dieses Manuskript ist so umfangreich wie das gesamte spätere Buch *Marxismus und Sprachphilosophie*, wobei in Letzterem die Theorie der fremden Rede nur im dritten Kapitel vorkommt (den Begriff soziolinguistisch, zu dieser Zeit ein Novum, verwendet Vološinov in seinen Publikationen sonst nicht). Alpatov schlussfolgert, dass das Konzept der fremden Rede also zuerst und vor dem Mai 1928 geschrieben worden sein muss[121], vor dem legendären Treffen von Bachtin und Vološinov im Sommer 1928 auf einer Datscha in Juuka (Ostkarelien), an der Grenze zu Finnland, jener Datscha, von der Bachtins Frau erzählte, er habe dort Vološinov *Marxismus und Sprachphilosophie* diktiert. Zumindest für die Theorie der fremden Rede kann das nicht zutreffen. Aus dem Arbeitsbericht geht ferner hervor, dass die ersten beiden Teile von *Marxismus und Sprachphilosophie* erst nach dem Frühjahr 1928 entstanden sein können. Alpatov schreibt, dass ausgerechnet die linguistischen Kapitel des Arbeitsberichts eine bemerkenswerte Unkenntnis verraten, dass also der Linguist Vološinov im eigenen Fach nicht gerade auf der Höhe der Diskussion war. In der Publikation von *Marxismus und Sprachphilosophie* sind diese Mängel beseitigt, und Alpatov spekuliert, dass es Lev Jakubinskij war, der Vološinovs Arbeitsbericht gelesen und die entscheidenden Hinweise gegeben hat (Jakubinskij war Mitglied in Vološinovs Promotionskommission).[122] Auffällig ist insbesondere, dass im Arbeitsbericht weder der Zeichenbegriff noch die Auseinandersetzung mit dem *Cours de linguistique générale* von Ferdinand de Saussure eine Rolle spielte, die dann in *Marxismus und Sprachphilosophie* zentral werden.

In *Marxismus und Sprachphilosophie* entwirft Vološinov eine ziemlich eigenständige marxistische Sprachphilosophie, denn er argumentiert zunächst gegen den Marxismus, der das Bewusstsein im Bereich des Außergesellschaftlichen ansiedelt. Marxismus bedeute vielmehr, Bewusstseinsprozesse als ideologische

Prozesse, d.h. als zeichenhafte und damit auch materielle Prozesse zu lesen. Und er argumentiert gegen den Idealismus, indem er sagt, dass Sprache und Zeichen nicht rein subjektiv seien, d.h. als reine Bewusstseinsphänomene eines Individuums angesehen werden können, ein Argument, das er auch gegen Freud ins Feld führte. Vološinovs zentrale These, in Weiterführung des Freud-Buches, lautet, dass Bewusstseinsbildung ein soziales und zeichenhaftes Phänomen ist.

Das Buch setzt mit der Diskussion des Zusammenhangs von Ideologie[123] und Zeichen ein. Vološinovs These ist, dass Ideologie immer zeichenhaft sei: »Ohne Zeichen gibt es keine Ideologie.« (MS, 54) Oder: »Alles Ideologische hat Zeichencharakter.« (MS, 56) Vološinov setzt nach eigenen Angaben zwischen Ideologie und Zeichen ein Gleichheitszeichen.

Die Definition des Zeichens bei Vološinov ist recht konventionell (de Saussure erwähnt er gerade in seinen Ausarbeitungen zum Zeichen übrigens nicht). Vološinov betont die Stellvertreter- und Repräsentationsfunktion des Zeichens, die er als verfehlt, gebrochen, verzerrt oder widerspiegelnd versteht. Für Vološinov zeigt sich in der Brechung oder Verfehlung eine Wertung in Bezug auf den Gegenstand der Repräsentation, eine These, die für Bachtins Verständnis von ästhetischer Tätigkeit zentral ist. Ferner habe das Zeichen immer einen materiellen Träger (Ton, physikalische Masse, Farbe, Körperbewegung etc.), es gehöre der äußeren Erfahrung (MS, 56) an und sei eine soziale Erscheinung. Zeichen sind weder rein subjektiv, d.h. Bewusstseinsphänomene (Idealismus), noch rein objektiv (materiell, wie beispielsweise in der Physiologie, Reflexologie), das Sein wird vielmehr im Zeichen gebrochen. Vološinovs Zeichenbegriff ist wie derjenige de Saussures (Signifikant/Signifikat) bilateral, jedoch wählt Vološinov andere Begriffe als de Saussure. Er unterscheidet zwischen Form (forma) und Inhalt (soderžanie), wobei mit dem Inhaltlichen immer ein »Wertakzent« verbunden sei (MS, 69), was ungefähr auch Bachtins Auffassung von Inhalt in seiner Formalismus-Kritik von 1924 entspricht. Form ist bei Vološinov wesentlich materieller gedacht als bei de Saussure. Bei de Saussure ist das Lautbild vor allem psychischer Eindruck, »Vergegenwärtigung auf Grund unserer Empfindungswahrnehmung; es ist sensorisch, und wenn wir es etwa gelegentlich ›materiell‹ nennen, so ist damit eben das Sensorische gemeint.«[124] Erst Jacques Lacan wird die Materialität des Signifikanten 1953 auf einem Kongress in Rom hervorheben, indem er sagt, dass der »Signifiant die Gesamtheit der materiellen Elemente der Sprache« darstellt, »den Buchstaben oder die Töne«[125].

Am deutlichsten, so Vološinov, zeigen sich die Eigenschaften des Zeichens im sprachlichen Zeichen, d.h. im Wort (slovo). Wort ist, auch bei Bachtin, ein zentraler Terminus, wobei mit Wort nicht nur Wort im linguistischen Sinne gemeint ist. Bei Vološinov, und im Grunde auch bei Bachtin, ist das Wort am ehesten als Sprachzeichen zu definieren. Das Wort unterscheidet sich von anderen Zeichen, weil es, so Vološinov, ein »neutrales« Zeichen ist. Was ist mit Neutralität gemeint? Vološinov begründet, dass das Wort sich gegenüber seiner ideologischen Funktion neutral verhält, es kann jede ideologische Funktion übernehmen in der Wissenschaft, Ästhetik, Moral und Religion. In dieser These enthalten ist eine Absage an eine klassenbezogene Determiniertheit von Sprache und Wort. Der Ende der 1920er Jahre führende sowjetische Sprachwissenschaftler Nikolaj Marr ging von einem Klassencharakter der Sprache aus, was bedeutet, dass Sprache, weil sie zum Überbau der Gesellschaft gehört, die Bedingungen der sozio-ökonomischen Basis reflektiert.

Für Vološinov hingegen gehört das Wort sowohl zur äußeren, materiellen als auch zur inneren Welt, es muss »in die innere Welt eindringen«, um seine Zeichenbedeutung verwirklichen zu können (MS, 92). Vološinov beschreibt das Wechselverhältnis von Psyche und Ideologie, subjektivem Erlebnis und sozialem Ereignis auch hier wieder als dialektisch und nicht wie Simmel im Aufsatz über den *Begriff und die Tragödie der Kultur* als Bruch bzw. als Ablösung.

Terminologisch wichtig sind zudem Rede (reč') und Äußerung (vyskazyvanie). Alpatov macht darauf aufmerksam, dass de Saussures *Cours* erst 1934 ins Russische übersetzt wurde, Vološinov übersetzt also selbst, und zwar: *langage* (menschliche Rede) mit *reč'* (Rede); *langue* (das abstrakte Regelsystem) mit *jazyk* (Sprache); *parole* (Sprechen, Rede) mit *vyskazyvanie* (Äußerung). In der ersten russischen Übersetzung, die bis heute in Gebrauch ist, wird jedoch langage mit rečevaja dejatel'nost' (Redetätigkeit) und parole mit reč' (Rede) übersetzt. Nur Bachtin verwendete in seiner linguistischen Arbeit zu den Redegattungen 1953/54 die ursprüngliche Übersetzung von Vološinov.[126]

Besonders interessant ist der Fall *parole – vyskazyvanie*. Der Terminus ›Äußerung‹ ist für Vološinov wie auch für Bachtin zentral, schon vor der Lektüre von de Saussures *Cours*. In seinem 1926 erschienenen Aufsatz *Das Wort im Leben und das Wort in der Poesie* schreibt Vološinov von der Äußerung, dass sie auf der »realen, materiellen Zugehörigkeit der Beteiligten an ein und demselben Seinsbereich« (WW, 78) basiere, also situationsgebunden sei, eine Art *parole* (ohne sich auf de Saussure zu beziehen), die nur die verstehen, die der gleichen sozialen Umgebung angehören (WW, 79). Das nicht direkt Verbalisierte sei aufgrund des in der Redesituation »gemeinsam Gewußten und Erblickten« (WW, 77) dennoch Teil der Äußerung, es wird mitgedacht. Das gelte im Übrigen auch für das künstlerische Werk, das Vološinov als »Kondensator für unausgesprochene soziale Bewertungen« (WW, 77) bezeichnet. In *Marxismus und Sprachphilosophie* versteht Vološinov unter Äußerungen die Produkte des Redeaktes (rečevoj akt) (MS, 142), wobei es sich auch hier – trotz der Situativität – keinesfalls um »individuelle Erscheinungen« handelt, die aus »psychologischen oder psycho-physiologischen Bedingungen der sprechenden Einzelwesen« heraus erklärt werden können. Sie lassen sich alle aus ihrer Soziabilität heraus erklären und beschreiben. Die Äußerung, so die *conclusio* Vološinovs, ist sozial (»Vyskazyvanie – social'no«) (MS, 142). Das ist die deutlichste Gegenthese zu de Saussure, der die »Ausübung« des Sprachsystems, d.h. die *parole*, als individuellen Akt betrachtet hat.[127] Die Annahme von der Individualität der Äußerung kritisiert Vološinov auch an der Schule des »individualistischen Subjektivismus« in der Nachfolge von Wilhelm von Humboldt (u.a. Aleksandr Potebnja und Karl Vossler). Indem also Vološinov *parole* mit Äußerung übersetzt, kann er seine schon vor der Lektüre von de Saussure vorgenommenen Aussagen über die Äußerung als direkte Gegenthese zur Systemlinguistik etablieren und seine Soziolinguistik auf der *parole* – Äußerung aufbauen.

Dass der Terminus ›Äußerung‹ auch in zwei anderen Texten, die für Vološinov und Bachtin wichtig waren, vorkommt, bleibt ergänzend zu erwähnen: Jakubinskij spricht in *Über die dialogische Rede* (1923) von der »verbalen Äußerung« (rečevoe vyskazyvanie) und unterscheidet direkte (Dialog) und indirekte Formen (schriftliche Formen, Monolog) sprachlicher Äußerung.[128] Und auch Ernst Cassirer thematisiert im ersten Band der *Philosophie der symbolischen Formen* (1923) ›Äußerungen‹; er schreibt, dass »der Gehalt des Geistes sich nur in seiner Äußerung [erschließt], in den ›sinnlichen Zeichen‹, deren sie sich zu ihrem Ausdruck bedient«.[129]

Auch Bachtin stellt seit seinen ersten Schriften die »lebendige Äußerung« der toten Sprache zur Seite bzw. entgegen. Aber erst in *Probleme des Inhalts, des Materials und der Form* konkretisiert er dies und schreibt, »dass die einzelne konkrete Äußerung immer in einem wertmäßig-sinnhaften kulturellen Kontext – einem wissenschaftlichen, einem künstlerischen, einem politischen oder einem anderen Kontext – oder im Kontext einer einmaligen Situation des individuellen Lebens« statthabe (IMF, 128). Das entspricht ziemlich genau dem, was Vološinov 1926 formuliert. Von einer Theorie der Äußerung kann bei Bachtin allerdings erst in seinem Spätwerk *Problem der Sprechgattungen* (1953/54) gesprochen werden, in dem er sich in vielfältiger Hinsicht auf Vološinovs Thesen aus *Marxismus und Sprachphilosophie* zurückbezieht (vgl. Kap. 11). Die Äußerung nennt er dort adressatenbezogen, geprägt von »verschiedenen Resonanzen und dem Nachhall anderer Äußerungen, d.h. als Antwort auf die vorhergehenden Äußerungen« (SG, 47). Er versieht die Äußerung nun mit jenen Attributen, die für das Dialogische charakteristisch sind.

Ernst Cassirers *Theorie der symbolischen Formen* wurde als wichtiges Lektüreereignis für Vološinov schon erwähnt. Vološinov hat den ersten Band über Sprache ins Russische übersetzt oder übersetzen wollen, die Übersetzung selbst ist nicht erhalten geblieben. Vološinov bezieht sich, im Unterschied zu Bachtin, vielfach auf Cassirer und er verwendet einige der Materialien aus dem ersten Band der *Theorie der symbolischen Formen* für seine eigenen Thesen, inklusive einiger falscher Angaben aus Cassirers Buch. Poole behauptet sogar, dass Vološinov Cassirer plagiiert habe, was später Bachtin, zumindest auf einer Seite, tatsächlich getan zu haben scheint (vgl. Kap. 10).[130] Lähteenmäki u.a. haben dagegen sehr überzeugend gezeigt, dass Vološinov zwar Material bzw. Beispiele aus Cassirers Philosophie der symbolischen Formen für seine Argumentation verwendet hat, aber andere Schlussfolgerungen zieht.[131]

Wie also bezieht sich Vološinov auf Cassirer? Für Vološinov (und Bachtin) und Cassirer gilt, dass Sprache das Bewusstsein bildet und nicht umgekehrt, dass es eine wechselseitige Determination von Form und Inhalt[132] gibt und Sprache und symbolische Formen in der Rede durch Relationen und Bezüge entstehen. Allerdings gibt es bei der Bezüglichkeit einen wesentlichen Unterschied: Bei Cassirer handelt es sich nicht um eine Beziehungshaftigkeit zwischen Wort und fremdem Wort, Äußerung und fremder Äußerung (wie bei Bachtin und Vološinov), sondern zwischen den Elementen eines Satzes bzw. zwischen Teil und Ganzem. Cassirer greift hier eine Idee Wilhelm von Humboldts auf, nämlich dass die Rede nicht aus Wörtern hervorgehe, sondern die Wörter aus der Rede.[133] Vološinov hatte, dies sei ergänzt, die gesamte von Humboldt ausgehende Sprachforschung als »individualistischen Subjektivismus« abgelehnt, weil es nicht individuell-psychologische Gesetze seien, aus denen das sprachliche Schaffen hervorgehe (MS, 99). Vološinov hingegen will zeigen, dass Gedanken und Verstehen sich nur im Zeichenmaterial realisieren können, ein Gedanke, der dem von Humboldt im Grundsatz nicht entgegensteht und den Cassirer von Humboldt ausgehend weiterentwickelt.

In *Marxismus und Sprachphilosophie* sieht Vološinov Cassirer als »Vertreter einer anti-psychologischen Wende«[134] und als denjenigen, der im Begriff ist, den Neokantianismus zu überwinden, weil bei ihm das Bewusstsein eine symbolische Funktion habe. In einer viel diskutierten Fußnote in *Marxismus und Sprachphilosophie* weist Vološinov darauf hin, dass Cassirer, »ohne den Boden des Bewusstseins zu verlassen«, die Repräsentation für zentral halte: »Jedes Bewußtseinselement repräsentiert (predstavljaet) etwas, erfüllt eine symbolische Funktion. [...] Nach Cassirer ist die Idee ebenso sinnlich wie die Materie, jedoch ist es die Sinnlichkeit eines symbolischen Zeichens, eine repräsentative Sinnlichkeit.« (MS, 57)

Ausgerechnet über den Begriff der Repräsentation, der bei Cassirer höchst ambivalent verwendet wird, versucht Vološinov

Cassirer in sein Boot zu holen. Bei Cassirer ist Repräsentation jedoch weniger im Sinne einer Stellvertretung gemeint, sondern als Vergegenwärtigung. Es geht ihm um den präsentischen und performativen Aspekt beim Repräsentieren: Er schreibt, dass Kunst, Mythos und Religion die Welt nicht widerspiegeln, sondern sie in ihren »eigenen symbolischen Gestaltungen hervorbringen«[135]. Aus der individualistischen Bewusstseinsphilosophie entwickelt Cassirer mit Humboldt eine Art Semiotik,[136] die jedoch das traditionelle, auch von Vološinov verwendete Zeichenmodell als Repräsentationsmodell ablehnt und Repräsentation als »schwebenden Übergang von Vergangenem zum Künftigen, vom Nicht-Mehr zum Noch-Nicht«[137] fasst.

Cassirer geht es nicht um das Repräsentieren von Bewusstseinsinhalten, sondern um das Herstellen und Setzen des Seins im Bewusstsein. Cassirer verwendet ein poietisches, nahezu performatives Sprachmodell. Aber auch bei Vološinov und Bachtin wird Sprache performativ gedacht, jedoch legen sie auf einen anderen Aspekt des Performativen mehr Gewicht als auf den der Herstellung und Setzung. Vološinov und Bachtin konzentrieren sich ganz auf das Situative, das Gegenwärtige, das Unabschließbare, das durch Dialog und Wechselwirkung bzw. Interaktion immer in Gang gehalten werde. Mit anderen Worten: Repräsentation denken sie nicht vom Zeichen, sondern von der Äußerung her, stets brüchig, verschiebend, als Teil einer stets dialogischen Beziehung zur fremden Äußerung.

7. Gattungsgedächtnis Roman

Verbannung / 1930er Jahre – Gattung und Gattungsgedächtnis – Gattung und Autorschaft – Gattung und Sprache/Wort – Genese des Romans – Wort im Roman – Redevielfalt, Stimmenvielfalt, Sprachvielfalt, Vielsprachigkeit und Dialogizität – Romankrise und Romantheorien (Formale Schule, Špet, Vinogradov, Grifcov) – Lukács – gegeben/aufgegeben, Werden, Dialektik/Dialogik – Werden im Bildungsroman bei Goethe (Bachtin, Cassirer, Lukács) – Epos und Roman – Einsamkeit vs. Gesellschaftlichkeit (Bachtin, Benjamin, Lukács) – Emphase der Gegenwart

Die 1930er Jahre stehen bei Bachtin ganz im Zeichen der Ausarbeitung einer Romantheorie. Zwischen 1934 und 1935 entsteht die Studie *Das Wort im Roman* (Slovo v romane), zwischen 1937 und 1938 folgen die Arbeiten zum Chronotopos, die 1975 als *Formen der Zeit und des Chronotopos im Roman* (Formy vremeni i chronotopa v romane) veröffentlicht werden, 1940 arbeitet Bachtin am Artikel *Aus der Vorgeschichte des Romanwortes* (Iz predystorii romannogo slova), 1941 schreibt er an *Epos und Roman. Zur Methodologie der Romanforschung* (Ėpos i Roman. O metodologii issledovanija romana). Zwischen 1936 und 1938 arbeitet Bachtin zudem an einem Buch über den *Bildungsroman und dessen Bedeutung in der Geschichte des Realismus* (Roman vospitanija i ego značenie v istorii realizma). Das vom Moskauer Verlag Sovetskij pisatel' bereits 1938 zum Druck angenommene Manuskript soll verloren gegangen oder gar verbrannt sein. Angeblich benutzte Bachtin die bei ihm verbliebene Kopie während des Kriegs als Zigarettenpapier. Nur ein Fragment der Kopie, eine chronotopische Analyse des Bildungsromans bei Goethe, blieb erhalten und wurde später, 1979, veröffentlicht.

Die Legende vom verrauchten Manuskript hat der Regisseur Wayne Wang in *Smoke* (1995) verarbeitet, das Drehbuch stammt von Paul Auster. Die Protagonisten Rashid und Paul unterhalten sich dort über den mysteriösen Philosophen und verlagern die Szene bzw. Bachtin nach Leningrad während der Blockade im Winter 1941/42: »Wir haben 1942, ja? Und er sitzt fest in Leningrad während der Blockade. Ich spreche hier von einem der dunkelsten Momente in der Geschichte der Menschheit. Fünfhunderttausend Menschen starben in dieser Stadt, und da ist Bachtin, er hat sich in einer Wohnung versteckt und rechnet jeden Tag mit seinem Tod. Er hat 'ne Menge Tabak da, aber kein Papier, um sich was zu drehen. Also nimmt er die Seiten eines Manuskripts, an dem er arbeitet seit zehn Jahren, und er reißt es in Streifen, um seine Zigaretten drehen zu können.« Rashid kann nicht glauben, dass er die einzige Kopie seines Manuskripts verraucht haben soll, aber Paul antwortet: »Ich meine, was ist wichtiger, wenn man sowieso stirbt, ein gutes Buch oder was zu rauchen? Und er pafft und pafft, und Stück für Stück verpafft er so sein Buch.«[138] Um die Story zu belegen, zieht Paul ein Buch aus dem Regal. Die Geschichte steht allerdings in keinem Buch so geschrieben, denn weder Bachtin noch der Verlag befanden sich in Leningrad.[139]

Bachtin lebt zu Beginn der 1930er Jahre, bis 1936, in Qostanai, das schon zur Zeit der Zaren als Verbannungsort diente. Er arbeitete dort zwischen 1931 und 1936 als Ökonom bzw. Buchhalter. Die einzige und in keinster Weise philologische Publikation aus dieser Zeit erscheint 1934 im Blatt *Sowjetischer Handel* (Sovetskaja torgovlja) und trägt den Titel *Erfahrung beim Studium des Kolchosbauern-Bedarfs* (Opyt izučenija sprosa kolchoznika).

Obwohl die fünfjährige Verbannungszeit bereits im Juli 1934 zu Ende geht, bleibt Bachtin noch zwei Jahre dort. Zwar erhält er bereits 1934 die Genehmigung für eine Reise nach Leningrad, um einen Arzt konsultieren zu können, aber der Weg führt über einen Aufenthalt in Moskau wieder nach Qostanai zurück. In Moskau trifft er Judina, Kagan, Medvedev und Zalesskij. 1936 lässt sich Bachtin auf eigenen Wunsch aus seinem Dienst als Buchhalter in Qostanai entbinden und tritt mit Unterstützung von Medvedev im September 1936 eine Anstellung als Lehrer im Mordwinischen Pädagogischen Institut (Lehrstuhl für Literatur) in Saransk an, 642 Kilometer südöstlich von Moskau. Er unterrichtet dort Allgemeine Literaturgeschichte und Lehrmethoden der Literatur. Im selben Jahr stirbt Vološinov in Leningrad an Tuberkulose. Im März 1937 sah Bachtin sich gezwungen, einen Antrag auf Aufhebung des Arbeitsverhältnisses am Mordwinischen Institut zu stellen, und zwar aus ›gesundheitlichen‹ Gründen. Bachtin wollte damit einer Kündigung von Seiten des Institutsdirektors zuvorkommen. Man wollte ihn entlassen, weil er als ehemaliger Verbannter »bourgeoisen Objektivismus«[140] verbreiten könne. Weil der Direktor aber inzwischen selbst als Volksfeind verhaftet worden war, konnte Bachtin beim neuen Direktor seine Entlassung ohne vorherige Kündigung erwirken. Die Bachtins begeben sich im Anschluss auf eine Odyssee durch die von Terror gelähmte Sowjetunion. Zuerst fahren sie nach Moskau zurück, wo Bachtin Kagan das Manuskript von *Wort im Roman* übergibt, anschließend geht es nach Leningrad mit dem Wunsch, sich dort niederzulassen. Allerdings hatte man Bachtin bei der Verurteilung 1929 das Recht entzogen, in der Hauptstadt und in weiteren Großstädten leben zu dürfen, eine Genehmigung für Leningrad wird ihm auch jetzt nicht erteilt, er bleibt ein *Minusnik*, einer, dem es nicht gestattet war, sich im Umkreis von 100 km von Großstädten anzusiedeln.[141] Anschließend kehren Bachtin und seine Frau für drei Monate wieder nach Qostanai zurück, kurze Zeit später geht es erneut nach Moskau, dann nach Savelovo, zweihundert Kilometer nördlich von Moskau, wo Bachtin als Russisch- und Deutschlehrer zu arbeiten beginnt und bis 1945 in der Nähe, in Kimry, bleibt. Gleichzeitig ist er ab 1938 ›freier‹ Mitarbeiter im Maksim Gor'kij Institut für Weltliteratur an der Akademie der Wissenschaften in Moskau, ohne jedoch ein Einkommen zu beziehen. 1938 wird Bachtin das rechte Bein amputiert, im gleichen Jahr, am 3. März, wird Medvedev in Leningrad verhaftet, sein Archiv wird konfisziert, am 17. Juli wird er erschossen.

Der Beschäftigung mit dem Roman als Gattung gehen bei Bachtin grundlegende Überlegungen zur Gattung voraus, u.a. zum Gedächtnis der Gattungen, zum Zusammenhang von Autorschaft und Gattung, Stil und Gattung, Sprache und Gattung.

Unter Gattung versteht er ganz allgemein die »Zone bzw. den Bereich einer wertorientierten Wahrnehmung und Darstellung der Welt« (EP, 492). Diese Zone gibt einen Blickwinkel vor, man könnte auch sagen, die Gattung bildet den strukturellen Rahmen für das ästhetische Sehen (videnie). Zugleich ist die Gattung nicht nur Rahmen oder Sehvehikel, sie ist auch ein Archiv. In einem Genre werden Perspektiven, Werte und Redeweisen gespeichert. In den *Arbeitsnotizen* schreibt Bachtin, dass das Gattungsgedächtnis geradezu die Voraussetzung dafür bildet, dass neue Formen und Sichtweisen entstehen können: »Evgenij Onegin entstand im Laufe von sieben Jahren. Das ist eine Tatsache. Doch er wurde durch Jahrhunderte (und vielleicht sogar Jahrtausende) vorbereitet und möglich gemacht. So wichtige Gegebenheiten der Literatur, wie es die Genres sind, werden nicht gebührend gewürdigt.« (RZ, 399) Diese Feststellung schreibt Bachtin in den 1960er Jahren nieder, er plant zu dieser Zeit, eine Arbeit über Gattungen zu schreiben. Anlass dafür mögen die zeitgenössischen Auseinandersetzungen sein, insbesondere die Schriften des bekannten Philologen und Slavisten Dmitrij Lichačev, in denen der Gattung, im Unterschied zur ›Methode‹, immer weniger Bedeutung beigemessen wurde.[142]

Sowohl die Autorschaft als auch die Art der Äußerung hängen nach Bachtin von der Gattung ab: Der Standpunkt des Autors, »der für die Formgebung des Materials unabdingbar ist« (CH, 90), und die Schreibweise sind durch die Gattung vorgegeben. Wer also eine Gattung wählt, wählt nicht nur die mit ihr verbundene Perspektive, sondern wiederum auch die mit dieser Perspektive verbundene Autorschaft und Redeweise. In seiner späteren Schrift *Das Problem der Sprechgattungen* (1953) wird er die Verbindung von Stil und Gattung organisch nennen und resümieren, »wo Stil ist, da ist auch Gattung« (Gde stil, tam žanr) (SG, 15). Gattung und Sprache, so heißt es an anderer Stelle, »verwachsen, so dass Gattungen schließlich die Sprache zu bestimmen beginnen, die Gattung wird zu einem Medium, das Sprache in Äußerung bzw. Rede transformiert.« (WiR, 180 f.)

Dem Roman räumt Bachtin unter allen Gattungen eine exponierte Stellung ein. In *Wort im Roman*[143] definiert er: »Der Roman ist künstlerisch organisierte Redevielfalt (raznorečie), zuweilen Sprachvielfalt (raznojazyčie) und individuelle Stimmenvielfalt (raznogolosica).« (WiR, 157) Unter Redevielfalt, auch Heteroglossie, versteht Bachtin »die innere Aufspaltung der einheitlichen Nationalsprache« in Soziolekte und Ideolekte, er selbst nennt sie »soziale Dialekte, Redeweisen von Gruppen, Berufsjargon, Gattungssprachen, Sprachen von Generationen und Altersstufen, Sprachen von Autoritäten, Zirkeln und von Moden, bis hin zu den Sprachen sozial-politischer Aktivität« (WiR, 157). Auf dem Boden der Redevielfalt entsteht die Stimmenvielfalt des Romans, die durch die Intonation der Autorstimme oder Figurenstimme die Redeweisen darstellt. Unter Sprachvielfalt hingegen versteht Bachtin die Wechselwirkung mehrerer Nationalsprachen in einem Sprachraum, darunter auch Dialekte.[144] Wichtig ist hier zu betonen, dass es sich um eine künstlerisch organisierte Redevielfalt handelt, d.h., der Roman demonstriert die natürliche Redevielfalt durch unterschiedliche künstlerische Verfahren, u.a. durch Parodie und Stilisierung. Bachtin nennt deshalb den Roman – bezogen auf die Redevielfalt – auch eine bewusst »künstlerisch organisierte« Hybride (WiR, 251).

Im 1941 verfassten Essay *Epos und Roman* betrachtet Bachtin die Vielsprachigkeit (mnogojazyčie), vorher Sprachvielfalt, als wesentliches Merkmal des Romans, von Redevielfalt ist kaum mehr die Rede. Im Roman realisiere sich eine »stilistische Dreidimensionalität«, die mit dem »mehrsprachigen Bewusstsein« (mnogojazyčnoe soznanie) verbunden ist (EP, 473). Die Vielsprachigkeit bilde wie das Lachen (smech) die Voraussetzung für die Entstehung des Romanwortes und damit der Gattungen. Beide, Lachen und Vielsprachigkeit, sind in der Lage, in und durch Sprache ein Bild (obraz) der Sprache zu schaffen, also Sprache abzubilden bzw. darzustellen. Das ist ein eigenwilliger Bildbegriff, den Bachtin hier verwendet. Es handelt sich weder um Sprachbilder noch um jenen Bildbegriff, den der ukrainisch-russische Philologe Aleksandr Potebnja (1835-1891) mit seinem insbesondere bei den Formalisten oft zitierten Ausspruch »Dichtung ist Denken in Bildern« meinte. Potebnja hatte die von Wilhelm von Humboldt konzipierte innere Form des Wortes, das geistige Prinzip, das allem Gesprochenen vorausgeht, als Bild bezeichnet, im Unterschied zur äußeren Form, der Lautung, und der Bedeutung, dem Inhalt.[145] Bachtin geht es hier vielmehr darum, dass in einer dialogischen Wechselbeziehung das eine Wort das andere reflektiert und dadurch abbildet – und umgekehrt. Redevielfalt und dialogische Wechselbeziehungen erschaffen ein Bild von Sprache. Das kann durch Verlachen, durch Polemik oder durch Stilisierung passieren, das sind zumindest Bachtins Beispiele. Mit dem Lachen verbunden ist das »Verlachen einer anderen Sprache oder eines fremden, direkten Wortes«, was Bachtin zu den ältesten Formen der Abbildung von Sprache zählt. Ähnlich ist es mit der Vielsprachigkeit, diese vollziehe den Prozess einer »wechselseitigen Erhellung der Sprachen« (VR, 310).

Ein wesentlicher Aspekt der Redevielfalt ist die Aneignung verschiedener Gattungssprachen durch den Roman. Der Roman wird zum Gattungsgedächtnis anderer Gattungen und ihrer Redeweisen. Bachtin sieht diese Eigenschaft des Romans durch seine Genese bestimmt. Weil der Roman in der Antike in Wechselwirkung mit anderen Gattungen gestanden habe, auch mit außerliterarischen »Formen des persönlichen und des gesellschaftlichen Lebens, insbesondere mit rhetorischen Formen« (EP, 498), habe er diese Redeformen in sich aufnehmen, stilisieren und parodieren können. Einige der rhetorischen Formen, auf die sich der polyphone Roman Dostoevskijs beispielsweise stützt, hatte Bachtin bereits im Dostoevskij-Buch genannt: Soliloquium und Diatribe. Das Verlachen des Wortes ist indes Verfahren der Gattungen des »Komisch-Ernsten«. Bachtin sieht diese nicht nur als Vorgänger des Romans, sondern entdeckt in ihnen bereits »Grundelemente der wichtigsten Spielarten des europäischen Romans« (EP, 485). Er zählt dazu u.a. die bukolische Dichtung, die frühe Memoirenliteratur, die Fabel, Pamphlete, die sokratischen Dialoge, die Symposien, die römische und die menippeische Satire.

Alle diese Gattungen der antiken Literatur habe der griechische Roman »in seiner Struktur genutzt und weitertransportiert« (CH, 267). Brian Poole spricht in diesem Zusammenhang auch von einem »parasitären Appetit des Romans«, weil die Romangattungen aus der Peripherie ins Zentrum rückten, »um dort andere ›poetische‹ Gattungen kannibalistisch einzuverleiben«[146]. Bachtin selbst nennt das eine »spannungsvolle Wechselbeziehung« des Romans zu den anderen Gattungen, weil dieser das »Konventionelle an ihnen enthüllt«, parodiert, »umdeutet und umakzentuiert« (EP, 467).

Redevielfalt, Vielsprachigkeit und Dialogizität bedingen einander. Man könnte auch sagen, dass nur der Roman den dialogischen Charakter des Wortes künstlerisch nutzt, weil er die Redevielfalt nicht eliminiert, während bei den anderen poetischen Gattungen der dialogische Charakter des Wortes in »das ›ästhetische Objekt‹ des Werkes keinen Eingang« findet oder sogar gelöscht wird (WiR, 177). Bachtin bezeichnet die kulturellen Kräfte, die zur Entstehung des Romans beigetragen haben, auch als zentrifugale Kräfte, während sich andere Gattungen »in der Bahn der vereinheitlichenden und zentralisierenden Kräfte des verbal-ideologischen Lebens herausbildeten« (WiR, 166).

Bachtins Romantheorie entsteht zum Zeitpunkt der gewaltsamen Instituierung des Sozialistischen Realismus in der Sowjetunion, der Zeit der großen Auferstehung der ›monologischen‹ Roman-Epopöe. Mit diesen aktuellen Entwicklungen setzt sich Bachtin inhaltlich nicht auseinander, nur implizit lässt sich seine auf dem Dialogischen basierende Romantheorie als eine strukturelle Kritik an den ›zentripetalen‹ ideologischen Kräften der totalitären Ästhetik lesen. Auch auf die Romantheorien und -debatten der 1920er verweist er selten explizit, seine Nobilitierung des Romans als Gattung ist aber deutlich als Ablehnung der romanskeptischen und -abwertenden Tendenzen der zeitgenössischen Theorien zu verstehen. Zu nennen ist allen voran Georg Lukács' *Theorie des Romans* (1920 veröffentlicht), in der dieser eine Unterscheidung von Epos, als Ausdruck einer abgeschlossenen Welt, und Roman als Zeichen einer sich auflösenden und fragmentarisierten Welt vorgeschlagen hatte. 1935 wird Lukács, inzwischen marxistisch gewandelt, in der sowjetischen Literaturenzyklopädie schreiben, dass erst der sozialistisch realistische Roman im Unterschied zum bourgeoisen in der Lage sei, die Realität in ihrer Totalität zu erfassen und widerzuspiegeln und dadurch wieder zum Epos werden könne.[147]

Auch die Formalisten konstatieren die Romankrise und äußern Romanskepsis. Tynjanov (*Das literarische Faktum*, 1924) und Ėjchenbaum (*Auf der Suche nach der Gattung*, 1924) betonen zwar die Wichtigkeit von Gattungen, sehen aber, wie Ėjchenbaum schreibt, eine »Krise der Prosagattungen«, weil die »ganze Romangattung in ihrer traditionellen Form«[148] fragwürdig geworden sei und durch den Film ersetzt werde. Stattdessen rückten jetzt Schreibweisen ins Zentrum, die aus der Peripherie des Romans kämen: Chronik, Episoden, Briefe. Šklovskij fasst die Krisen des Romans eher als schöpferische Krisen auf, die zeigen, dass der Roman durch Antiromane immer wieder erneuert werde. Neues entstehe dort, wo die Regeln des Romans verletzt und durchparodiert würden – wie im *Don Quichote*, in Laurence Sternes *Tristam Shandy* oder auch in Vasilij Rozanovs *Gefallene Blätter*.[149]

Radikal ablehnend gegenüber dem Roman äußern sich auch der Philosoph Gustav Špet und der Philologe Viktor Vinogradov. Für beide ist der Roman eine rhetorische, keine künstlerische Gattung. Špets Position[150] ist der von Bachtin maximal entgegengesetzt. Während Bachtin den Roman im Unterschied zu Lukács aufwertet, treibt Špet mit Hegel und Lukács die Abwertung noch weiter. Dem Roman fehle es im Unterschied zur Poesie an ästhetischer Qualität, im Unterschied zum Epos mangle es ihm an Komposition, Sujet und innerer Form (Wortform), er sei ethisch, nicht ästhetisch, rhetorisch, nicht poetisch.[151] In *Wort im Roman* zitiert Bachtin aus Špets *Ästhetischen Fragmenten* (Ėstetičeskie fragmenty, 1922/23) eine Stelle, die zeige, dass Špet dem Roman jede ästhetische Bedeutung abgesprochen habe

(WiR, 161) und ihn als die »gegenwärtige Form künstlerischer Propaganda« betrachtet.

Nur die 1925 von Boris Grifcov verfasste *Theorie des Romans*, die sich ebenfalls mit Lukács und auch mit dem antiken Roman beschäftigt,[152] setzt weder die Rede von Krise noch von Abwertung fort. Bachtin hat Grifcovs heute in Vergessenheit geratenes Buch gelesen, sein enger Freund Boris Zalesskij hatte es ihm 1939 besorgt[153], Exzerpte im Bachtin-Archiv belegen eine Auseinandersetzung mit Grifcov. Grifcov schließt sich im Unterschied zu Špet nicht an Lukács an, im Gegenteil, er verurteilt Lukács' Theorie als »Metaphysik des Romans« bzw. als »metaphysische Betrachtung eines seiner Prinzipien«[154]. Grifcov selbst versucht, eine Typologie des Roman zu schreiben, die jedoch auf eher schwachen Kriterien basiert: Material, Komposition, Emotivität.[155]

Für Bachtin am gewichtigsten ist neben dem Antipoden Špet zweifellos Georg Lukács. Bachtins implizite Auseinandersetzung mit Lukács in *Epos und Roman* führt zu einer Umwertung und Neubewertung der von Lukács in der *Theorie des Romans* aufgestellten Kriterien. Dass Bachtin sich auf die *Theorie des Romans* nicht explizit bezieht, hat aber nicht unbedingt mit seiner philologischen ›Schwäche‹ zu tun, sondern wohl eher damit, dass Lukács 1941, zur Zeit der Entstehung von *Epos und Roman*, als Verräter galt.[156] Dass Bachtin nicht nur Lukács *Theorie des Romans* gekannt hat, sondern auch noch vierzehn weitere Artikel, die zwischen 1935 und 1938 von Lukács in der Zeitschrift *Literaturnyj kritik* erschienen sind, darauf hat Galin Tihanov detailliert hingewiesen.[157] Bachtin hatte zudem Notizen über die Romandebatte angefertigt, die 1934/35 in der Sowjetunion geführt wurde und ebenfalls in *Literaturnyj kritik* erschienen ist. Im Rabelais-Buch bezieht sich Bachtin dann doch noch auf Lukács, und zwar auf dessen 1939 erschienenes Buch *Zur Geschichte des Realismus* (K istorii realizma).[158] Umgekehrt steht ebenso fest, dass Lukács

Bachtin nicht wahrgenommen hat, zudem hätte auch sein Russisch für die Lektüre nicht ausgereicht.[159]

Lukács' Gattungstheorie beruht auf dem Versuch, »eine im Wesen der ästhetischen Kategorien, im Wesen der literarischen Formen begründete historisch fundierte allgemeine Dialektik der Genres« zu schaffen, die eine »innigere Verknüpfung von Kategorie und Geschichte anstrebt, als er sie bei Hegel selbst vorfand«[160]. Lukács konzentriert sich vor allem auf die Unterscheidung von Epos und Roman. Ursache der Herausbildung von Epos bzw. Roman sei die jeweilige gesellschaftliche Situation und Weltanschauung. Gleich zu Beginn seines Buchs führt er aus, dass das Epos entstanden sei, »als die Seele noch keinen Abgrund in sich kannte, der sie zum Absturz locken oder auf wegelose Höhen treiben« konnte.[161] Das Epos sei die Gattung der Antike, während der Roman erst entstehen könne, wenn sich das Weltbild geändert habe. Die Form des Romans sei nämlich »Ausdruck der transzendentalen Obdachlosigkeit«[162]. Bachtin lässt den Roman im Unterschied zu Lukács neben dem Epos in der Antike beginnen. Bei Bachtin lösen Epos und Roman einander nicht ab. Der Roman ist vielmehr die inoffizielle Variante des Epos, sein anderes, das seine Sprache aus den niederen Gattungen, aus der Gegenwart und der Volkssprache leiht. Während also Lukács in der Renaissance bei Rabelais und Cervantes einen Beginn des Romans sieht, betrachtet Bachtin Rabelais und Cervantes bereits als Höhepunkte in der Entwicklung des Romans, und zwar des karnevalesken Romans.

Die Ablösung des Epos durch den Roman beschreibt Lukács an unterschiedlichen Merkmalen. Nur zwei seien hier herausgegriffen, weil sie eine Brücke zu Bachtin schlagen. Lukács bindet Epos und Roman an die (neo-)kantianischen Attribute »gegeben« und »aufgegeben«. Demnach ist das Epos in der Kategorie des Gegebenen, Abgeschlossenen, Totalen und der Roman in der

Sphäre des Aufgegebenen angesiedelt, das Lukács vor allem mit einer Suche nach dem Totalen assoziiert, in der sich die Zerrissenheit und Brüchigkeit und auch das Sehnen des Subjekts zeige.[163] Ein zweiter Vergleich mit Bachtin bietet sich über die Idee des Werdens an, wobei sich die Vorstellungen vom Werden bei beiden fundamental unterscheiden. Lukács bezieht sich auf Hegel. Das Werden des Romans wird von Lukács in eine »dialektische Evolution des Weltgeistes«[164] eingefügt, die die Menschheitsgeschichte als Bewusstseinsgeschichte begreift, wobei es stets darum geht, nach einer nächsthöheren Bewusstseinsstufe zu streben und dabei zur Vervollkommnung zu gelangen. Das gilt auch für die Gattungen, ein neues Genre entwickelt sich nur beim Erreichen einer neuen Stufe der gesellschaftlichen Entwicklung.

Für Bachtin sind Werden und Dialektik nicht eins, ganz im Gegenteil, Bachtins Begriff des Werdens (stanovlenie), den er in seinen Romanstudien der 1930er und 1940er Jahre verwendet, fußt vielmehr auf einem organischen, dialogischen Werden, auf einem unkontrollierbar Prozessualen, das kein Streben hin auf ein Ziel ist und keine Weiterentwicklung bzw. keinen Fortschritt beinhaltet. Für Bachtin sind Dialogik und Dialektik geradezu Gegensätze. Später, in den 1960er Jahren, formuliert er: »Wenn im Dialog die Stimmen (die Grenzen der Stimmen) und die (emotional-persönlichen) Intonationen gelöscht werden, wenn aus den lebendigen Wörtern und Repliken abstrakte Begriffe und Urteile herausgeschält werden und alles in ein abstraktes Bewusstsein hineingepresst wird – entsteht Dialektik.« (RZ, 430)[165] Dialektik ist, so gesehen, Monologik. Dazu passt auch, dass Bachtin Hegels *Phänomenologie des Geistes* insgesamt als monologisch bezeichnet (MG, 384). An der Dialektik stört Bachtin die Auflösung der Gegensätze, Widerspruch ist für Bachtin gerade nicht aufzulösen, er sorgt vielmehr für eine innere Dynamik im Wort, die literarisch schöpferisch auszugestalten ist.

Die unterschiedlichen Vorstellungen vom Werden zeigen sich insbesondere in beiden Analysen des Bildungsromans bei Goethe. Nach Bachtin hat man es im Bildungsroman nie mit einem festgeformten Helden zu tun, sondern mit einem im Werden begriffenen und von der Zeit durchdrungenen dynamischen Helden. Goethe sei das beste Beispiel für eine zweifache Dynamizität, er könne das Werden überall »sehen«, selbst »hinter dem Fertigen« sehe er »das Werdende (stanovjaščeesja) und Entstehende (gotovjaščeesja)« (RV, 220).

Bachtin zeigt dies an Goethes *Italienischer Reise*, wo dieser seine Theorie über die Entstehung des Wetters entwickelt. »Auf dem flachen Lande empfängt man gutes und böses Wetter, wenn es schon fertig geworden, im Gebirge ist man gegenwärtig, wenn es entsteht.«[166] Goethe sehe gerade in den Bergen, die für gewöhnlich ein Zeichen der Statik seien, eine Bewegung, ein Pulsieren, das die Atmosphäre verändere (RV, 222). Es handle sich also nicht um die Bewegungen der Atmosphäre vor einem unbeweglichen Hintergrund, sondern es ist der Hintergrund selbst, der sich bewegt und Bewegung verursacht. Ebenso sei es beim Helden im Entwicklungsroman, dieser nehme die Bewegung der Wandlung der realen historischen Zeit in sich auf, oder anders: »dieses Pulsieren bestimmt auch die Bewegung und die Veränderung von Schicksal und Anschauungen der Menschen« (RV, 222). Bachtin erklärt Goethes ästhetisches Sehen (videnie) chronotopisch, denn dieser habe die Fähigkeit, die Zeit im Raum zu sehen, synchron, koexistierend (RV, 222). Zu ähnlichen Schlüssen kommt im Übrigen auch Ernst Cassirer, auch er betont, dass Goethe die »Welt des Gestalteten« nur dann »fassbar und vertraut« werde, wenn er sie nicht »als Resultat, sondern im Prozess, nicht als Fertiges oder Gewordenes, sondern als Werdendes und mitten in der Bewegung des Werdens selbst zu erblicken vermochte«[167]. Während aber Bachtins Analyse des

Werdens auf eine chronotopische Pointe hinausläuft, nämlich die Synchronizität in Goethes Werken, das Verschmelzen von Vergangenem und Gegenwärtigem, steht bei Cassirer die Synthese von Welt und Geist, von äußerer und innerer Welt, im Vordergrund, die ein Sehen des Werdens erst ermögliche.[168]

Auch Lukács beschäftigt sich mit dem Bildungsroman bei Goethe, der diesen in eine Epopöe transformiert habe.[169] (Zu Dostoevskij schreibt Lukács übrigens, dieser habe keine Romane geschrieben – gegensätzlicher kann die Position zu Bachtin nicht sein.)[170] Die Gegensätzlichkeit zeigt sich, neben dieser Bestimmung von Roman und Roman-Epopöe, auch im Versuch, die Handlung im Erziehungsroman als einen »auf ein Ziel gerichteten, bewußten und geleiteten Prozeß«[171] zu verstehen. Am Ende komme der Held an und gelange zu einer »resignierte[n] Einsamkeit durch Einsicht in Diskrepanz zwischen Innerlichkeit und Welt«[172]. Für Lukács ist der Roman mit der Individualisierung des Subjekts verbunden, für Bachtin ist er Redegattung eines gesellschaftlichen Subjekts.

Auch Walter Benjamin wird sich in seinem Essay über den Erzähler (1936), der das Erzählen von Nikolaj Leskov in den Mittelpunkt stellt, auf Lukács beziehen. Wie Lukács sieht Benjamin Individualisierung und Einsamkeit, im Unterschied zu Bachtin, als Entstehungsmomente des Romans: »Die Geburtskammer des Romans ist das Individuum in seiner Einsamkeit, das sich über seine wichtigsten Anliegen nicht mehr exemplarisch auszusprechen vermag«,[173] schreibt Benjamin. Auch sieht er den Roman, wie Lukács das Epos, als etwas Abgeschlossenes, der »ein ›Finis‹«[174] unter die Seiten schreibt. Diesem abgeschlossenen, in der Einsamkeit produzierten Roman stellt Benjamin die Erzählung gegenüber. Im Grunde verschiebt Benjamin die Gegenüberstellung von Epos und Roman bei Lukács auf die Gegenüberstellung von Roman und Erzählung, wobei er der Erzählung dann jene

Eigenschaften zuschreibt wie etwa Offenheit, die Bachtin wiederum als zentral für den Roman ansieht.

Wie also differenziert Bachtin, um es noch einmal zusammenzufassen, im Unterschied zu Lukács zwischen Epos und Roman? Bachtin unterscheidet in *Epos und Roman,* wie zuvor Lukács, Epos und Roman als Genres, die sich ihrem Wesen nach einander gegenüberstehen. Bachtin nennt je drei Merkmale des Romans und des Epos. Der Roman ist für ihn erstens gekennzeichnet durch die bereits erwähnte Vielsprachigkeit, zweitens durch eine »grundlegende Veränderung der Zeitkoordinaten des literarischen Bildes bzw. der literarischen Gestalt (obraz)« sowie drittens durch eine »neue Zone des Aufbaus einer literarischen Gestalt im Roman, die Zone des maximalen Kontakts mit der Gegenwart in ihrer Unabgeschlossenheit« (EP, 473). Die letzten beiden Punkte sind ganz auf die Zeitkonzeption als Unterscheidungsmerkmal gerichtet. Im Unterschied zum Roman ist das Epos für Bachtin abgeschlossen, sein Gegenstand ist das Vergangene (EP, 475), auch das Genre selbst ist fertig, geradezu erstarrt und abgestorben. Aufgrund der Abgeschlossenheit sind Anfang und Ende klar markiert. Entsprechend handle es sich inhaltlich um die Welt der nationalen Ursprünge, der Vorfahren und Begründer der Welt (EP, 478). Oder andersherum: Das Epos demonstriert durch seine Abgeschlossenheit die Welt der Ursprungserzählungen.

Die Zeitkonzepte von Epos und Roman unterscheiden sich bei Bachtin also fundamental. Der Roman führt zu einem Umschwung in der Zeitenhierarchie von Vergangenheit, Gegenwart und Zukunft. Der Roman ist gegenwartsbezogen und zukunftsoffen, das Epos auf Erinnerung und Überlieferung ausgerichtet. »Der Roman atmet Zukunft« (RZ, 388), beim Epos seien »sämtliche Ausgänge in die Zukunft verstopft« (EP, 479). Die Zukünftigkeit betrifft nicht nur Weltanschauung und Handlung, sondern auch das Wort. In der Welt des Romans gebe es weder ein erstes, noch ein letztes Wort (EP, 495). Im Roman haben wir es mit dem »Wort des Zeitgenossen über den Zeitgenossen, das sich an die Zeitgenossen wendet« (EP, 476), zu tun. Autorgestalt und dargestellte Welt befinden sich in derselben »Wert-Zeit-Dimension« (EP, 492), während beim Epos Autor und dargestellte Welt einander zeitlich nie berühren.

Der Bezug zur Gegenwart ermöglicht es Bachtin, dem Roman im Rückgriff auf *Zur Philosophie der Handlung* alle jene Merkmale zuzuerkennen, die die Welt des Ethischen und des Seins-Ereignisses ausmachen. Bachtin nennt das den »Bezug zum fortdauernden Ereignis des Lebens im Roman« (EP, 495): »Die Gegenwart ist etwas Vergängliches, ist Fließen, ist ewiges Fortdauern ohne Anfang und Ende; sie ist ohne echte Abgeschlossenheit und folglich auch ohne echte Substanz.« (ER, 483) Für den Roman insgesamt wird hier also jenes Merkmal konstitutiv, die Unabgeschlossenheit, die Bachtin schon zur Formulierung des Dialogischen bei Dostoevskij zentral setzte.

Dass Bachtin sich selbst nie mit seiner Gegenwart beschäftigt hat, weder mit Gegenwartsliteratur noch mit Gegenwartskultur, ist ein paradoxer Nebeneffekt seiner Gegenwartsemphase in der Theorie des Romans. So lässt sich seine Beschäftigung mit dem antiken Roman, mit Rabelais, Goethe und Dostoevskij einerseits als Affront lesen gegen die totalitäre Ästhetik und ihre Gedächtnisauslöschung und -umwertung, aber auch als Hinweis auf eine Vergangenheit, der eine Gegenwärtigkeit und Zukünftigkeit eignet, die auch durch totalitäre, monologisierende, zentripetale Kräfte nicht auszulöschen ist.

8. Hybridität / Dialogizität

Wort-Hybride – Genre-Hybride – »unabsichtliche, unbewusste« Hybridisierung – »bewusste und absichtliche« Hybridisierung – philologische Subtexte: Špet/Vinogradov/Humboldt – Bachtin in den Postcolonial Studies – linguistische Subtexte: Nikolaj Marr/Stalin – Bachtin vs. Formalismus

Hybridität ist einer jener bachtinschen Begriffe, die in den Cultural Studies, insbesondere in den Postcolonial Studies, stark rezipiert worden sind. Das ist einigermaßen verblüffend, denn Hybridität kommt nur an einigen wenigen Stellen in Bachtins Werk vor, am ausführlichsten noch in seiner Abhandlung *Das Wort im Roman* – und auch dort nur auf knapp zehn Seiten. Viel häufiger ist hingegen von Vermischung (smešenie), Kreuzung (skreščenie) oder Überschneidung (peresečenie) die Rede. Aber Vermischung, Kreuzung oder Überschneidung sind nicht mit Hybridität in eins zu setzen, dasselbe gilt für Dialogizität. Dennoch scheint gerade die Nähe der Begriffe einen wichtigen Aufschluss darüber zu geben, wie Bachtin sich die folgenreiche Berührung und den Zusammenstoß von Worten vorstellt. Aber nicht nur dies, in der Rede von Hybridität wird auch ablesbar, worin Bachtins Sprachphilosophie sich sowohl von der formalistischen als auch von der vulgär-marxistischen unterscheidet.

Hybridisierung ist in den 1920er und 1930er Jahren vor allem ein Begriff und Verfahren in Botanik und Eugenik, wird aber auch in der Diskussion um mechanische oder organische

Sprachphilosophien und um formalistische oder schöpferische Vererbungslehren verwendet. Von Hybridität ist in den Einzelwissenschaften immer dann die Rede, wenn entweder (wie in der Eugenik oder Botanik) durch Kreuzung etwas Neues, Drittes hergestellt werden soll, oder wenn (wie beispielsweise in der Linguistik) die Evolution von Sprache als natürlicher bzw. organischer Prozess von Vermischung oder Kreuzung dargestellt wird. Eine konstruktivistische, in die Natur eingreifende Hybridisierung steht damit einer natürlichen, ja organischen Hybridität entgegen. Auch Bachtin beteiligt sich an dieser Diskussion, wenngleich das Wort Hybridität bei ihm im Unterschied zur Dialogizität eine eher untergeordnete Rolle spielt.

In *Wort im Roman* fragt Bachtin, was Hybridisierung im Bereich der Sprache überhaupt bedeuten kann: »Sie ist die Vermischung (smešenie) zweier sozialer Sprachen innerhalb einer einzigen Äußerung, das Aufeinandertreffen zweier verschiedener, durch die Epoche oder die soziale Differenzierung (oder sowohl durch diese als auch durch jene) geschiedener sprachlicher Bewußtseine in der Arena dieser Äußerung.« (WiR, 244) Das Aufeinandertreffen zweier sprachlicher Bewusstseine hatte Bachtin bereits im Rahmen seiner Untersuchungen zur Dialogizität diskutiert. Vielfach wird in der Forschung auch darauf hingewiesen, dass Bachtin Dialogizität und Hybridität eigentlich synonym verwendet.[175] Aber Hybridisierung unterscheidet sich vom dialogischen Aufeinandertreffen des Wortes. Dialogisch verhalten sich zwei sprachliche Bewusstseine, wenn es nicht zu ihrer Verschmelzung oder Vermischung kommt, d.h., wenn, wie Bachtin sagt, zwar in der »Sprache eine einzige Äußerung aktualisiert wird, aber *im Licht einer anderen Sprache gegeben ist*« (WiR, 247). Diese zweite Sprache, so heißt es weiter, bleibt außerhalb der Äußerung, auf sie wird nur referiert, sie klingt – deshalb auch die Rede von der Polyphonie – in der Äußerung an, wird aber nicht von ihr usurpiert, sie vermischt sich eben nicht mit ihr.

Mit der Hybridisierung verhält es sich nach Bachtin anders, hier kommt es tatsächlich zu einer Vermischung, zu einer neuen, unauflösbaren Verbindung. Grundsätzlich unterscheidet Bachtin zwischen einer »unabsichtlichen unbewußten« (nenamerennaja bessoznatel'naja) (WiR, 244) Hybridisierung und einer bewussten und absichtlichen. Die »unabsichtliche unbewusste« Hybridisierung ist ein »zentraler Modus des historischen Lebens und Werdens von Sprachen« (WiR, 244). In einer Fußnote vermerkt er, dass die aus dem Prozess der sprachlichen Evolution entstehenden Hybriden zwar zweisprachig sind, aber dennoch einstimmig, also monologisch (WiR, 362). Er begründet dies damit, dass in dieser Hybride zwei »unpersönliche (bezličnye) Sprachbewußtseine (die Korrelate zweier Sprachen)« (WiR, 245) gemischt werden.

Die künstlerische Hybride hingegen ist beabsichtigt und bewusst hergestellt, im Roman stellt sie ein künstlerisches Verfahren dar. Im Unterschied zur einstimmigen Hybride der historischen Sprachevolution ist diese Hybride durchaus zweistimmig, also dialogisch, denn an der Vermischung sind nun zwei, wie Bachtin schreibt, individualisierte und nicht mehr unpersönliche Sprachbewusstseine, zwei Stimmen, zwei Standpunkte beteiligt. Die künstlerische Hybride ist nach Bachtins Verständnis also dialogisiert, hier findet keine unbewusste Vermischung statt, sondern ein Zusammentreffen und ein Kampf auf dem Territorium der Äußerung. Die Terminologie vom Kampf und Streit verwendet Bachtin auch sonst für die Beschreibung des Dialogischen. In *Wort im Roman* ergänzt er sogar: »Die beiden Standpunkte werden hier nicht vermischt, sondern einander dialogisch konfrontiert.« (WiR, 246)

An dieser Stelle spätestens muss nun gefragt werden, mit welchem Verständnis von Hybridität Bachtin eigentlich operiert.

Bachtin ›kombiniert‹ hier ganz bewusst das Dialogische mit dem Hybriden. Mit der Verwendung von Hybridität in der Botanik, wo aus zwei differierenden Entitäten etwas Drittes gebildet wird, das Eigenschaften von beiden aufweist und dessen neue Merkmale vererbbar sind, hat Bachtins Idee der Hybridität nicht viel gemein. Selbst wenn Bachtin in diesem Zusammenhang die Begriffe ›Kreuzung‹ (skrešcenie) oder ›Überschneidung‹ (peresečenie) verwendet, dann nie, um eine Konnotation von ›Vermischung‹ aufzurufen, sondern um – ganz im Gegenteil – anzuzeigen, dass in der genannten Kreuzung zwar ein »inneratomarer, unregelmäßiger Wechsel der Stimmen« (PPD, 236) stattfindet, diese aber als sich unterscheidende noch zu identifizieren sind.

In *Probleme des Schaffens bei Dostoevskij* arbeitet Bachtin deshalb auch heraus, dass in Dostoevskijs Romanen trotz der Kreuzung und Verschränkung von Stimmen und Bewusstseinen immer mindestens zwei Stimmen zu hören sind: »In jeder Stimme konnte er [Dostoevskij] zwei miteinander streitende Stimmen hören, in jeder Äußerung einen Bruch und die Bereitschaft, sofort zu einer anderen, entgegengesetzten Äußerung überzugehen, er begriff die tiefe Zweideutigkeit und Vieldeutigkeit jeder Erscheinung.« (PPD, 10) Zweistimmigkeit und Ambivalenz, d.h. Zweiwertigkeit der Standpunkte, sind grundlegend für das dialogische Sprachverständnis und das dialogisierte Wort.

Wenn man also die Botanik zugrunde legt, dann hat Bachtins Idee des Dialogischen und auch jene der Hybridisierung eher etwas mit Pfropfung zu tun. Bei der Pfropfung bewahren die beiden aufeinandergepfropften Teile ihre Eigenschaften. Jacques Derrida hat die Aufpfropfung in diesem Sinne als spezifische Text-zu-Text-Beziehung beschrieben: »Jeder aufgepfropfte Text strahlt weiterhin in Richtung des Ortes seiner Entnahme aus, transformiert auch ihn, wenn er mit neuem Terrain in Berührung kommt. Er wird durch die Operation definiert (gedacht) und ist zugleich für die Regelung und die Wirkung der Operation definierend (denkend).«[176] Derrida hebt hier auf ein textuelles Wechselverhältnis ab, das auch für die Idee des Dialogischen bei Bachtin charakteristisch ist. Derrida spricht von Prozessen des Transformierens, Deformierens, Kontaminierens, Abstoßens oder Regenerierens, mit denen man es beim Pfropfen zu tun hat – also mit Austauschprozessen, die zwischen zwei Texten oder Worten stattfinden, ohne dass diese ineinander verschmelzen.[177]

Bachtin hat, was seine Vorstellungen von Hybridität eher geprägt zu haben scheint, weniger die botanischen Prozesse im Sinn als eine Diskussion, die in der Linguistik und Ästhetik geführt wurde – beim Phänomenologen Gustav Špet und beim Linguisten und Philologen Viktor Vinogradov, die sich ihrerseits an Wilhelm von Humboldts Sprachphilosophie orientierten. Hybridität verwenden beide, Vinogradov und Špet, im Kontext einer Diskussion um die Romanstilistik, die »künstlerische Besonderheit des Wortes« (WiR, 160) im Roman. Bachtin kritisiert Špet, der dem Roman jede ästhetische Qualität abspricht, weil das Wort im Roman kein künstlerisches, sondern ein rhetorisches Wort sei. Špet kritisiert seinerseits in dem von Bachtin zitierten Werk, *Die innere Wortform* (Vnutrennaja forma slova, 1927), die von Humboldt getroffene Unterscheidung von Prosa und Poesie, wobei er beklagt, dass Humboldt »die hybride Natur der ›künstlerischen Prosa‹ sanktioniert«.[178] Hybrid sei diese, weil Humboldt annehme, dass sowohl künstlerische Prosa als auch Poesie von der Wirklichkeit ausgehen, obwohl sich doch, nach Špet, Prosa und Poesie klar trennen lassen – die eine gehe von der Wirklichkeit, die andere von der Möglichkeit aus. Ähnliche Überlegungen finden sich auch bei Vinogradov, der den Roman für ein hybrides Gebilde aus Poesie und Prosa hält.

Bachtin entwendet im Anschluss der Lektüre von Špet und Vinogradov den Begriff der Hybridität und besetzt ihn positiv.

Der Roman ist nach Bachtin nicht länger ein mehr oder weniger negativ zu bewertender Hybrid aus Prosawort und poetischem Wort, vielmehr erweise sich jedes Wort, auch das rhetorische, ohnehin als hybridisiertes Wort, in der künstlerischen Verwendung sogar als dialogisiertes Wort, bringe also zwei Standpunkte, Akzente, Stimmen in einer Äußerung als sich voneinander unterscheidende zusammen.

Bachtins Kritik an Špets Skepsis gegenüber dem hybriden Status der künstlerischen Prosa wird in der Bachtin-Rezeption der Postcolonial Studies noch einmal auf andere Weise pointiert.[179] Während bei Špet eher eine negative Konnotation von Hybridität durchscheint, die analog zum Gebrauch des Begriffs der Hybridität seit Ende des 18. Jahrhunderts in der Biologie als Kennzeichnung der Vermischung von zwei ursprünglich differenten Spezies oder reinen Rassen verwendet wird, geht Bachtin an keiner Stelle von einer ursprünglich angenommenen Identität oder Reinheit aus. Ganz im Gegenteil, Bachtin betont explizit, dass Hybridisierung in der Sprache ein organischer, also natürlicher Prozess sei. Das ist der Moment, in dem sich Bachtin gegen die in der Kulturtheorie und Biologie übliche, meist pejorative Verwendung des Begriffs wendet. Sprache ist nach Bachtin schon immer eine organische Hybride. Und auch Sprachveränderung, sprachliche Evolution geht nach Bachtin hauptsächlich durch Hybridisierung, also durch stete Differenzbildung und Verarbeitung des Fremden vonstatten, durch einen kreativen Evolutionsprozess, in dem die Äußerung als »Tiegel der Vermischung« (kraterom dlja smešenija) (WiR, 244) dient.

Diese Eigenschaft von Hybridität macht Bachtin auch für die Postcolonial Studies interessant. Für Homi K. Bhabha ist Hybridität eine Eigenschaft von Sprache und Kultur, die stetig Differenz erzeugt. Wie Bachtin interessiert er sich nicht dafür, »to trace two original moments from which the third emerges«, sondern er bestimmt Hybridität als »dritten Raum« (third space), »which enables other positions to emerge«[180]. Diese durch Bachtin begonnene und durch Bhabha profilierte positive Resemantisierung des Konzepts von Hybridität hat nichts mehr mit Mischung oder Verlust von ursprünglicher Reinheit zu tun, sondern bezeichnet vielmehr Differenz, Korrelation, Koexistenz – also Dialogizität in Bachtins Sinn. Und diese Wendung ist auch schon bei Bachtin selbst angelegt, indem er die künstliche Hybride als dialogisierte beschreibt und Kreuzung nicht als Vermischung versteht.

Bezogen auf kulturelle Prozesse liest Bhabha Bachtins Konzept der bewussten, intentionalen Hybridität als ein subversives Verfahren. Bhabha versteht dieses als Widerstandsmöglichkeit gegen die koloniale Herrschaft. So weit geht Bachtin selbst allerdings nicht, zumindest nicht explizit, obwohl er mit Blick auf die kulturelle Entwicklung in der Sowjetunion allen Grund dazu gehabt hätte. Sein Anliegen ist es vielmehr, deutlich zu machen, dass künstlerische Verfahren der Hybridisierung, beispielsweise im Roman, die organisch gewachsene Hybridisierung und die mit ihr verbundene Erkenntnis über Sprache im künstlerischen Werk nicht ignorieren oder sich von dieser sekundär befreien, sondern sie gerade *darstellen*. Bachtin spricht davon, dass in der künstlerischen Hybride, der Sinnhybride (smyslovoj gibrid), ein Bild der Sprache als organische Hybride (organičeskij gibrid) hergestellt wird. Es handelt sich hier also um ein Verfahren der Hybridisierung, das die organische Hybridität von Sprache zum Erscheinen bringt. Doch damit nicht genug: Weil Sprache nicht als gegebene vorhanden ist, sondern im Prozess ihrer Verwendung immer deutlicher hybridisiert, gibt es immer mindestens zwei unterschiedliche, wie Bachtin schreibt, sprachliche Bewusstseine, in die eine Äußerung zerfällt. Die Verwendung von Sprache ist somit eine stetige Vorführung des Prozesses von Hybridisierung, die in der künstlerischen Sprache sichtbar gemacht werden kann:

»Die konkreten einzelnen Äußerungen bauen ja auf dieser abzubildenden Sprache auf, daher muss das abzubildende Sprachbewußtsein notwendig in Autoren, Sprechern der betreffenden Sprache verkörpert sein, die darauf Äußerungen gründen und deswegen ihren eigenen aktualisierten sprachlichen Willen in die Potenz der Sprache einbringen. An der bewussten und beabsichtigten künstlerischen Hybride sind also zwei Bewußtseine, zwei Willen und folglich zwei Akzente beteiligt.« (WiR, 245)

Vološinov hatte schon 1929 in *Marxismus und Sprachphilosophie* auf Hybridisierungstheorien in der Linguistik, insbesondere auf die Sprachkreuzungstheorie von Nikolaj Marr verwiesen, die in der Sowjetunion zum damaligen Zeitpunkt als Referenzpunkt galt. Nikolaj Marr war der Auffassung, dass Sprachen sich nicht wie im Stammbaummodell voneinander abspalten, sondern sich nur miteinander kreuzen und durch Kreuzung neue Sprachen entwickeln.[181] Vološinov führt Marrs Theorie als positives Beispiel gegen die europäische Linguistik und Semasiologie an, deren Theorien (u.a. die von Ferdinand de Saussure) er als Versuch des abstrahierenden Systematisierens toter Sprachen ablehnt, weil sie auf einer monologischen Sprachauffassung beruhen: »Formalismus und Systematisierung sind der typische Zug eines Denkens, das auf ein fertiges und sozusagen stehengebliebenes Objekt gerichtet ist.« (MS, 136) Marr hingegen verstehe »Kreuzung als Quelle der Bildung neuer Formen« und habe festgestellt, dass es eine ursprüngliche National- oder Muttersprache ohnehin nicht gebe, weil – so der Kommentar Vološinovs – der Ursprung schon immer durch die Begegnung mit dem fremden Wort bestimmt sei. Kreuzung (skrešenie) ist demzufolge der Schlüssel für alle Sprachursprungstheorien, weil es sich um den Prozess der Kreuzung handelt, der am Ursprung aller Sprachen liegt.

Vološinov vertritt hier also die These einer von vornherein bestehenden Hybridität der Sprache, ohne jedoch, wie Bachtin später in *Das Wort im Roman* einzuräumen, dass diese Form der Kreuzung durchaus monologisch sein kann. Allerdings kommt Vološinov nicht zu jenem Schluss, zu dem Marr gelangt und der besonders Stalin gefällt, nämlich dass die Kreuzung der Sprachen in der kommunistischen Gesellschaft in eine einzige Sprache münden werde.[182] Auch Stalin formuliert für die Sprachwissenschaft Thesen über die Kreuzung der Sprachen. So ist er der Meinung, dass bis zum Eintritt des Sozialismus Kreuzung so stattgefunden habe, dass nichts Drittes oder Neues entstand, sondern sich im Kreuzungskampf der Sprachen immer eine als Sieger erwiesen habe, dass aber nun in der neuen Gesellschaftsordnung »zonale Sprachen« zu einer »gemeinsamen internationalen Sprache verschmelzen« würden.[183]

Vološinov wendet Marrs Theorie eher gegen sich selbst, denn Hybridisierung mündet, wie Bachtin dies später noch deutlicher formulieren wird, in einer Vervielfältigung von Standpunkten, also in Ambivalenz und Differenz. Hybridisierung lässt sich also gleichzeitig stalinistisch und anti-stalinistisch lesen, wenn man Stalinismus mit Bachtins Worten als bestes Beispiel des Monologischen versteht. Marrs und Stalins Thesen erklären vielleicht auch, dass bei Bachtin Hybridisierung sowohl monologisch als auch dialogisch funktionieren kann, entweder als Vermischung oder als Bestehenbleiben des Doppelten und Ambivalenten im Dialogischen.

Hybridisierung ist auch, wenn auch nur am Rande, Gegenstand der formalistischen Literaturtheorie. Šklovskij schreibt über die Irrtümer und den Unsinn von Kreuzung als künstlerischem Verfahren insbesondere von Genres, indem er ein Beispiel aus der Biologie heranzieht: »Ein schwarzes Kaninchen vermischt sich nicht mit einem weißen Kaninchen, so dass ein graues Kaninchen dabei rauskommt, sondern, der Reihe nach, bald ein weißes, bald ein schwarzes.«[184] Ebenso verhalte es sich mit Genres, weder könnten beliebig viele Genres entstehen, noch lassen sich alle Genres miteinander kreuzen. Šklovskij argumentiert deutlich gegen die Kreuzung, weil auch er Kreuzung als Vermischung denkt, und plädiert für Konfrontation, für einen Zusammenprall der Elemente, der ihre Herkunft und die Eigenarten ihrer Abstammung sichtbar bleiben lässt.

Im Grunde sind Vološinov, Bachtin und Šklovskij in ihrer Skepsis der Kreuzung gegenüber gar nicht so weit voneinander entfernt, wie man aufgrund der Polemik zwischen dem Bachtin-Kreis und den Formalisten annehmen könnte. Šklovskij lehnt Kreuzung ab, weil er damit Vermischung verbindet. Auch ein Autor, so heißt es bei Šklovskij, habe keine doppelte Seele (dvojnaja duša), sondern er gehöre »gleichzeitig mehreren literarischen Strömungen an«[185], deren Eigenarten Teil des literarischen Werks sind. Selbiges gelte auch für Genres: »Es gibt keine beliebige Anzahl von literarischen Genres. Ebenso wie die chemischen Elemente nicht jede Verbindung eingehen, sondern nur einfache und teilbare und so wie es keine unterschiedlichen Arten Roggen, sondern nur bekannte Verarbeitungsarten gibt, wobei je nach Behandlung eine bestimmte Sorte Roggen entsteht, und so wie es keine beliebige Menge von Öl gibt, sondern nur eine bestimmte Menge von Öl, so existiert auch eine bestimmte Anzahl an Genres, die mit einer bestimmten Kristallographie des Sujets zusammenhängen.«[186]

Bachtin denkt Hybridisierung im ästhetischen Bereich ebenfalls nicht als Vermischung, sondern dialogisch und konfrontativ. Wie bei Šklovskij die Einzelteile sichtbar bleiben sollen, bleiben auch bei Bachtin die Einzelstimmen hörbar, sie vermischen sich nicht zu einer monologischen Stimme. Beide verfolgen, trotz unterschiedlicher Ausgangspunkte im Hinblick auf die Hybridisierung, ein ähnliches Anliegen: Sie lehnen eine als Vermischung gedachte Hybridisierung kategorisch ab.

9. Chronotopoi

Begriffsleihe bei Uchtomskij – literarischer und kultureller Chronotopos – Chronotopostypologie – Chronotopos und Literaturanthropologie – Chronotopos des Autors/Chronotopos des Lesers – Verweis auf Einstein – Kritik an Kant – Chronotopos und Sprache bei Cassirer – Raum und Zeit bei Lessing

Ende der 1930er Jahre verwendet Bachtin erstmals den Begriff des Chronotopos, mit dem er Raum-Zeit-Verhältnisse in literarischen Texten beschreiben will. Er arbeitet zu dieser Zeit an einer Studie, die er später, in den 1970er Jahren, *Formen der Zeit und des Chronotopos im Roman* (Formy vremeni i chronotopa v romane) nennen wird. Ganz zu Beginn dieser Studie formuliert er: »In einem künstlerisch-literarischen Chronotopos verschmelzen räumliche und zeitliche Merkmale zu einem sinnvollen und konkreten Ganzen. Die Zeit verdichtet sich hierbei, sie zieht sich zusammen und wird auf künstlerische Weise sichtbar; der Raum gewinnt Intensität, er wird in die Bewegung der Zeit, des Sujets, der Geschichte hineingezogen.« (CH, 7)

Bachtin hat sich den Begriff des Chronotopos aus der zeitgenössischen Diskussion um die Vierdimensionalität des Raums ausgeliehen. Es sind aber nicht Hermann Minkowski oder Albert Einstein, die den Terminus Chronotopos zur Charakterisierung der Raum-Zeit verwendet haben, sondern der Petersburger Physiologe Aleksej A. Uchtomskij (1875-1942). Uchtomskij, der ab 1922 einen Lehrstuhl für Physiologie von Mensch und

Tier an der Petrograder bzw. Leningrader Universität innehatte, hielt im Herbst 1925 einen Vortrag zum Thema »Über den Raum-Zeit-Komplex oder über den Chronotopos« vor Studenten und Mitarbeitern des Instituts für Naturwissenschaften in Petershof. In seinem Vortrag wollte er zeigen, welche Bedeutung die Theorien Minkowskis und Einsteins für die Entwicklung der Neurophysiologie und Biologie haben.[187] Uchtomskij resümiert: »Wir leben im Chronotopos [...]; irgendwo existieren jetzt noch vergangene Ereignisse, die sich nur alle von uns entfernen. Und irgendwo existieren schon kommende Ereignisse, die sich uns nähern.«[188] In einem Brief an seine Schülerin Faina G. Ginzburg schreibt Uchtomskij 1927, »die Idee des Chronotopos« bestehe darin, »dass ein Ereignis nicht durch sich aktuell vollziehende Faktoren geschaffen und definiert wird – diese erscheinen nur, um das zu ermöglichen und aufzuzeigen, was sich im Vergangenen angesammelt und gebildet hat. [...] Nichts Vergangenes geht spurlos vorbei. Im Jetzt wird alles registriert. In der Handlung wird offenbart, was sich im Inneren verbarg [...] – das ist der Chronotopos des Seins.«[189] Uchtomskijs Beschreibung des Chronotopos vereint einige Merkmale, die auch für Bachtins Ereignis- und Sprachphilosophie wesentlich sind, nämlich dass alles Sprechen und Handeln sich zwar im Jetzt ereignet, dass dieses aber geschichtlich zu fassen ist, dass es also immer gleichzeitig zurück und auch vorwärts weist, auf bereits stattgefundene, gegebene bzw. auf potenzielle, aufgegebene Handlungen oder Äußerungen.

Bachtin verweist in einer Fußnote von *Formen der Zeit und des Chronotopos im Roman* darauf, dass er Uchtomskijs Vortrag 1925 gehört habe, und auch in seinen Notizen aus den 1970er Jahren, ungefähr während der Überarbeitung des Chronotopos-Buches, nimmt Bachtin noch einmal Bezug auf Uchtomskij, und zwar auf einen Brief, der in der Zeitschrift *Novyj mir* (Neue

Welt) 1973 abgedruckt worden war. In diesem Brief betont Uchtomskij die Rolle der »Dominante«,[190] die unsere Wahrnehmung der Welt überhaupt erst ermögliche; diese funktioniere kopernikanisch, weil man stets ein Gravitationszentrum außerhalb von sich schaffe, den anderen (RZ, 430).

Bachtin bezieht sich in seinen Arbeiten genau auf jene Aspekte bei Uchtomskij, die er in seiner eigenen Philosophie bereits umrissen hatte, das raum-zeitliche Ereignis und die Notwendigkeit der Ausrichtung auf den anderen. Das Dialogische und das Chronotopische haben also etwas gemeinsam, nicht nur bei Uchtomskij, wie noch zu sehen sein wird.

Bachtins Studie ist in erster Linie eine literaturphilosophische Analyse grundlegender Chronotopoi der europäischen Literatur, insbesondere des Romans seit der griechischen Antike. Er untersucht diese in ihrer historischen Transformation und im Hinblick auf ihr literatur- und kulturtheoretisches Potenzial. Die Studie entsteht im Rahmen seiner Forschungen zum europäischen Bildungsroman und ist zunächst nicht als eigenständige Publikation konzipiert. Erst im Sommer 1973, also mehr als dreißig Jahre nach der Fertigstellung des ersten Entwurfs, ergänzt Bachtin einzelne Abschnitte an unterschiedlichen Stellen, unterteilt das Manuskript in Kapitel und gibt ihm den heute bekannten Titel. Zudem schreibt er ein Nachwort, in dem er auf wenigen Seiten das Fundament für eine Theorie des Chronotopos legt. Publiziert wird die Studie erst postum, 1975, im Sammelband *Fragen der Literatur und Ästhetik* (Voprosy literatury i ėstetiki).

Bachtins Buch über den Chronotopos ist sowohl literaturhistorisch als auch literaturtheoretisch innovativ. Die Konzentration auf Chronotopoi als literaturhistorische Indizes ermöglicht es Bachtin sogar, seine Gegenthese zu Lukács noch weiter zu profilieren. Indem Bachtin zu zeigen versucht, dass gegenwärtig im Roman anzutreffende Chronotopoi eine Vorgeschichte haben, die bis in die Antike zurückreicht, schreibt er eine Gattungsgeschichte, die den Chronotopos als zentrales Merkmal dieser Gattungsgeschichte postuliert. Bachtin geht aber noch weiter, indem er behauptet, dass anhand von Chronotopoi historisch eine Differenzierung in unterschiedliche Romantypen möglich sei. Ergänzen lässt sich noch, dass über den Chronotopos zudem ein historisches Raum/Zeit-Wissen im Text gespeichert wird, das im »Prozess der literarischen Aneignung« (osvoenie) der »realen historischen Zeit und des realen historischen Raumes« (CH, 7) entsteht.

Literaturtheoretisch zentral ist der Chronotopos für die sogenannte »Form-Inhalt-Kategorie«, für die »sujethafte Bedeutung« und für die »darstellerische Bedeutung«. Form-Inhalt-Kategorie meint bei Bachtin das Aufeinandertreffen von Autor und Figur, also der darstellenden und der dargestellten Welt. Chronotopisch an diesem Zusammentreffen sind die Überlagerung und das Verschmelzen von Räumen und Zeiten dieser beiden Welten, der Welt des Autors und der des Helden. Im Hinblick auf das Sujet als Teil der Form spricht Bachtin von chronotopischen »Organisationszentren« (CH, 187) eines literarischen Textes oder davon, dass im Chronotopos die Knoten des Sujets geschürzt und gelöst werden. Erst im Chronotopos erhalten die Sujetereignisse eine Gestalt, d.h., der Chronotopos bietet die Grundlage dafür, dass über Ereignisse im literarischen Text nicht nur eine Mitteilung gemacht werden kann, sondern dass diese auch dargestellt und gezeigt werden können (CH, 188). »Sujethafte Bedeutung« und »darstellerische Bedeutung« hängen demnach unmittelbar zusammen, der Chronotopos verhilft dem Sujet zur Darstellung.

In seinem Nachwort ergänzt Bachtin weitere theoretische Aspekte der Chronotoposanalyse und er fügt eine Typologie der von ihm untersuchten literarischen Chronotopoi hinzu. Literaturtheoretisch interessant ist nun, dass er die Chronotopos-Analyse mit seinen früheren Entwürfen zur Außerhalbbefindlichkeit und zum Dialogischen, zumindest ansatzweise, verbindet. Beispielsweise spricht Bachtin vom Chronotopos des Autors und vom Chronotopos des Lesers, der sich wie auf einer Tangente, zwar außerhalb, aber dennoch in Verbindung zum Werk befinde (CH, 192). Schon in *Autor und Held* hatte er die räumliche und zeitliche Außerhalbbefindlichkeit des Autors und des Lesers dem Werk gegenüber betont und mit der ständigen Koexistenz beider Welten begründet. Dass Autor und Leser nun in einem eigenen Chronotopos angesiedelt werden, ist lediglich eine terminologische Präzisierung dieser frühen These. Verändert hat sich jedoch, dass das Verhältnis zwischen Autor und Text sowie Leser und Text nicht mehr abschließend, sondern dialogisch gedacht wird, als unendlicher Dialog. Alles Dialogische ist so gesehen immer auch chronotopisch zu denken.

Ist aber umgekehrt auch alles Chronotopische dialogisch? Im Grunde ja, denn Bachtin stellt zwei Wechselbeziehungen von Chronotopoi fest. Einerseits korrelieren unterschiedliche Chronotopoi miteinander (CH, 190), sie nehmen aufeinander Bezug und interagieren, andererseits, und das ist entscheidender, klingen in einem Chronotopos die Momente seiner früheren Verwendung an, er ist in seinem inneren Wesen, als Moment der »Form-Inhalt-Kategorie«, dialogisch. Eine solche Idee des Dialogischen führt schon hier über die Vorstellung hinaus, dass nur ein Wort oder eine Äußerung dialogisch sein könne. Ganz im Gegenteil, auch Strukturen oder Sujets können dialogisch aufeinander Bezug nehmen. Diese eher strukturelle oder architektonische Dialogizität wird Bachtin in den 1950er Jahren vor allem am Genre, am Sprechgenre, noch deutlicher ausformulieren.

Seine Chronotopos-Typologie beschränkt Bachtin auf sieben aus seiner Perspektive zentrale Chronotopoi des Romans seit der Antike, die in der Literatur der nachfolgenden Jahrhunderte angeeignet, transformiert, parodiert oder subvertiert werden. Darunter sind der Chronotopos des Weges, des Schlosses, des Empfangssalons, des Provinzstädtchens, der Schwelle, der Krise bzw. des Wendepunktes und der Chronotopos der biografischen Zeit (CH, 186). Immer handelt es sich um eine spezifische Beziehung von Raum und Zeit, die Bachtin mit diesen Chronotopoi zu fassen versucht. Den »Chronotopos der Schwelle« entdeckt Bachtin insbesondere bei Dostoevskij. An den schwellenhaften Orten dieses Chronotopos ereigne sich augenblickshaft etwas, das »aus dem normalen Fluß der biographischen Zeit herausfällt« (CH, 186). Schon im Dostoevskij-Buch hatte Bachtin auf die besondere künstlerische Konzeption von Raum und Zeit aufmerksam gemacht, noch ohne vom Chronotopos zu sprechen. Er hatte damals bemerkt, dass Dostoevskijs Romane eher im Raum, weniger in der Zeit stattfinden, da Dostoevskij fähig sei, alle in einem Raum koexistierenden Diskurse zu erfassen und miteinander in Verbindung zu bringen. Dostoevskijs Romane liefern nach Bachtin Momentaufnahmen und widersprechen jeder Idee von Entwicklung und Dialektik (PPD, 37).

Bachtins Typologie des Chronotopos lässt sich weniger aus der Perspektive einer systematischen historischen Poetik verstehen, sondern vielmehr als theoretischer Entwurf, der an einigen Beispielen zeigt, welche Perspektiven eine raum-zeitliche Analyse für die literaturwissenschaftliche Forschung bietet. Dazu gehört insbesondere auch das im gesamten Buch eher implizit als explizit formulierte literaturanthropologische Interesse, das sich bereits in *Autor und Held* gezeigt hatte und das Bachtin schließlich im Rabelais-Buch weiterverfolgen wird. Schon in *Autor und Held* hat er die körperliche und geistige Konzeption des Helden mit einem zeitlichen und räumlichen Aspekt in Verbindung gebracht. Kurz gesagt fragt er, in Anlehnung an Kants transzendentale Ästhetik, nach der Modellierung des Helden im Raum, des äußeren Menschen, also des Körpers (telo), und nach der Modellierung des Helden in der Zeit, des inneren Menschen bzw. der Seele (duša) (L, 327). Bachtin schreibt, die räumliche Form sei nicht die Form des Werks als Objekt, sondern »die Form des Helden und seiner Welt – als Subjekt« (AH, 150). Gemeint sind hier die äußere Form des Helden, sein Körper und dessen Umgebung (okruženie). Indem der Künstler den Körper des Helden schafft (AH, 153), stellt er sein Äußeres dar, seine Grenzen und Konturen. Er gibt ihm eine abgeschlossene Form und stellt ihn in einen Raum voller Ereignisse.

Bachtin unterscheidet schon seit *Zur Philosophie der Handlung* zwischen Horizont (krugozor) und Umgebung (okruženie), wobei er unter Horizont die Grenzlinie der subjektiven Wahrnehmung versteht und unter Umgebung die empirische Umgebung, die nicht erst durch die Perspektive geschaffen oder vorgestellt wird. Den inneren Menschen, den Menschen der Seele bzw. den Menschen als »in der Zeit werdendes inneres Ganzes« (AH, 163), entwirft Bachtin als Menschen des Horizonts, der sich selbst nicht abschließen und nicht vollständig betrachten kann. Überträgt man dieses Modell auf die raum-zeitliche Konzeption eines Romans, hat man es stets mit mindestens vier Räumen zu tun: mit dem Horizont des Helden und des Autors, wobei der Horizont des Helden Produkt des Horizonts des Autors ist. Beide wiederum sind von einem Raum umgeben, einem realen (der Autor) und einem dargestellten (der Held), der unabhängig von ihrer Perspektive existiert und der von ihnen nicht gänzlich einsehbar ist. Der Horizont des Helden ist für den Autor dessen Umgebung.

Im Chronotopos-Buch wählt Bachtin einen ganz anderen Ansatzpunkt für seine anthropologischen Thesen, es geht ihm nicht mehr nur um den Horizont des Autors und das ästhetische Sehen, sondern um die Frage, wie das ästhetische Sehen in der Literatur ein Menschenbild formt, das räumlich und zeitlich funktioniert. Raum und Zeit betrachtet Bachtin nun nicht mehr getrennt voneinander, sondern in ihrer gegenseitigen Verschmelzung (slijanie) (CH, 7). Dazu ein Beispiel: Im griechischen Roman entdeckt Bachtin, dass der Mensch privat und isoliert ist, er wird in eine fremde Welt geworfen und bleibt dort sich selbst überlassen (CH, 33). Er wird zwangsläufig zum Abenteuermenschen. Das bedeutet auch, dass er ein Mensch des Zufalls ist, mit dem an einem bestimmten Ort zu einer bestimmten Zeit etwas passiert. Veränderung, Wandel, Entwicklung finden im griechischen Roman nicht statt. Demgegenüber stehe der Mensch des römischen antiken Romans; dieser sei kein Abenteuermensch, sondern der Mensch der Krise, wobei Krise besagt, dass der Mensch nicht durch den Raum von einem Abenteuer zum nächsten gejagt wird, ohne dass Zeit vergeht, sondern dass er durch ein besonders prägnantes Ereignis dargestellt wird, ein Ereignis, das ihn völlig verwandelt: »Im Krisistyp werden lediglich ein oder zwei Momente dargestellt, die über das Schicksal eines menschlichen Lebens entscheiden und dessen Wesenszüge ganz bestimmen. Dementsprechend präsentiert uns der Roman ein und denselben Menschen in zwei oder drei differenten Gestalten.« (CH, 41) Die chronotopische Struktur der Romane dient hier also dem Entwurf zweier unterschiedlicher Anthropologien: dem Menschen, der sich trotz einer ständigen Veränderung des Raums und der in ihm stattfindenden Ereignisse nicht verändert, und dem Menschen, dessen raum-zeitliches Sein ganz auf den Moment der Veränderung und des Wandels abgestellt ist.

Neben dem Hinweis auf den Vortrag von Uchtomskij nennt Bachtin noch weitere Bezugspunkte seiner Theorie: Einstein, Kant, Cassirer und Lessing. Den Verweis auf Einstein und die Relativitätstheorie schwächt Bachtin zwar von vornherein ab, weil es sich nur um eine metaphorische Übertragung aus dem

Bereich der Physik in den Bereich der Ästhetik handle. Dennoch lassen sich bereits seit dem Konzept der Außerhalbbefindlichkeit in Bachtins Werk immer wieder Hinweise auf zeitgenössische physikalische Theorien finden. Diese zeigen sich u.a. darin, dass Bachtin schon in *Zur Philosophie der Handlung* davon ausging (und zwar im Unterschied zu Kant), dass Raum und Zeit keine voneinander zu trennenden Größen sind, sondern dass diese miteinander verschmelzen. Zudem hatte er schon mit dem Konzept der Außerhalbbefindlichkeit zu verstehen gegeben, dass er der Überzeugung der modernen Physik folge, wonach verschiedene Räume koexistieren. Beide Einsichten, die über die Untrennbarkeit von Raum und Zeit sowie jene über die Koexistenz von unendlich vielen Räumen, hatte der in Göttingen lehrende Mathematiker und Physiker Hermann Minkowski 1908 in einem aufsehenerregenden Vortrag über »Raum und Zeit« vorgetragen: »Von Stund' an sollen Raum für sich und Zeit für sich völlig zu Schatten herabsinken und nur noch eine Art Union der beiden soll Selbständigkeit bewahren«[191], verkündet Minkowski und fügt hinzu: »Hiernach würden wir dann in der Welt nicht mehr *den* Raum, sondern unendlich viele Räume haben, analog wie es im dreidimensionalen Raume unendlich viele Ebenen gibt.«[192] Minkowskis Theorien zum Raum-Zeit-Kontinuum verwendete Albert Einstein, Schüler Minkowskis, nach anfänglicher Skepsis gegenüber dem vierdimensionalen Raum später in seiner allgemeinen Relativitätstheorie.[193]

Bachtin beschreibt die Idee einer Verschmelzung von Raum und Zeit anhand der Koexistenz von literarischen Räumen. Diese bilden unterschiedliche Wertzentren (Helden und ihre raumzeitlichen Systeme, Welt des Autors und Welt des Lesers) und damit einhergehend unterschiedliche Chronotopoi. Beispielsweise zeigt Bachtin, wie der Abenteuermensch im griechischen Roman zwei parallele Raumzeiten durchlebt. Den Ausgangspunkt bilde dort die Begegnung einer Heldin und eines Helden (Chronotopos des Wegs), die immer in einer Vermählung als Endpunkt des Romans ende. Dazwischen liegen die sogenannte Abenteuerzeit und der Abenteuerraum. Als Besonderheit dieses Gesamt-Chronotopos erkennt Bachtin, dass Anfang und Ende zur biografischen Zeit und zum biografischen Raum der Helden gehören, während das Abenteuer dazwischen eine eigene Zeit und einen eigenen Raum hat. Das Abenteuer hinterlässt keine Spur in der biografischen Zeit, die Helden altern nicht, die Zeit des Abenteuers wird im Roman nicht bemessen. Aber auch innerhalb der Abenteuerzeit und des Abenteuerraums beobachtet Bachtin »Gleichzeitigkeiten« (CH, 15) von Ereignissen.

Neben diesen Raumzeitmodellierungen im Gesamt-Chronotopos des Romans sowie im Abenteuerchronotopos formuliert Bachtin eher implizit als explizit einen dritten Chronotopos, der ebenfalls durch eine Gleichzeitigkeit und ein Nebeneinander von Räumen gekennzeichnet ist. Diesen Chronotopos könnte man als einen diachronen Chronotopos des antiken Romans oder als dialogischen bzw., aus heutiger Perspektive, als intertextuellen Chronotopos bezeichnen. Bachtin zeigt, inwiefern der antike Chronotopos in den nachfolgenden Jahrhunderten immer wieder aufgegriffen und auch parodiert worden ist, u.a. bei Voltaire, der in *Candide* ebenfalls mit der parallelen Konzeption von biografischer und a-biografischer Abenteuerzeit arbeitet, dabei jedoch im Unterschied zum antiken Roman die Helden auch in der Abenteuerzeit altern lässt, so dass sie am Ende des Romans bei der noch ausstehenden Vermählung schon greise geworden sind. In *Candide* lässt sich also durch den intertextuellen Bezug die chronotopische Idee des antiken Abenteuerromans noch mitlesen, so dass »Phänomene, die völlig verschiedenen Zeiten entstammen, koexistieren, was dem literarischen Prozess einen außerordentlich komplexen Charakter verleiht« (CH, 8).

Man kann also, wie das Beispiel des griechischen Romans zeigt, erkennen, dass Bachtin sowohl in Texten räumlich-zeitliche Koexistenzen bzw. Gleichzeitigkeiten beobachtet und damit einzelne literarische Werke unter dem Aspekt moderner Raum-Zeit-Theorien liest. Viel entscheidender ist aber noch, dass seine Gattungstheorie bzw. implizit formulierte Texttheorie chronotopisch funktioniert, weil er in einem literarischen Werk Sujets, Motive, Narrative etc. entdeckt, die aus zeitlich früheren Texten stammen und dadurch den Textraum historisch ausdehnen.

Auf Kant bezieht sich Bachtin nur in einer Fußnote, wenngleich Kant für Bachtins Umgang mit Raum und Zeit von Beginn an zentral ist. In der Fußnote schreibt er, dass Kant in der *Kritik der reinen Vernunft* Raum und Zeit als notwendige Formen jeglicher Erkenntnis betrachtet habe und er diese Auffassung teile. Im Unterschied zu Kant definiere er Raum und Zeit aber nicht als transzendentale Größen, sondern als »Formen der realen Wirklichkeit selbst« (CH, 8), die auch für den Prozess der künstlerischen Tätigkeit, für das künstlerische Sehen (videnie) wichtig sind.

Kant, um es noch einmal unabhängig von Bachtin zu resümieren, beginnt die *Kritik der reinen Vernunft* mit der Unterscheidung von Erkenntnis, die auf unserer Erfahrung beruht, und Erkenntnis, die unabhängig ist von Erfahrung »und selbst von allen Eindrücken der Sinne«[194]. Bei Ersterer handelt es sich um Erkenntnis a posteriori, bei Letzterer um Erkenntnis a priori. Kant konzentriert sich in der *Kritik der reinen Vernunft* ganz auf die Erkenntnis a priori, ohne die Existenz einer Erkenntnis a posteriori abzustreiten. Für die Analyse der reinen Vernunft sei diese jedoch nicht zuständig. Im Anschluss an diese Unterscheidung benennt Kant die apriorische Erkenntnis als transzendentale Erkenntnis und sein Vorgehen als Transzendental-Philosophie, »die sich nicht so wohl mit Gegenständen, sondern mit unserer

Erkenntnisart von Gegenständen, *so fern diese* a priori *möglich sein soll*, überhaupt beschäftigt«[195].

Bachtin konzentriert sich, im Unterschied zu Kant, seit *Zur Philosophie der Handlung*, auf Erkenntnis a posteriori. D.h., er verfolgt im Grunde das entgegengesetzte Projekt, ohne dabei zu bestreiten, dass es eine apriorische Erkenntnis gibt. Interessant ist der Vergleich allerdings in Bezug auf die Ästhetik. Kants Projekt einer transzendentalen Ästhetik gründet auf der reinen Anschauung, die wiederum apriorisch funktioniert, d.h., alle Elemente der auf sinnlicher Erfahrung beruhenden Anschauung werden aus der reinen Anschauung eliminiert, so dass am Ende nur jene Elemente übrig bleiben, die der Verstand vom Gegenstande denkt (Substanz, Kraft, Teilbarkeit), und zudem jene, die ohne einen wirklichen Gegenstand der Sinne und Empfindungen vorhanden sind, Ausdehnung und Gestalt. Letztere nennt Kant reine Anschauung bzw. Sinnlichkeit a priori und er zählt zwei reine Formen sinnlicher Anschauung als Prinzipien der Erkenntnis a priori dazu, nämlich Zeit und Raum.[196]

In Bezug auf seine ästhetischen Fragestellungen ist Bachtin von einer Wechselwirkung der aposteriorischen und apriorischen Erkenntnis geleitet, weil er die ästhetische Tätigkeit und den zentralen Terminus des *videnie* (des Sehens, der Sicht) in den Vordergrund seiner Analyse rückt. In der künstlerischen Tätigkeit kommen immer Horizont und Umgebung zur Wechselwirkung, d.h., künstlerische Tätigkeit kann nie nur reine Anschauung sein. Auch in der kantkritischen Fußnote geht es Bachtin um die künstlerische Tätigkeit und das künstlerische Sehen, also um die Frage, »wie die Formen der realen Wirklichkeit selbst« (CH, 8), die Umgebung, den künstlerischen Prozess und das künstlerische Sehen bedingen. Bachtin denkt die Performanz der raum-zeitlichen Darstellung immer mit, denn diese sei »stets emotional-volitiv gefärbt« (CH, 180), beruht mithin auf dem

Blick des Autors, der dem Helden eine Gestalt gibt, die wiederum aus seinem spezifischen Chronotopos resultiert. Bachtin nennt dies den Wertmoment des Chronotopos.

Bachtin, der Kant schon in jungen Jahren auf Deutsch und die *Prolegomena* auf Russisch in der Übersetzung von Vladimir Solov'ev gelesen hatte (B, 36), sagt im Interview mit Duvakin, dass er in seiner Jugend ein »leidenschaftlichen Kantianer« (B, 143) gewesen sei. In Nevel' gründete Bachtin zusammen mit Matvej Kagan einen Kant-Zirkel, Ende 1924 hält er dann in Leningrad Vorlesungen im Freundeskreis über Kants *Kritik der reinen Vernunft*, in denen er auch auf Raum und Zeit bei Kant zu sprechen kommt. Die Vorlesungen sind nur in der Mitschrift des Freundes Lev Pumpjanskij erhalten. In der vierten Vorlesung von 1924 spricht Bachtin darüber, dass Kant bei seinem ersten Beweis über die Apriorizität des Raums von einer subjektiven Erkenntnis, vom Horizont (krugozor) ausgehe. Kant erwähnt das Wort Horizont allerdings an keiner Stelle. Bachtin appliziert also seine Unterscheidung von ›Horizont‹ und ›Umgebung‹ auf die Diskussion des Raums bei Kant. Kant hingegen schreibt, dass man die Vorstellung des Raums immer schon zugrunde legen müsse und diese nicht erst »aus den Verhältnissen der äußeren Erscheinung durch Erfahrung«[197] erborgt werden könne. Er bezeichnet deshalb den Raum als »notwendige Vorstellung, a priori«[198], was heißt, dass der Raum ursprünglich Anschauung ist, wobei die Anschauung reine und nicht empirische Anschauung sein muss.[199] Wenn Bachtin nun in der Mitschrift von Pumpjanskij resümiert, dass Kant den Raum immer »als Horizont-Raum« (krugozornoe prostranstvo) (L, 337) im Blick habe und dass es bei »Kant nichts außer der Logik des Horizonts, d.h. des Subjekts« (L, 337) gebe, dann wird deutlich, dass Bachtin seinen Horizont-Begriff Mitte der 1920er Jahre mit Kants Auffassung vom apriorischen Raum verstanden wissen will, im Unterschied zur Umgebung (okruženie), mit der er einen empirischen Raum fasst. Bachtin nennt Kants Transzendentale Ästhetik sogar eine reine Logik des Sehens (videnie), wobei er hier unter *videnie*, Sehen, wie aus der Mitschrift hervorgeht, vor allem reine Anschauung versteht. Im Chronotopos, so Bachtin dann in den 1930er Jahren, koexistieren Horizont und Umgebung, oder anders gefasst, der Horizont, die apriorische Anschauung wird durch »Formen der realen Wirklichkeit selbst« (CH, 8) bestimmt.

Bachtin nennt in seinem Nachwort zum Chronotopos-Buch auch Ernst Cassirer und Lessing als Stichwortgeber. Auf Cassirer bezieht sich Bachtin, und zwar auf dessen Buch *Philosophie der symbolischen Formen* (1923-29), wenn er auf den chronotopischen Charakter der »inneren Form des Wortes«, d.h. auf »jenes vermittelnde Merkmal, mit dessen Hilfe die ursprünglich räumlichen Bedeutungen auf zeitliche Beziehungen übertragen werden« (CH, 189), aufmerksam machen will. Cassirer, so Bachtin, habe die »Widerspiegelung der Zeit in der Sprache (die Aneignung der Zeit durch die Sprache) (CH, 189) gezeigt. In der *Philosophie der symbolischen Formen* dürfte Bachtin insbesondere ein Beispiel interessiert haben, das Cassirer in Bezug auf die Korrelation von Raum und Zeit bringt. In verschiedenen, archaischen wie modernen Kulturen gebe es die »gewöhnliche Erscheinung, daß ein und dasselbe Wort für den Ausdruck räumlicher wie zeitlicher Verhältnisse gebraucht wird«[200]. Es handelt sich hierbei in Bachtins Sinn um chronotopische Wörter, wobei sich die Chronotopizität nicht dadurch ergibt, dass diese ihren Sinn im Laufe der Zeit erlangen und modifizieren und damit den semantischen Raum ständig ausdehnen, sondern dass sie von vornherein eine sowohl zeitliche als auch räumliche Bedeutung haben. Als Beispiel führt Cassirer an, dass in der indianischen Klamathsprache in Nordamerika die Wörter

›hier‹ zugleich ›jetzt‹ und ›dort‹ zugleich ›später‹ oder ›vorher‹ bedeuten können.[201]

Cassirer hatte darüber hinaus schon in seinem 1921 verfassten Aufsatz über die einsteinsche Relativitätstheorie, den er von Einstein vor der Publikation hat lesen lassen, versucht, Philosophen und Physiker zu einer »wechselseitigen Verständigung«[202] zu bewegen und die Ästhetik Kants mit der zeitgenössischen Physik in Verbindung zu bringen. Wie Bachtin orientiert sich Cassirer in der Folge in seinen Schriften an diesem mathematisch-physikalischen Raumwissen und rückt vor allem die Organisationsformen und die Wahrnehmung des ästhetischen Raums in den Vordergrund. »Die Welt wird nicht als ein Ganzes von Körpern ›im Raum‹ noch als ein Geschehen ›in‹ der Zeit definiert, sondern sie wird als ein ›System von Ereignissen‹ verstanden.«[203] Als möglichen »Ausgangspunkt einer neuen ›Selbstbesinnung‹ der Ästhetik«[204] betrachtet Cassirer den Raum in seinem 1930 gehaltenen Vortrag *Mythischer, ästhetischer und theoretischer Raum*[205]. In diesem Aufsatz versucht Cassirer auch, seine Raumkonzeption auf Fragen künstlerischer Anschauung und Gestaltung zu übertragen. Er sieht die Spezifik der Einzelkünste durch »die Arten der Gestaltung«[206], durch die Darstellungsmittel, bestimmt. Allerdings bleibt Cassirer in seinem Aufsatz bei dieser These mehr oder weniger stehen, denn das Beispiel, das er im Anschluss anführt (ein Beispiel, das dazu dienen soll, die Raumanschauung in einem literarischen Text tatsächlich nachzuweisen), ist – wie auch klassischerweise bei Lessing – ganz auf eine Analyse der Zeit ausgerichtet. Lessing konzentrierte sich in seinem für die literaturwissenschaftliche Raumforschung folgenreichen Laokoon-Aufsatz vor allem auf die Frage, ob die Literatur wie die bildende Kunst in der Lage sei, eine wirklichkeitsgetreue Darstellung und Hervorbringung des Raums zu leisten. Die berühmteste Stelle aus diesem Aufsatz trennt die Künste eindeutig in Raum- und Zeitkünste, denn Lessing schreibt, »daß die Malerei zu ihren Nachahmungen ganz andere Mittel, oder Zeichen gebrauchet, als die Poesie; jene nämlich Figuren und Farben in dem Raume, diese aber artikulierte Töne in der Zeit«[207]. Lessing differenziert in Nebeneinander und Aufeinander und bezieht sich dabei ausschließlich auf die Gegenstände der beiden Genres, auf Körper und Handlung, nicht wie Cassirer auf die Mittel der Darstellung. Die Handlung als Zeichen des zeitlichen Aufeinanders, so Lessing, gehöre der Dichtung, in der Malerei sei sie nur »andeutungsweise«[208] durch den Körper darstellbar, in der angehaltenen Geste beispielsweise. Umgekehrt verhalte es sich auch mit dem Körper in der Dichtung, er könne dort höchstens andeutungsweise zum Erscheinen gebracht werden und nur durch die Handlung hindurch – ausschnitthaft, auf eine Eigenschaft und Perspektive reduziert.

Als Bachtin im Chronotopos-Buch auf Lessing zu sprechen kommt, betont er interessanterweise, dass Lessing die Raumzeitlichkeit der Literatur eigentlich selbst entdeckt habe, indem er behauptete, dass das Räumliche in der Literatur nur durch das Zeitliche, die Handlung, hervorzubringen sei. Damit rettet Bachtin nicht nur Lessing, sondern auch sich selbst. Denn in *Autor und Held* hieß es noch, ganz im Gefolge der üblichen Lessing-Rezeption, dass die Literatur selbst nicht räumlich sei in dem Sinne, dass sie nicht mit räumlichem Material, sondern mit Worten (die abgesehen von der zu vernachlässigenden Anordnung des Textes selbst nicht räumlich seien (AH, 156)), operiere – eine Ansicht, die er mit der Behauptung, das Wort und der Roman seien chronotopisch, eindeutig revidiert.

10. Die Karnevalisierung der Literatur

Das Rabelais-Buch – 1940er Jahre/Disputation – Rabelais und das volkstümliche Lachen – grotesker Körper/grotesker Realismus – Materialität und Performativität der Lachkultur und Lachtexte – Bachtin, Cassirer und die Renaissance – Lachen bei Bachtin und Bergson – Karneval bei Bachtin und Rang – Offizialität vs. Inoffizialität der Lachkultur – Rezeption der volkstümlichen Lachkultur in Russland: Lichačev/Pančenko, Lotman/Uspenskij, Averincev, Groys – Karnevalisierung der Literatur – karnevalesk, dialogisch, polyphon?

Bachtins populärstes, am heftigsten kritisiertes und am meisten zitiertes Buch ist sicherlich *Das Schaffen von François Rabelais und die Volkskultur in Mittelalter und Renaissance* (Tvorčestvo Fransua Rable i narodnaja kul'tura srednevekov'ja i Renessansa)[209], das erstmals 1965 in Russland erschien, dreißig Jahre später, 1995, in deutscher Übersetzung. Im Grunde handelt es sich um ein Buch über Rabelais und dessen Roman *Gargantua und Pantagruel*. Bachtin liest Rabelais' *Gargantua und Pantagruel* als eine »Enzyklopädie der Volkskultur« bzw. der Lachkultur des Volkes und analysiert, wie Rabelais die volkstümlichen komisch-ernsten Quellen verarbeitet und dadurch die Literatur »karnevalisiert«. Bachtin sieht Rabelais' Buch an einem Wendepunkt, am Beginn einer neuen Gattung, die die alte, immer mehr in Vergessenheit geratene Sprache der Lachkultur des Volkes in Literatur transponiert.

Bachtins Buch ist indes nie nur als literarische Studie mit dem Blick auf die Renaissance in Frankreich gelesen worden, sondern als apokryphe Auseinandersetzung mit der stalinistischen Kultur. Es hieß entweder, Bachtin übe mit seiner Konzeption des Lachens und des grotesken Körpers auf Umwegen Kritik an den wohlproportionierten Körpern der sozialistischen Helden sowie an der offiziellen Volksfröhlichkeit zu Zeiten des Terrors. Oder man sah gerade in Bachtins Versuch, die volkstümliche Lachkultur als Gegenkultur der offiziellen Kultur zu situieren, die große Schwachstelle des Buches. Eine solche Auffassung von Volkskultur sei naiv, übersehe sie doch die Instrumentalisierung und Usurpation der inoffiziellen Lachkultur durch die Gewaltherrschaft. Bachtins Studie hat deshalb eine Reihe von ergänzenden und kritischen Arbeiten hervorgebracht, die vor allem in Russland die Erforschung der russischen und sowjetischen Lachkultur nach sich gezogen haben, u.a. durch die Publikationen von Aleksandr Pančenko, Dmitrij Lichačev, Boris Uspenskij, Jurij Lotman, Sergej Averincev, Michail Ryklin und Boris Groys. Über Russland hinaus hat Bachtins Buch vor allem zu einer intensiven Auseinandersetzung mit der Funktion des Karnevals in der europäischen Kultur, mit der Gattung der menippeischen Satire und dem Grotesken in Literatur und Theater geführt.

Begonnen hat Bachtin mit den Vorbereitungen zum Buch bereits in den 1930er Jahren, ab 1938 schreibt er intensiv an der ersten Fassung, 1941 schickt er eine Kopie an den Leningrader Philologen Aleksandr A. Smirnov, der auch Mitglied der Akademie der Wissenschaften ist. Smirnov ist von dem Buch beeindruckt und fühlt sich nachgerade in den Ergebnissen seiner eigenen Forschung, Rabelais habe seine Wurzeln im Mittelalter, bestätigt. Er ist es auch, der Bachtin in einem Brief vom 22. März 1941 vorschlägt, ihm bei der Publikation und der Erlangung eines akademischen Grades behilflich zu sein. Bachtin reicht das Buch schließlich auf Anraten von Smirnov im Sommer 1946 als Dissertation (Kandidatendissertation) beim IMLI (Institut Mirovoj Literatury Imeni Gor'kogo – Gor'kij-Institut für Weltliteratur) in Moskau ein. Der Prozess der Einreichung der Arbeit, der Begutachtung, Verteidigung und Anerkennung des Titels, der sich auf sechs Jahre, 1946 bis 1952, erstreckt, ist eine Realsatire auf Begutachtungsprozesse in der Sowjetunion.[210] Sie beginnt mit der öffentlichen Verteidigung der Arbeit am 15. November 1946, auf der Bachtin der Kommission zwanzig Seiten Thesen zum Thema »Rabelais in der Geschichte des Realismus« (Rable v istorii realizma) vorstellte. Anwesend waren dreizehn Mitglieder des Wissenschaftsrates der Akademie (učenyj sovet), darunter auch die Gutachter der Arbeit (der bereits erwähnte Smirnov, der Literaturwissenschaftler Isaak Nisunov, der Kunstwissenschaftler Aleksej K. Dživelegov) und etwa zwanzig Gäste. Die Gutachter, die die Arbeit ausnahmslos positiv beurteilten, hatten sogar vorgeschlagen, Bachtin für diese ungewöhnliche Leistung zugleich auch den Doktorgrad (Habilitation) anzuerkennen. Nur Marija Terjaeva, eine unbedeutende Parteiphilologin und die einzige der Kommission neben den Gutachtern, die die Arbeit Bachtins überhaupt gelesen hatte, torpedierte Bachtins Thesen. Sie warf Bachtin einen »engstirnigen Formalismus« vor und attestierte ihm fehlende Parteilichkeit. Die auf diesen parteipolitischen Einwurf folgende Diskussion dauert sieben Stunden, dennoch wird Bachtin am Ende einstimmig der Grad des Kandidaten der Philologie zuerkannt. Zugleich wird beschlossen, die oberste Attestatskommission mit der Prüfung zu beauftragen, Bachtin auch den Doktortitel zu verleihen. Die knappe Mehrheit bei der Abstimmung (7 dafür, 6 dagegen) reicht jedoch für eine positive Entscheidung nicht aus. Im weiteren Verlauf reicht Bachtin auf Aufforderung seine Arbeit in überarbeiteter Fassung 1949 erneut ein, die Kommission von 1949, die aus Valentina Dynik, Professorin für russische und französische Literatur, Aleksandr Topčiev, Professor für Chemie, und Aleksandr Samarin, Professor für Metallurgie, besteht, lehnt den Antrag wegen Kosmopolitismusverdacht[211] jedoch ab – schließlich handelte es sich um eine Arbeit zur französischen Renaissance. Bachtin wird anschließend noch einmal aufgefordert, sein Buch nach einer gründlichen Überarbeitung erneut einzureichen, was er im April 1950 auch tut. Auch diesmal wird sein Antrag vom Leiter der Kommission, nun ist es der Metallurg Samarin, in einem Gutachten abschlägig beantwortet, am 10. Mai 1951 fasst eine ›Expertenkommission‹ das endgültige Urteil folgendermaßen zusammen: »In der Arbeit Bachtins sind ernsthafte methodische Mängel und Fehler zu verzeichnen, die vorwiegend auf den formalistischen Zugang des Autor zum Schaffen von Rabelais zurückzuführen sind.« (VAK, 1118) Im Anschluss wird das Verfahren abgeschlossen, der Doktortitel wird Bachtin nicht verliehen, er bleibt Kandidat.

Bachtins Buch über Rabelais' *Gargantua und Pantagruel* ist, wie auch das Chronotopos-Buch, der Versuch einer Rekonstruktion eines Gattungsgedächtnisses, hier das Gattungsgedächtnis der literarisierten Lachkultur bzw. der karnevalisierten Literatur. Die Lachkultur der Renaissance, als dessen bedeutendsten Vertreter Bachtin Rabelais vorstellt, sieht er durch zwei Traditionen vorbereitet. Während sich die Lachtheorie der Renaissance auf antike Lachtexte stützt, schöpfte die künstlerische Lachpraxis der Renaissance ihr Potenzial aus den mittelalterlichen Lachkulturen. In den mittelalterlichen und antiken Lachkulturen entdeckt Bachtin drei Ausdrucksweisen des Lachens: rituell-szenische (Feste, Karneval, Narrentage, Jahrmärkte, Marktplatzszenen), schriftliche (komische, parodistische Texte) und mündliche (Schimpfworte, Schwüre, Flüche, volkstümliche Scheltgedichte, Blasons etc.) (R, 52).

Wenn Bachtin zu Beginn seiner Abhandlung noch unterscheidet zwischen verschiedenen Lachtraditionen und dem Karneval als einem Beispiel, geht er bald schon dazu über, das Karnevalslachen als die wesentliche Grundlage für das Lachen bei Rabelais zu betrachten. Überhaupt, so Bachtin, verwende er das Epitheton ›karnevalesk‹ in einem großzügigeren Sinn als üblich. Er meine damit nicht nur die eigentlichen »festlichen Karnevalsformen«, sondern »das ganze reiche und vielfältige volkstümlich-festliche Leben des Mittelalters und der Renaissance« (R, 259). Lachkultur und Karnevalskultur werden deshalb fast synonym verwendet.

Was sind nun die Merkmale des Karnevalslachens bei Bachtin? Das Karnevalslachen ist ein kollektives Festtagslachen, das Lachen des ganzen Volkes, kein Lachen, das auf etwas bestimmtes Komisches situativ reagiert. Das Festtagslachen ist universal, es verlacht »die ganze vergängliche Welt« (R, 93), d.h., es ist zugleich auf die offizielle und auf die inoffizielle Kultur gerichtet, ein Belachen des bzw. der anderen, aber auch des Eigenen. Diese Doppeltgerichtetheit wird zusätzlich durch eine semantische Ambivalenz ergänzt, durch die das Lachen zugleich heiter und spöttisch, affirmativ und negierend, erweckend und beerdigend sei (R, 61). Diese semantische Ambivalenz ist für Bachtin zentral, denn sie ist es, die ihm zufolge im Laufe der Jahrhunderte verschwindet. Gerade die erneuernde, erweckende und schöpferische Seite des Lachens sei es, die nach der Renaissance ihre Bedeutung verliere, das Lachen werde immer mehr zu einem vernichtenden, negierenden, spöttischen, satirischen Lachen. Das satirische Lachen der Neuzeit aber kenne keine erneuernde und kollektive Seite des Lachens mehr, denn der Satiriker stehe immer außerhalb der Dinge, die er verlacht und beim Verlachen verneint, sein Lachen sei ernst und didaktisch (R, 102). Der von Bachtin beobachtete Umwertungsprozess des Lachens endet schließlich damit, dass dem Lachen »in der Gattungshierarchie« der »unterste Rang« zugewiesen wird (R, 115). Nur in der Renaissance sei es dem Lachen für eine kurze Zeit gelungen, in die große Literatur vorzudringen (R, 122), bevor es in der Gattungshierarchie in den folgenden Epochen wieder auf die unterste Stufe zurückgedrängt wurde.

Dargestellt wird die literarisierte Lachkultur der Renaissance durch wiederkehrende Motivkomplexe. Die Motive konzentrieren sich vor allem auf die materiell-leibliche Ebene, d.h. auf die Darstellung des Körpers, des Essens, des Trinkens, des Sexuallebens, des Ausscheidens in »exaltierter, hyperbolisierter Form« (R, 68) sowie auf die mit ihnen verbundenen Austausch- und Transformationsprozesse. Bachtin nennt diese ästhetische Konzeption der Renaissance einen »grotesken Realismus«, wobei er im Grotesken vor allem das Wachsen und Werden, das Unfertige und Unvollendete, den Überfluss, das Ambivalente, Degradierung, Transformation und Zukunftszugewandtheit erkennt. Es handelt sich also um Merkmale, die Bachtin schon im Dostoevskij-Buch für das Dialogische und in seiner Romantheorie für den Roman in Anschlag brachte. Die Gründe dafür liegen auf der Hand: Die Genese des Romans sah Bachtin u.a. in den komischernsten Gattungen der Antike, und auch den Ursprung des Dialogischen situiert Bachtin bei der Überarbeitung des Dostoevskij-Buches um 1961 deutlicher als in der Fassung von 1929 in den komisch-ernsthaften Gattungen der Antike.

Als wichtigstes Merkmal der Sprache des Karnevals nennt Bachtin semantische Ambivalenz, Dynamik, Materialität bzw. Körperlichkeit. Die Lachsprache dynamisiert die Rede durch paradoxe und verschiebende Komparativik und Dislozierung sowie durch deformierende Hyperbolik und Superlativik. Für Bachtin ist zentral, dass das gesprochene Wort in der Lachkultur, z.B. die Marktplatzrede, das karnevaleske Weltempfinden auch materialisiert und verkörpert (materializuet und otelesnivaet). Als Beispiel wählt er u.a. die Marktplatzschreie, die »cris de Paris«

(R, 223), deren »Diktion« und »Nominationen« (Aufzählungen von Namen und Dingen) Rabelais literarisch, auditiv und visuell, verarbeitet habe. Bei Rabelais werden die Marktplatzschreie zu einem »verbalen Schlaraffenland des Romans«, zu einem »akustischen Bankett« (R, 225).

An einer anderen Stelle zeigt Bachtin, wie die Materialität des Wortes und seine materiell-leibliche Herkunft auch auf die Ebene der Darstellung gehoben wird, die Lachkultur demonstriere die Idee der Materialität des Wortes somit nicht nur, sondern stelle sie auch dar. Es geht um das berühmte Beispiel des Wortstotterers auf der Bühne der Commedia dell'arte, das nach Bachtin direkt aus der Tradition der grotesken Lachkultur stammt. Der Stotterer ist nicht in der Lage, sein Wort zu gebären, er schwitzt, sein Gesicht bläst sich auf, die Augen treten aus den Höhlen, erst als der Harlekin ihm mit dem Kopf in den Bauch stößt, kommt das Wort heraus. Bachtin interpretiert diese Szene der Wortschwangerschaft als eine Wortdegradierung, das Wort kommt nicht aus dem Kopf, sondern aus dem Bauch, aus der materiell-leiblich niederen Zone, zudem wird es zu einem materiellen Ding erniedrigt. Bachtin nennt diese Szene ein »Satyrspiel des Wortes« bzw. das »Drama seiner körperlichen Geburt« (R, 351). Renate Lachmann bezeichnet Bachtins Körper-Zeichen-Materialismus ganz in diesem Sinne als eine »somatische Semiotik«, bei der eine »Abspaltung des Wortes vom Körper« und eine »Trennung von Materie und Zeichenwert« nicht denkbar seien.[212]

Die Ambivalenz der karnevalistischen Weltanschauung zeigt sich nicht nur in der Wortdegradierung, also in seiner Verdinglichung, sondern auch in seinem semantisch mehrwertigen Charakter, das Wort erscheint als maskiertes Wort, es ist oxymoral und paradoxal in seiner Bedeutung, und als solches wird es wiederum dargestellt in Worttravestien und in der Wortakrobatik.

Bachtin setzt sich in seinem Buch mit ganz unterschiedlichen Arbeiten zum Lachen (u.a. Hermann Reich), zu Rabelais (u.a. Abel Lefranc, Lucien Fevre, George Lote, Leonid Pinskij), zur Groteske (Heinrich Schneegans, Karl-Friedrich Flögel, Wolfgang Kayser) und zur Renaissance (u.a. Konrad Burdach) auseinander. Auf andere zentrale Arbeiten verweist er nur kurz oder gar nicht, darunter sind Henri Bergsons Studie über das Lachen (Le rire, 1900), die er nur an zwei Stellen kurz erwähnt. Auf Florens Christian Rangs Untersuchung zum Karneval (*Historische Psychologie des Karnevals*, geschrieben 1909, veröffentlicht 1927) und auf Leo Spitzers und Karl Vosslers Studien[213] zur Sprache von Rabelais (lexikalischer Karneval) verweist Bachtin gar nicht. Ob ihm diese Arbeiten bekannt waren oder nicht, lässt sich nicht immer zweifelsfrei ermitteln. Komplizierter ist es mit den offensichtlich in der publizierten Fassung des Buches nicht ausgewiesenen Stellen aus verschiedenen Schriften Ernst Cassirers: *Philosophie der symbolischen Formen – Das mythische Denken* (1925), *Individuum und Kosmos in der Philosophie der Renaissance* (1927) und *Die platonische Renaissance in England und die Schule von Cambridge* (1932).[214]

Dass Cassirer eine wichtige Rolle für Bachtin spielte, für die Konzeption der Zeitlichkeit von Sprache im Chronotopos und für die Interpretation des Werdens bei Goethe, darauf wurde schon verwiesen. Für das Rabelais-Buch ist ein noch wesentlicherer Bezug festzustellen. Es ist bekannt, dass Bachtin Cassirer Mitte der 1930er Jahre gelesen und sogar ein langes undatiertes Exzerpt seiner Lektüre des zweiten Teils der *Philosophie der symbolischen Formen* angefertigt hat. Brian Poole hat in seinem viel zitierten Aufsatz von 1998 nachgewiesen, dass Bachtin Stellen aus Individuum und Kosmos in der Philosophie der Renaissance stellenweise wortwörtlich in das fünfte Kapitel seines Rabelais-Buches, »Die groteske Körperkonzeption und ihre Quellen«, hat einfließen lassen, wobei es nicht nur um die Aneignung von Quellenmaterial gegangen sei, sondern auch um methodische Fragestellungen. Vergleicht man die betreffenden Stellen (es sind nur wenige), dann taucht Cassirer dort auf, wo Bachtin das Menschenbild der Renaissance skizziert. Bachtin greift eine Stelle auf, in der Cassirer das Weltbild des Nicolaus Cusanus von der mittelalterlichen Scholastik, die sich wiederum auf Aristoteles' Lehre von den vier Elementen stützt, abgrenzt. Cassirer zeigt, wie Cusanus das hierarchische, nach oben und unten getrennte geozentrische Weltbild durch ein relational funktionierendes ersetzt, bei dem jedes Element dem göttlichen Ursprung gleich nah und fern ist.[215] Bachtin nimmt diesen Gedanken auf und übersetzt ihn in seine Konzeption: »In der Renaissance wurde dieses hierarchische Weltbild zerstört, all seine Elemente wurden auf eine Ebene überführt. Höhe und Tiefe wurden zu relationalen Begriffen.« (R, 408) Bachtin ergänzt dieses Weltbild um eine anthropologische Konsequenz, die man auch bei Cassirer finden kann: »Die Überführung der Welt in eine Fläche, die Ablösung der Vertikalen durch die Horizontale bei gleichzeitiger Aufwertung der Zeitkomponente nahm ihren Ausgang vom menschlichen Körper, der zum relativen Zentrum des Kosmos wurde. Dieser Kosmos aber bewegt sich nicht mehr von oben nach unten, sondern vorwärts entlang der Horizontalen der Zeit.« (R, 408) Cusanus wird von Bachtin an keiner Stelle erwähnt, er zeigt die bei Cassirer an Cusanus' Schriften entwickelte Beobachtung vielmehr an Pico della Mirandolas *Rede über die Würde des Menschen* (Oratio de hominis dignitate), auf die in Rabelais' Roman mehrfach angespielt wird. Bei Pico della Mirandola entdeckt Bachtin die Voraussetzung für das »freie Werden« des Menschen, die in seiner Unabgeschlossenheit und Unfertigkeit (R, 409) liege. Rabelais schließlich, so Bachtin, transformiere diese philosophische Erkenntnis »in die Motivsprache des Lachens« (R, 410).

Cassirer wiederum nennt in seinen Renaissance-Studien Rabelais nur an einer Stelle, und zwar dort, wo er auf die Neukonzeption des Komischen in der Renaissance als Befreiung von der Tradition, der Autorität und dem Alten aufmerksam macht.[216] Auch Cassirer entdeckt in diesem Komischen die Ambivalenz des gleichzeitig Zerstörerischen und Verklärenden. An anderer Stelle, in Bezug auf Shaftesbury, nennt er den Humor der Renaissance auch eine »befreiende, lebenspendende und lebensgestaltende Potenz der Seele«.[217]

Es sind also vor allem drei Aspekte, die Bachtin bei Cassirer herausgreift und gleichsam selbstbestätigend in seine Studien zur Renaissance einfügt: erstens die Relationalität von Mensch und Kosmos bzw. Ich und anderem, die Bachtin in *Zur Philosophie der Handlung* als Voraussetzung einer Theorie der ethischen und ästhetischen Architektonik betrachtet hatte; zweitens das Werden bzw. die Zeitlichkeit, die er in *Wort im Roman* als Merkmal des Romanwortes und der Gattung Roman benannte, und drittens der befreiende und schöpferische Humor der Renaissance.

Aufschlussreich für die Eigenständigkeit von Bachtins Lachkonzeption sind auch Vergleiche mit Bergson und Rang. Bergson wird von Bachtin in einer Reihe mit jenen Theoretikern genannt, die vor allem die negativen Seiten des Lachens hervorgehoben haben (R, 121). Das ist nicht weiter verwunderlich, denn Bergson interessiert sich nicht fürs Festtagslachen, sondern für das situative, individuelle Lachen, das wiederum nicht Gegenstand von Bachtins Untersuchung ist. Zudem ist Bergsons Studie nicht historisch angelegt, sie fragt eher nach den psychologischen Gesetzmäßigkeiten der Produktion und Rezeption von Humor. Parallelen finden sich trotz dieser generellen Unterschiede in Details, u.a. in der Rolle des Körperlichen, Stofflichen und der Form. Für Bergson ist das Aus-der-Form-Geraten, das er allerdings nicht in Bezug zum Grotesken stellt, eine Grundbedingung des Komischen.[218]

Rang beschäftigt sich im Unterschied zu Bergson und Cassirer tatsächlich mit dem Karnevalslachen. Die Grundkonzeption seines Aufsatzes ist also mit Bachtins Anliegen vergleichbar, allerdings hält Rang das Lachen des Mittelalters und der Renaissance im Unterschied zu Bachtin für vernachlässigenswert, das Lachen sei dort nur noch »stumme Rebellion«.[219] Rang interessiert sich vor allem für die Ursprünge des Karnevalslachens, deshalb verfolgt er den Karneval als »verkehrte Welt« zurück bis in die Theokratie Mesopotamiens und den Karneval als Welt des Rausches und der Tier-Werdung, der »geistlichen Verzückung und Verzerrung«[220] zurück bis zu den Dionysos-Orgien der orphischen Religion.

Das Lachen, der »Urwesenszug des Karnevals«[221], ist bei Rang ein »gräßliches Lachen«, ein »menschliches Hohngelächter«, eine »teuflische Lache«[222], ein »Hohn auf Menschlichkeit«[223], dessen blasphemische Geschichte allerdings durch eine wachsende Harmlosigkeit gekennzeichnet sei. Der für Bachtin so zentrale Aspekt der Ambivalenz fehlt bei Rang völlig, vermutlich würde Bachtin Rangs Konzeption als ein Resultat der Negativierung des Lachens aus der Perspektive des 19. Jahrhunderts bezeichnen, das die schöpferische Seite des Karnevals bereits ausgeschaltet hatte. Für Rang ist ferner zentral, dass der Karneval von Beginn an ein Fest ist, das zwar gegen die Vernunft anlacht, das von der Vernunft aber einen Platz zugewiesen bekommen hat als Fest der »gesetzlichen Gesetzlosigkeit«[224]. Die Funktion des Karnevals zeigte sich nach Rang noch immer in dem, was er »moderne Freiheit des Geist- und Seelenlebens« bzw. »Passioniertheit der Subjektivität«[225] nennt, nämlich in der Fähigkeit bzw. Unfähigkeit, nur im Rahmen eines Gesetzes glücklich leben und Umbrüche lediglich als Ausbrüche herbeiführen zu können.

Auch wenn Bachtin nicht von einer »gesetzlichen Gesetzlosigkeit« spricht, die bei Rang die Geschichte der Rebellion und der modernen Subjektivität im Medium des Karnevals rahmt, betrachtet er das Verhältnis von offizieller und inoffizieller Kultur am Beispiel des Mittelalters durchaus ambivalent. Für Bachtin ist der Karneval und mit ihm das Karnevalslachen im Mittelalter Teil einer Volkskultur als Gegenkultur (R, 121), Teil einer inoffiziellen Kultur, die jedoch, so seine Einschränkung, sich »ein fast legales Nest unter dem Dach eines jeden Feiertags« (R, 132) gebaut hatte. Anzunehmen, das Lachen habe einen »bewussten, kritischen und deutlich oppositionellen Charakter« gehabt, sei hingegen falsch (R, 144). Bachtin beschreibt das Freiheitsbewusstsein vielmehr als »partiell« und »utopisch« (R, 144) und die »vom Lachen eröffnete Freiheit« als »Feiertagsluxus« (R, 145). Bachtin skizziert also eher eine inoffizielle Offizialität, weniger eine offizielle Inoffizialität. Das zeigt sich selbst dann, wenn er auf der Seite der Macht, an offiziellen Feiertagen, kirchlichen und profanen, ebenfalls Ansätze von Heiterkeit und Lachen – »sublimiert, unterdrückt und gedämpft« (R, 124) – beobachtet, so als sei das Lachen bis in die Sphäre der Macht vorgedrungen und habe diese unterlaufen.

Als Bachtin an einer Stelle schließlich auf Aspekte des Karnevals als Teil der politischen Herrschaft von Ivan dem Schrecklichen und Peter dem Ersten zu sprechen kommt, zieht er einen irritierenden Vergleich. Beide, Karneval und Ivan der Schreckliche, verbinde die karnevaleske Abrechnung mit der alten Welt. Bachtin schreibt, Ivan der Schreckliche »musste zwangsläufig unter den Einfluss der volkstümlich-festlichen Marktplatzformen geraten, denn diese Formen mit ihrem System von Travestien, hierarchischen Verkehrungen (Maskeraden), Entthronungen und Degradierungen verspotten die alte Wahrheit und die alte Macht«. Ivan der Schreckliche habe in seiner Staatsorganisation, »ohne mit den Kirchenglocken zu brechen«, »nicht ohne die Narrenschelle auskommen können« (R, 312). Bachtins Formulierungen wie »geraten unter« (ne mog ne podvergnut'sja) oder »nicht auskommen können« (oboitis') lassen sich nur schwer im Sinne einer Instrumentalisierung oder Usurpation des Karnevals durch die Macht lesen, in der das Lachen jegliche Ambivalenz verliert und zu einer rein zerstörerischen und terroristischen Kraft wird.

Dieses problematische Verhältnis von Offizialität und Inoffizialität, Subversivität und Macht des Lachens ist es, das insbesondere in der russischen Rezeption des Rabelais-Buches diskutiert worden ist. Schaut man sich die einzelnen Beiträge an, dann zeigt sich, wie die Kritik an Bachtin immer radikaler wird. Zunächst haben wir es im 1976 veröffentlichten Buch von Nikolaj Pančenko und Dmitrij Lichačev mit dem Titel *Die Lachwelt des alten Russland* (›Smechovoj mir' Drevnej Rusi) vor allem mit einer expliziten Anknüpfung an Bachtins Thesen und Methode zu tun. Die Mediävisten Lichačev und Pančenko ergänzen Bachtins Entwurf um die russische Lachkultur und sie berücksichtigen vor allem auch die Lachgewalt von Ivan dem Schrecklichen – »Hinrichtungen, die von einem Scherz begleitet werden [...], die scherzhafte Bitte an den Narrenzaren Simeon, eine der größten Massenhinrichtungen zu vollziehen«[226] – und die Organisation einer Gegenwelt, der Opričnina, als Zwangs-Lachwelt innerhalb der Staates. Aber auch ihre Schlüsse sind wie die Bachtins wenig differenziert, wenn es heißt, dass die Lachhandlungen von Ivan dem Schrecklichen zwar aus »einem Lachprinzip« entstanden seien, sich dieses bei Ivan aber vollständig verloren habe.[227]

In einer auf die Publikation des Buches von Lichačev und Pančenko folgenden Rezension von Jurij Lotman und Boris Uspenskij wird dann gerade am Beispiel von Ivan dem Schrecklichen die problematische Unterscheidung von Offizialität und Inoffizialität in Frage gestellt. Beide schreiben, es gebe Erscheinungen in der russischen Lachkultur, die gerade nicht durch jene

Merkmale gekennzeichnet seien, die Bachtin als wesentlich für die inoffizielle karnevaleske Volkskultur gekennzeichnet habe, die also nicht ambivalent sind, die sich nicht außerhalb der Welt der offiziellen (›ernsten‹) mittelalterlichen Kultur befinden und die deutlich zwischen Akteuren und Zuschauern unterscheiden. Ivan den Schrecklichen bezeichnen sie deshalb sehr überzeugend als Schauspieler und seine Lachhandlungen als Theater, nicht als Karneval, sondern als Theater, das Karneval parodiert.[228] Im Grunde ist diese These von Lotman und Uspenskij ganz in Bachtins Sinne, nur überträgt Bachtin sie nicht auf Ivan den Schrecklichen. Schon in der Einleitung zum Rabelais-Buch nennt Bachtin das Fehlen der Rampe als zentrales Moment für die karnevaleske Lachkultur: »Die Rampe würde den Karneval zerstören (wie umgekehrt die Abschaffung der Rampe das Theater zerstören würde).« (R, 55) Auf den Unterschied von Theater und Spiel (wozu auch der Karneval zu rechnen wäre) geht Bachtin schon in *Autor und Held* ein, und zwar bei der Konzeption des Helden im Raum. Er vergleicht dort Kunst und Spiel, insbesondere das Spiel der Kinder mit einer Theateraufführung. Dem Spiel, so resümiert er, könne kein ästhetisches Moment immanent sein (AH, 132), weil das Spiel keinen Zuschauer und keinen Autor habe, sondern nur Beteiligte. Damit fehle die Position der Außerhalbbefindlichkeit, die eine Darstellung ermögliche. Erst durch einen Zuschauer könne das ästhetische Moment hineingetragen werden (AH, 132). Erst der Blick des Zuschauer-Autors mache die Kinder, so sein Beispiel, zu Helden (AH, 131) und das Spiel selbst zu einer Keimform des Dramas (AH, 132). Denn das entscheidende Moment, die Darstellung, die für ein ästhetisches Ereignis notwendig ist, werde erst durch den Zuschauer-Autor ergänzt, während die Kinder nicht darstellen, sondern lediglich vorstellen, z.B. sich als Räuber oder Gendarm. Verbindet man diese Thesen von Bachtin mit Lotmans und Uspenskijs Kritik, könnte man den

Unterschied zwischen der Lachkultur Ivans des Schrecklichen und auch der Stalins genau benennen, denn Ivan und Stalin sind in dieser Doppelfunktion des Zuschauer-Autors. Sie sind die einzigen, die die Position der Außerhalbbefindlichkeit in einem von ihnen selbst als horizontal konzipierten Schauspiel einnehmen.

Noch deutlicher in seiner Kritik wird der Altphilologe und Byzantinist Sergej Averincev. Er bezeichnet Bachtins Entwurf einer Lachkultur als bloße Utopie, die das Lachen verharmlose und idealisiere. Bachtin lasse sowohl das tötende Lachen des Volkes als auch das angsteinflößende, terrorisierende Lachen der Macht unberücksichtigt.[229] Man muss Averincev darin recht geben, dass Bachtin über dieses Lachen nicht schreibt. Auch in Sätzen wie »Das Lachen, das Fest kann nicht aufoktroyiert werden« »Die Gewalt kennt kein Lachen« »Das Lachen knebelt den Menschen nicht, es befreit ihn« (RZ, 393), die aus den *Arbeitsnotizen der 1960er und 1970er Jahre* stammen, macht Bachtin noch einmal deutlich, dass er nur das ambivalente, immer auch erneuernde, befreiende, schöpferische Lachen als Lachen tituliert, andere Formen des Lachens, die zerstörerisch oder negierend oder reduziert sind, nennt er nicht Lachen, sondern Satire oder auch Ironie.

Ähnlich wie Averincev argumentiert auch Boris Groys in einem (viel rezipierten, weil spektakulären) Artikel in der FAZ von 1989. Groys schreibt, Bachtin habe »keineswegs eine Kritik der Revolution und des stalinistischen Terrors angestrebt«, »sondern deren theoretische Rechtfertigung als uralte rituelle Karnevalshandlung«.[230] Der Karneval bestätige nicht nur die herrschende Gesellschaftsordnung, weil er ihr legitimiertes Ventil darstellt, sondern er sei der Feind jeglicher Individualität, weil er immer das ganze Volk einbeziehe, er sei undemokratisch, sein Lachen sei das »Lachen des Volkes über die Qualen des hilflosen Individuums«, das »Lachen des Totalitarismus«. Groys also kritisiert nicht nur die Verharmlosung des Lachens, wie z.B. Averincev, sondern er unterstellt Bachtin, einen Aspekt des Karnevals stark gemacht zu haben, der im Grunde totalitär ist, das Kollektive, oder anders gewendet: Groys unterstellt Bachtin, nicht erkannt zu haben, dass der Karneval eigentlich totalitär ist. Zwar wolle er Bachtin nicht als »verkappten Stalinisten« bezeichnen, er sei aber auch kein Antistalinist, sondern einer, der der historischen Tragödie (Stalin) eine »ästhetische Rechtfertigung« abgezwungen habe. Groys' Wunsch, Bachtins Buch unbedingt als Kommentar des Stalinismus lesen zu wollen, beruht auf einer gleichzeitigen Ausblendung von Bachtins Thesen und der Einblendung der eigenen, ebenso zweifelhaften Theorien zur totalitären Ästhetik, die schon die historische Avantgarde dafür verantwortlich machten, den Totalitarismus ästhetisch vorbereitet und gerechtfertigt zu haben.[231]

Bachtins offenkundige Schwäche, keine differenzierten Aussagen über die Usurpation und Instrumentalisierung des Karnevals durch die terrorisierende Macht getroffen zu haben, betrifft nur die gesellschaftliche und politische Ebene, die in der russischen Rezeption stark in den Vordergrund gerückt wurde, sie lässt sich auf die Frage einer offiziellen und inoffiziellen Ästhetik, Bachtins eigentlichen Gegenstand, nicht übertragen. Die Lachtexte von Mittelalter und Renaissance richten sich mit ihrer Antiästhetik in erster Linie gegen die Produkte der Hochkultur, d.h., sie zerstören und parodieren Regelpoetik und Rhetorik. Letzteres nennt Bachtin »Karnevalisierung der Literatur« (karnavalizacija literatury), während man von einer Karnevalisierung der Gesellschaft eben gerade nicht sprechen kann.

Bachtins Ziel, eine Gattungsgeschichte zu schreiben, konzentriert sich also auf die Frage, inwieweit die volkstümliche Lachkultur und die Gattungen des Ernsthaft-Komischen seit der Antike in die Hochkultur vorzudringen vermochten und dort dekanonisierend wirkten.

Allerdings spricht Bachtin von der Karnevalisierung der Literatur nicht im Rabelais-Buch, sondern erst in der überarbeiteten Version des Dostoevskij-Buches, das 1963 veröffentlicht wird. Dort versucht er nun, Dostoevskij im Kontext einer »historischen Poetik« oder »Gattungsgeschichte« zu situieren (PPD, 118): »Von einem wesentlichen, unmittelbaren Einfluss des Karnevals und seiner späteren Derivate (der Maskerade, der Schaubudenkomik) auf Dostoevskij kann schwerlich die Rede sein. Die Karnevalisierung beeinflusste ihn, beeinflusste ihn wie die Mehrzahl der anderen Schriftsteller des 18. und 19. Jahrhunderts, vor allem als literarische Gattungstradition, über deren außerliterarischen Ursprung, den echten Karneval, er sich möglicherweise gar nicht im Klaren war. Aber der Karneval, seine Formen und Symbole und vor allem das karnevalistische Weltempfinden selbst drangen jahrhundertelang in viele literarische Gattungen ein. Der Karneval hat sich gleichsam in Literatur verwandelt und zwar in eine bestimmte, mächtige Linie ihrer Entwicklung.« (PPD, 177)

Es geht Bachtin vor allem darum zu untersuchen, inwiefern man bei der karnevalisierten Literatur einen »formalen, gattungsmäßigen Einfluss« (PPD, 138) der Lachkultur beobachten kann. Dazu gehört auch die Karnevalisierung des Sujets und der Sujetkonstruktion, u.a. die »Familiarisierung der Position des Autors gegenüber dem Helden« oder die Befreiung der Dinge und Worte aus ihren angestammten Kontexten, die es ihnen erlaubt, »ungezwungene« und neue Verbindungen einzugehen (CH, 359). Historisch betrachtet erkennt Bachtin zwei Arten von Karnevalisierung: erstens, bis zur zweiten Hälfte des 17. Jahrhunderts, eine »unmittelbare Karnevalisierung«, für die die Quelle der Karneval selbst war (PPD, 147), zweitens eine ab dem Ende des 17. Jahrhunderts vermittelte Karnevalisierung, die durch die bereits karnevalisierte Literatur erfolgte und für die Rabelais' *Gargantua und Pantagruel* als Enzyklopädie karnevalesker Motive und Verfahren diente. Seither sei Karnevalisierung ein rein literarisches Phänomen, wobei es zu einer ständigen Umdeutung und Erneuerung der karnevalesken Schreibweise und Motive komme.

Wie aber hängen nun Karneval, Dialogizität und Polyphonie zusammen? Schließlich fügt Bachtin das erwähnte Karnevalkapitel 1963 in die überarbeitete Fassung seines Dostoevskij-Buchs ein, in dem er 1929 sein Konzept des Dialogischen und Polyphonen ausgearbeitet hatte. Im Rabelais-Buch, dies bleibt noch zu ergänzen, kommt wiederum das Epitheton dialogisch kaum vor, die Termini Dialogizität ebenso wie Polyphonie verwendet er in diesem Buch gar nicht. Nimmt man die wenigen Stellen aus dem Dostoevskij-Buch, in dem beide Begriffe vorkommen, hat man es nicht gerade mit einer klärenden Definition zu tun. Bachtin schreibt, die Karnevalisierung verbinde sich organisch mit allen anderen Besonderheiten des polyphonen Romans (PPD, 180). Oder, in allen Romanen Dostoevskijs, bei *Verbrechen und Strafe* angefangen, werde der Dialog konsequent karnevalisiert (PPD, 188). Bachtin verwendet die Attribute karnevalesk, dialogisch bzw. polyphon also keinesfalls synonym, es gibt karnevalisierte und nicht karnevalisierte Dialogizität, und dennoch wird deutlich, wie nah die Begriffe bzw. Phänomene einander sind.

Karnevalesk, dialogisch und polyphon werden als Merkmale unterschiedlicher Gattungen beschrieben, sie bilden allerdings nicht selbst Gattungen. Aber es gibt Gattungen, die sich mehr als andere über die Merkmale des Karnevalesken, Dialogischen und Polyphonen definieren.[232] Das lässt sich besonders deutlich an den von Bachtin aufgestellten Merkmalskatalogen zeigen. Die »mächtige Linie« der Entwicklung der karnevalesken Literatur, von der oben die Rede war, ist nach Bachtin vor allem durch drei Merkmale gekennzeichnet: Gegenwärtigkeit (vs. Geschichtlichkeit), Erfahrung und freie Erfindung (vs. Überlieferung), neues Verhältnis zum Wort als Material – Vielheit der Stile, Stimmen,

Zweistimmigkeit des Wortes (vs. Einheit des Stils, Homogenität der Stimmen). Gegenwärtigkeit und Vielstimmigkeit sind wiederum auch Kennzeichen des Dialogischen, insbesondere der dialogischen Spielart des Romans. Für die Entwicklung des dialogischen Romans seien wiederum zwei Gattungen des »karnevalesken Weltempfindens« innerhalb der ernsthaft-komischen Gattungen zuständig, die sokratischen Dialoge[233] und die menippeische Satire (PPD, 121).[234] Auch hier findet man deutliche Überschneidungen in den Merkmalskatalogen: Während Bachtin in den sokratischen Dialogen insbesondere das dialogische Weltempfinden und die dialogischen Verfahren (Anakrisis, Synkrisis) unterstreicht, ist es in der menippeischen Satire das Lachen, das parodistisch-dialogische Weltempfinden, zu dessen Eigenschaften auch Erfindungsgeist und Phantastik, die Konstruktion von spezifischen Chronotopoi – der der Ausnahmesituation, des Skandals und der Schwelle – gehören.

Das Verhältnis von Karneval und Dialogizität ist also, synchron betrachtet, ein Verhältnis der Überschneidung von Merkmalen, diachron betrachtet ein Verhältnis von Ermöglichung und Speicherung. Die »Karnevalisierung hat die offene Struktur des großen Dialogs ermöglicht« (PPD, 200), und die Gattungen und Verfahren des Dialogischen und Polyphonen bewahren das Karnevaleske. Bachtin schreibt: »In einer polyphonen Kultur klingen auch die ernsten Töne anders: Reflexe von Lach-Tönen fallen auf sie hinab, sie verlieren ihre Ausschließlichkeit, werden durch den Aspekt des Lachens vervollständigt.« (RZ, 393)

11. Selbstkonzeptualisierung und Selbstaktualisierung: Bachtins Spätwerk

1960er/70er Jahre – Verfahren der Aktualisierung – Redegenres/Äußerung – Autorschaft/Redegenre – Adressierung und »aktiv antwortendes Verstehen« – Selbstverortung

Seit den 1950er Jahren, nach dem Rabelais-Buch, ist Bachtin vor allem damit beschäftigt, das eigene Werk zunächst für sich selbst, später für die sich ab 1963 abzeichnenden Veröffentlichungsmöglichkeiten zu überarbeiten. Er fertigt Lektüreaufzeichnungen an, macht konzeptuelle Notizen, beginnt, Texte zu überarbeiten und zu ergänzen, kleinere neue Texte zu schreiben bzw. zu entwerfen wie z.B. *Das Problem des Textes* von 1959/60 oder Studien zum Sentimentalismus, zu Vladimir Majakovskij, zur Romanstilistik, Rhetorik, Selbstreflexion, Selbstbeurteilung und zum Motiv des Spiegels. Größere Arbeiten entstehen zwischen dem Rabelais-Buch und seinem Tod 1975 nicht mehr, mit einer Ausnahme: 1953/54 verfasst Bachtin *Das Problem der Sprechgattungen* (Problema rečevych žanrov, 1953/54), eine Fragment gebliebene universitäre Auftragsarbeit. Aber auch diesen Text wird Bachtin für die spätere Publikation im Jahr 1978 in der Zeitschrift *Literaturnaja učeba* überarbeiten, er wird ihn vor allem ›säubern‹ von Sätzen, die dem stalinistischen Personenkult dienten, und von Zitaten aus Stalins Schrift *Marxismus und die Fragen der Sprachwissenschaft* (Marksizm i voprosy jazykoznanija).

Bachtin verbringt die 1950er und 1960er Jahre in Saransk, einer Provinzstadt, die 642 Kilometer südöstlich von Moskau liegt. Zunächst lehrt er am Mordwinischen Staatlichen Pädagogischen Institut, 1957, nach der Umbenennung des Instituts in Staatsuniversität, wird Bachtin sogar zum Leiter des Instituts für russische und ausländische Literatur ernannt, eine Position, die er bis zu seiner Pensionierung 1961 innehat. Bachtin muss ein charismatischer Lehrer gewesen sein. Konkin und Konkina zitieren in ihrer hymnischen Bachtin-Biografie mehrere Augenzeugen, die von legendären Vorlesungen berichten, u.a. zu Themen wie »Stalin und die englische Bourgeoisie«, »Marx und Engels über Byron«, »Philosophie der Antike«, »Einführung in die Literaturtheorie«.[235] Es heißt, Bachtin habe »laut, klar und ungemein emotional gesprochen, wie auf einer Bühne, nur ohne Souffleur. Mitunter schienen seine Vorlesungen wie ein Dialog mit einem unsichtbaren Opponenten.«[236]

Erst 1969 siedelt Bachtin mit seiner Frau nach Moskau über, zunächst bleiben die Bachtins, deren Gesundheit sich zunehmend verschlechtert, im Kremlkrankenhaus in Kuncevo am Stadtrand von Moskau; 1970 ziehen beide in ein Altersheim, 1971 stirbt Elena Aleksandrovna Bachtina, Bachtin zieht dann in die Künstlerkolonie Peredelkino, ins dortige Haus der Schriftsteller, ab 1972 bis zu seinem Tod 1975 schließlich wohnt er in Moskau im Schriftstellerhaus auf der Krasnoarmejskaja. Die Übersiedlung nach Moskau wurde erst dadurch möglich, dass Bachtin 1967 offiziell rehabilitiert wurde und damit auch wieder das Wohnrecht in Moskau bekam.

Bereits Mitte der 1950er Jahre beginnt, wenn auch nur vereinzelt, eine erneute Rezeption des Dostoevskij-Buches, das 1929 erschienen, seither aber in Vergessenheit geraten war. Der amerikanische Slavist und Dostoevskij-Forscher Vladimir Seduro diskutiert Bachtins Thesen in seiner 1955 in München erschienenen

Studie *Die Dostoevskij-Forschung in der UdSSR* (Dostoevskijvedenie v USSR), kurze Zeit später dann sind es ausgerechnet die ehemaligen Vertreter der Formalen Schule, Viktor Šklovskij und Roman Jakobson, die auf Bachtin hinweisen. Jakobson, der seit 1941 in den USA an verschiedenen Universitäten lehrt, weist im Mai 1956 bei einem Treffen des Internationalen Komitees der Slavisten in Moskau in einem Vortrag sowohl auf Bachtin als auch auf Lev Vygotskij hin. Šklovskij gibt 1957 ein Buch mit dem Titel *Pro und Contra: Notizen über Dostoevskij* (Za i protiv: Zapiski o Dostoevskom) heraus, in dem er kurz auf Bachtins Polyphonie der Stimmen und auf die dialogisch-kontrapunktische Struktur der Figuren bei Dostoevskij eingeht. 1959 nimmt Jakobson wiederum in einer Rezension zu Šklovskijs *Pro und Contra* in der internationalen Zeitschrift *Journal of Slavic Linguistics and Poetics* Bezug auf Bachtin. Clark und Holquist schreiben, dass Bachtins Buch Ende der 1950er Jahre an der Moskauer Universität aufgrund dieses Aufmerksamkeitsschubes in den philologischen Seminaren bereits wieder diskutiert wurde.

Auch der junge Moskauer Philologe Vadim Kožinov liest Bachtins Dostoevskij-Buch Ende der 1950er Jahre und beschließt, eine Neuauflage in die Wege zu leiten. Nachdem man ihm zunächst versichert hatte, dass Bachtin schon lange tot sei, erfährt er im Frühjahr 1961 von dessen Tätigkeit in Saransk. Im Juni 1961 schließlich fährt Kožinov, nach kurzer Korrespondenz mit Bachtin, nach Saransk: »Ehrlich gesagt fürchtete ich mich etwas vor der Begegnung«, schreibt er, »ich dachte, ein Mensch, der dreißig Jahre aus dem Leben gerissen wurde, müsse vielleicht irgendwie getröstet werden.«[237] Zur ersten Begegnung mit Bachtin nahm Kožinov deshalb zwei seiner Studienkollegen, Sergej Bočarov und Georgij Gačev, mit: »Schon nach zehn Minuten unseres Gespräches verstanden wir, dass nicht wir Trost spenden mussten, sondern dass umgekehrt Bachtin es war, der Worte des Trostes fand.«[238]

Von Bachtin erfährt Kožinov, dass ihn im Februar desselben Jahres schon der italienische Verlag Einaudi aus Turin mit dem Vorschlag kontaktiert hatte, eine überarbeitete Fassung des Dostoevskij-Buches in Italien herauszubringen. Kožinov nutzt diese Tatsache, um in der Sowjetunion Druck zu machen und einen erneuten ›Dr. Živago‹ zu verhindern.[239] Nach vielen Briefen mit dem russischen Verlag, Funktionären und Bitten um Unterstützung bei prominenten Persönlichkeiten gelingt die überarbeitete und ergänzte Wiederveröffentlichung schließlich 1963 unter dem Titel *Probleme der Poetik Dostoveskijs*.

Dass Bachtins Buch 1963 erscheinen kann, ist nicht selbstverständlich. Die Tauwetterperiode, die nach Stalins Tod Mitte der 1950er Jahre begonnen hatte, ist um 1963 schon fast wieder vorbei. Erste Anzeichen für dieses Ende konnte man schon 1962 beobachten, als Nikita Chruščov bei einer Ausstellung in der Moskauer Manege zwar junge Künstler zur Teilnahme einlud, deren abstrakte Werke aber hinter verschlossenen Türen zeigte. Als Chruščov dann auch noch einige dieser Künstler u.a. der Pornografie bezichtigt, kommt es zu einem offenen Schlagabtausch mit dem Bildhauer Ernst Neizvestnyj. Die darauf folgende Schließung der Ausstellung und die öffentliche Verurteilung der Künstler werden oft als Beginn der Phase der inoffiziellen Kunst bezeichnet. Im Februar 1964, kurz vor der Machtübernahme von Leonid Brežnev im Oktober 1964, wird Iossif Brodskij wegen ›Parasitentums‹ bzw. ›Faulenzertums‹ (tunejadstvo) vor Gericht gestellt und zu fünf Jahren Zwangsarbeit verurteilt, nach 18 Monaten in Archangelsk dann wieder entlassen. Im Februar 1966 folgt der Prozess gegen Andrej Sinjavskij und Julij Daniėl, die wegen Herstellung und Verbreitung von Büchern im Ausland zu sieben (Sinjavskij) bzw. fünf (Daniėl) Jahren Arbeitslager verurteilt werden. Im selben Zug wird auch das Strafgesetzbuch um die Paragraphen 190/1 und 190/3 erweitert, die die »Verbreitung von Gedankengut in mündlicher und schriftlicher Form, das den sowjetischen Staat und seinen Aufbau verleumdet«, unter Strafe stellen.

Die zunehmende Unsicherheit und Verschärfung der Zensur zeigt sich auch in der aufgeregten Diskussion um Bachtins Polyphoniekonzept in der *Literaturnaja Gazeta*, die 1964, einige Monate nach dem Erscheinen des Dostoevskij-Buchs, entflammt. Der Kritiker Aleksandr Dymšyc veröffentlicht dort einen Artikel mit dem wohl ironischen gemeinten Titel *Monologe und Dialoge* (Monologi i dialogi), in dem er Bachtin erneut Formalismus vorwirft und Bachtins Ansatz als antimarxistisch deklariert. Als Reaktion darauf schreiben auch einige bekannte Literaturwissenschaftler, unter ihnen wiederum Viktor Šklovskij, einen öffentlichen Brief an die *Literaturnaja gazeta*, in dem sie vor allem Dymšyc angreifen und dessen Thesen widerlegen. Mit dieser ersten öffentlichen Polemik beginnt die sowjetische Bachtinrezeption, deren politische Motivation nicht zu übersehen ist und die in der Folge entweder feurige Bachtin-Anhänger hervorgebracht hat oder eben zumeist politisch motivierte Gegner.

Die Überarbeitungen und Ergänzungen, die Bachtin zwischen 1950 und 1975 an seinen Texten vornimmt, scheinen allesamt der Idee einer Aktualisierung zu folgen, die jedoch mit ganz unterschiedlichen Mitteln erreicht wird. Man muss sich noch einmal ins Gedächtnis rufen, dass bis 1963, dem Jahr der Neuauflage des Dostoevskij-Buches, kein weiterer Text von Bachtin erschienen war. Erst 1965 folgt die Erstpublikation des Rabelais-Buches, 1970 erscheint *Epos und Roman*, 1974 kommt der Sammelband *Zur Ästhetik des Wortes* (K ėstetike slova) heraus, in dem Fragmente aus *Das Problem von Form, Inhalt und Material* von 1924 und *Zur Methodologie der Literaturwissenschaft* enthalten sind. Alle anderen Texte, insbesondere das Frühwerk, bleiben noch einige Zeit unbekannt.

Man merkt den entstehenden Notizen und Texten Bachtins an, dass er versucht, trotz bzw. aufgrund der Unbekanntheit seines bis dato verfassten Werkes an die gegenwärtige Diskussion anzuschließen und seinen Ort in den zeitgenössischen Debatten zu finden.

Erstens lässt sich beobachten, dass er sich das noch unpublizierte und fragmentarische Frühwerk der 1920er Jahre wieder ins Gedächtnis zu rufen scheint und einzelne Begriffe und Gedankengänge aus diesem Frühwerk aktualisierend in neuere, zum Teil kulturwissenschaftliche Gedankengänge einarbeitet. Zum Beispiel nimmt er Begriffe wie ›Außerhalbbefindlichkeit‹, ›Hintertür‹, ›Seinsereignis‹ oder *postupok* (Handlung) wieder auf. Aus dem »Wort mit Hintertür« (slovo s lazejkoj) wird der »Hintertüradressat« (lazeečnyj adresat), was u.a. auch ein Indiz dafür ist, dass sich Bachtin im Spätwerk viel deutlicher mit dem Adressaten und den Vorgängen des Lesens und Verstehens befasst.

Zweitens ist umgekehrt zu beobachten, dass Bachtin einzelne frühere Werke um Erkenntnisse aus späteren Werken ergänzt, nicht nur inhaltlich, sondern auch methodisch. So historisiert er seine Thesen zur dialogischen Literatur, indem er in das Dostoevskij-Buch von 1929 ein Kapitel einarbeitet, das es ihm nach der Beschäftigung mit der Tradition der Lachkultur ermöglicht, Dostoevskij u.a. in eine Gattungsgeschichte einzutragen, die in der Antike mit den sokratischen Dialogen und der menippeischen Satire beginnt. Die ergänzende Aktualisierung früherer Schriften trifft auch auf die Überarbeitung des Chronotopos-Buches zu, das er um die Chronotopoi des Karnevals und um eine kurze theoretische Fundierung in einem Nachwort ergänzt. Diese mit den Ergänzungen verbundenen Aktualisierungsprozesse lassen sich in zahlreichen Notizen nachverfolgen, die Überarbeitung des Dostoevskij-Buches in den im sechsten Band der Gesamtausgabe erschienenen *Ergänzungen und Änderungen* zu »*Dostoevskij*« (Dopolnenija i izmenenija k »Dostoevskomu«); Thesen zum Chronotopos-Buch finden sich in den *Arbeitsnotizen der 60er und 70er Jahre*, u.a. zum Chronotopos des Autors und des Lesers und zu einer nochmaligen Lektürebegegnung mit den Schriften von Uchtomskij, der Bachtin in den 1920er Jahren überhaupt erst auf den Begriff des Chronotopos gebracht hatte. Wir haben es also gleichzeitig mit unterschiedlichen Verfahren der Aktualisierung zu tun, mit einer Wiederaufnahme von Begriffen aus dem Frühwerk, die in neue Kontexte eingearbeitet werden, und mit einer Ergänzung und Umarbeitung früherer Schriften aus der gegenwärtigen Perspektive.

Drittens könnte man von einer weiteren Form der Aktualisierung sprechen, die sich nicht mehr nur auf das eigene Werk bezieht. Bachtin setzt sich in *Das Problem der Sprechgattungen* z.B. mit früheren Diskussionen aus dem Bachtin-Kreis auseinander, indem er Thesen, die Vološinov in *Sprachphilosophie und Marxismus* aufgestellt hatte, aus seiner eigenen Perspektive noch einmal aktualisiert und in seinen Werkkontext einfügt, was insbesondere die Ergänzung von Vološinovs Theorie der Äußerung betrifft.

Viertens lässt sich in den Notizheften, aber auch in *Das Problem des Textes* sehr deutlich zeigen, wie sich Bachtin mit zeitgenössischen russischen Debatten auseinandersetzt, u.a. mit dem Strukturalismus im Allgemeinen oder mit konkreten Debatten, z.B. der Anfang der 1960er Jahre am Institut für Weltliteratur in Moskau (IMLI) geführten Diskussion um Autorschaft, an der Viktor Vinogradov und Dmitrij Lichačev beteiligt waren.[240] Aber auch mit einzelnen strukturalistischen Begriffen und Theorien, der Umkodierung, dem Kode, der Abgeschlossenheit des Inhalts (gotovost' soderžanija) – allesamt Begriffe von Jurij Lotman – setzt sich Bachtin auseinander. Gegen den Kode und die Umkodierung bei Lotman setzt er seinen Begriff des Stils: »Die Auffassung der stilistischen Vielfalt von Evgenij Onegin (vgl. bei

Lotman) als Umkodierung (des Romantismus in Realismus u.a.) führt zum Verlust des äußerst wichtigen dialogischen Moments, zur Reduktion des Dialogs der Stile auf ein bloßes Nebeneinander von verschiedenen Fassungen ein und desselben. Dem Stil liegt ein ganzheitlicher Standpunkt einer ganzheitlichen Persönlichkeit zugrunde. Der Kode setzt einen bereits vorhandenen, fertigen Inhalt und die Wählbarkeit zwischen vorgegebenen Kodes voraus.« (RZ, 394) Seinen Stilbegriff hatte Bachtin schon in *Autor und Held* gegen die Formale Schule verteidigt. Unter Stil verstand er »das Verhältnis des Autors zur Sprache« (AH, 255) bzw. die in die Verarbeitung des Wortmaterials eingeschriebene Position (Sehen, Werten) des Autors.

Schließlich, fünftens, kommt es auch zu einer deutlicheren Fokussierung auf bislang weniger behandelte Fragestellungen. Bachtin interessiert sich zunehmend für den Adressaten, das Verstehen (»aktiv antwortendes Verstehen«) und damit einhergehend für die Zukünftigkeit der Äußerung.

Auf drei der genannten Aspekte soll nun abschließend noch einmal eingegangen werden, auf Überlegungen zur Theorie der Äußerung im Anschluss an Vološinov, auf die Reformulierung seiner Thesen zur Autorschaft und auf die Verschiebung des Interesses vom Autor hin zum Adressaten. Alle drei Themen beschäftigen Bachtin schon in seinem 1953/54 verfassten, fragmentarisch gebliebenen Entwurf zu einer Theorie der Sprechgattungen (rečevye žanry).

Hinter dem Buch über die Sprechgattungen verbirgt sich Bachtins Versuch, Gattung und Äußerung zu verbinden, denn als Sprechgattungen bezeichnet Bachtin »relativ stabile Typen von Äußerungen« (SG, 7). Bachtin argumentiert wie schon Vološinov vor ihm insbesondere gegen die Definition der Äußerung bei de Saussure. Während de Saussure unter einer Äußerung (parole) einen »individuellen Akt eines Willens und der Intelligenz« einer sprechenden Person bei der »Kombination« von Spracheinheiten verstanden habe, ist für Bachtin entscheidend, dass »dem Sprechenden nicht nur obligatorische Formen der allgemeinen Umgangssprache (Wortbestand und grammatischer Aufbau) gegeben sind, sondern auch verbindliche Äußerungsformen, d.h. Sprechgattungen« (SG, 34). Damit erweitert Bachtin Vološinovs Theorie der Äußerung und seine eigenen Überlegungen zum fremden Wort an einem entscheidenden Punkt: Jeder Sprecher einer Sprache konstituiert sein Sprechen und sich als Subjekt nicht nur, indem er sich auf das fremde Wort bzw. die fremde Äußerung antwortend bezieht, sondern indem er immer auch schon auf die fremde Redegattung, also auf stilistische, formale Merkmale, in denen die Rede erscheint, antwortet. Für die später ausgehend von Bachtin formulierte Intertextualitätstheorie heißt dies, dass literarische Texte nicht nur einzelne Wörter oder Sätze zitieren, sondern immer auch Schreibweisen, Gattungskonventionen, Strukturen, oder um mit Bachtin zu sprechen: Sprechgattungen.

Die Verbindung von Sprechgenre und Äußerung ist direkt mit Bachtins (zum Teil neuen) Überlegungen zur Autorschaft verbunden. Während man nie Autor eines Wortes oder gar der Sprache sein könne, habe die Autorschaft in Bezug auf die Äußerung einen größeren Möglichkeitsspielraum. Zwar könne man in Bezug auf das Sprechgenre nicht von Autorschaft sprechen, weil auch hier von einer Vorgängigkeit der Form und des Stils auszugehen sei, aber in Bezug auf die Expressivität der Rede bzw. der Äußerung sei dies sehr wohl möglich, in der Expressivität werde immer die Position des Sprechenden gegenüber dem gegebenen bzw. fremden Wort und der Redegattung mitartikuliert, diese Mitartikulation der Position sei es, die man als Autorschaft bezeichnen könne. Bachtin berücksichtigt hier nicht, dass natürlich auch jede Art von Expressivität Zitat sein kann und dass der Autor oder das sprechende Subjekt durch die Äußerung immer erst konstituiert wird, dass er also auch als Autor Produkt dieser Äußerung ist. Ganz im Gegenteil versucht er, im Unterschied zu vielen Autortheorien in der Postmoderne, in der Äußerung noch einen Moment von Autorschaft zu entdecken und die Individualität des Sprechenden zu erkennen.

In den *Arbeitsnotizen aus den 1960er und 1970er Jahren* fügt Bachtin noch eine weitere Bemerkung zum Zusammenhang von Autorschaft und Sprechgenre hinzu, mit der er seine Überlegungen für die zeitgenössische Literatur und die zeitgenössische Philosophie anschlussfähig macht. Die Suche des Autors nach dem ›eigenen Wort‹ könne nur noch eine Suche nach Genre und Stil sein, also die Suche nach der Position des Autors, nicht mehr eine nach dem Wort selbst. Bachtin beobachtet diese Artikulation von Autorschaft in einer Schreibweise, die »bei vielen Autoren zur Absage an das Roman-Genre, zu seiner Substitution durch Montage von Dokumenten, durch Beschreibungen von Dingen, zum Lettrismus« oder zum Absurden geführt habe. Bachtin betrachtet diese Artikulation von Autorschaft gegenüber der Sprache als Schweigen, wobei dieses Schweigen bei Dostoevskij in der Schaffung des polyphonen Romans mündete, während Heidegger »die Welt selbst zum Reden« gebracht habe, indem er »auf ihre Worte« gelauscht haben soll (RZ, 413).

Abgesehen von den von Bachtin selbst hergestellten Bezügen zu Heidegger sowie zur Literatur der Moderne ist an dieser Stelle noch ein anderer Verweis lohnend: John L. Austins Theorie der Sprechakte bzw. performativen Äußerungen, die er 1955 in den William James Lectures an der Harvard University mündlich präsentierte und 1962 in seinem Buch *How to do things with words* publizierte. Bachtin geht es ebenso wie Austin um eine Theorie der Äußerung, um die Ereignishaftigkeit der Rede und den Zusammenhang zwischen Tun und Sprechen. Während sich Austin aber dafür interessiert, wie mit Äußerungen nicht nur Mitteilungen gemacht und Behauptungen aufgestellt werden können, sondern Akte vollzogen werden, interessiert sich Bachtin für den Aktcharakter der Rede selbst, der durch die Äußerung zum Vorschein kommt. Austin geht es um Situationen und Kontexte, »in denen ein Wort nicht nur etwas benennt, sondern etwas performativ herbeiführt, und zwar genau das, was es benennt«.[241] Bachtin geht es um die Frage, wie Redeakte gleichzeitig iterierbar und dennoch ereignishaft, offen und differenziell sind.

Judith Butler hat in ihrer Austin-Lektüre einen Punkt benannt, an dem sich auch Austin und Bachtin treffen könnten. Butler zeigt in ihrem Buch *Exitable Speech*, dass die Frage des Gelingens performativer Äußerungen an deren Iterierbarkeit geknüpft ist, ein Aspekt, auf den bereits Derrida in seiner Kritik an Austin hingewiesen hatte. Performative Äußerungen gelingen, weil in ihnen »frühere Sprachhandlungen nachhallen und sie sich mit autoritativer Kraft anreichern, indem sie vorgängige autoritative Praktiken wiederholen bzw. zitieren«[242]. Die Zitation bezieht sich bei Butler nicht mehr nur auf das ohnehin zitathafte Wesen der Sprache, sondern auf den gesamten Diskurs, auf das Zitieren von Sprechpraktiken, möglicherweise auch Gattungen, die dem Wort erst seinen performativen Status zuerkennen. Bezieht man Butlers These zurück auf Bachtin, könnte man auch sagen, dass Bachtin im Grunde mit seiner Theorie der Sprechgattungen auf einen Punkt aufmerksam macht, der Austins Sprechakttheorie erst plausibel macht, ohne dass Bachtin sich für die Performativität von Sprache im austinschen Sinne interessiert hätte. Bachtin verdeutlicht, dass Äußerungen grundsätzlich auf Iterierbarkeit beruhen und darüber hinaus den Kontext, den Rahmen und die Situation ihrer Verwendung (ihre Sprechgattung) mitzitieren. Bedenkt man dies, wird klar, dass eine Äußerung nicht von sich aus performativ sein kann, sondern immer eines Kontextes und einer Redegattung bedarf, die ihr eine Performativität erst verleiht.

Ein anderer Aspekt, auf den Bachtin in seinen späten Schriften immer deutlicher zu sprechen kommt, ist die Rolle des Adressaten im Akt der Äußerung. Bachtin schreibt, die Form der Autorschaft sei nicht nur von der Position zum fremden Wort und zur fremden Äußerung geleitet, sondern auch von der Position in Bezug auf den konkreten oder künftigen potenziellen Adressaten. Die Formel heiße: »Wer spricht und zu wem?« (RZ, 371) Zwar hatte Bachtin schon von Beginn seiner philosophischen und ästhetischen Schriften den anderen oder das fremde Wort als Voraussetzung jeder Handlung und Äußerung postuliert, in den Texten aus den 1960er und 1970er Jahren jedoch wird der andere weniger in seiner Vorgängigkeit diskutiert, sondern als Adressat der Rede und damit in seiner Potenzialität und Zukünftigkeit. Damit spannt Bachtin das Wort noch viel deutlicher in einen doppelt gerichteten Zeitstrahl ein: Die in der Gegenwart stattfindende Äußerung bezieht sich zugleich auf das vergangene, artikulierte, fremde Wort, auf das sie antwortet, und sie erfolgt zugleich in »Voraussicht auf mögliche Antworten« (SG, 52). Der Sprecher rechne »mit einem aktiv antwortenden Verstehen« (aktivnoe otvetnoe ponimanie). D.h., jede Äußerung ist Antwort und zugleich auf Antwort bzw. auf ein Begehren nach Antwort ausgerichtet. Ein wichtiges Merkmal jeder Äußerung, so schlussfolgert Bachtin, sei deshalb deren Adressiertheit (obrascennost', adresovannost') (SG, 53).

Bachtin verknüpft Adressiertheit zusätzlich mit dem Verstehen, wobei er sich bei seinen wenigen theoretischen Überlegungen zum Verstehen auf den Verstehensbegriff von Dilthey zurückbezieht. Im Grunde hat Bachtin vor, eine Theorie des dialogischen Verstehens zu entwerfen, oder andersherum eines Verstehens, das auf dem dialogischen Bewusstsein basiert. Er nennt dies auch das »aktiv-antwortende Verstehen« (SG, 18): »Der Ausgangspunkt ist ein gegebener Text; die Bewegung zurück – vergangene Kontexte, die Bewegung nach vorn – Vorwegnehmen (und Beginn) des zukünftigen Kontexts.« (MG, 364)

Neben Dilthey liest Bachtin Otto Friedrich Bollnows 1949 erschienenes Buch *Das Verstehen*, er exzerpiert aus Karl Jaspers' Theorie der Kommunikation und verweist auf Gadamer. Einige Überlegungen zum Verstehen kreuzen sich auch mit jenen, die in der Rezeptionsästhetik bzw. Konstanzer Schule ausgearbeitet worden sind. Bachtin schreibt u.a., dass das Verstehen den Text vollendet und dass der Verstehende eine Art Mitschöpfer des Werkes sei: »Es ist ein aktiver und schöpferischer Vorgang. Das schöpferische Verstehen ist eine Fortsetzung des Schaffens.« (RZ, 403) Der Verstehende schreibe zugleich seinen eigenen Kontext, seine Perspektive in die Lektüre ein, werde aber in seiner Perspektive vom Werk aus selbst umpositioniert: »Der Prozess des Verstehens ist ein Kampf, in dessen Verlauf es zur Veränderung und Bereicherung beider Seiten kommt.« (RZ, 404)

Das Verstehen oder das Verstehenwollen gehöre selbstverständlich zu jeder Form von Rezeption, jedoch erschöpfe sich Rezeption nicht im Verstehen. Bachtin schreibt vielmehr von zwei »Aufgaben« der Rezeption. Zum einen bedeute Rezeption das Verstehen des Werkes aus der Perspektive des Autors, also im Kontext von dessen eigener zeitgenössischer Rezeption. Zum anderen bedeute Rezeption jedoch immer, »die eigene zeitliche und kulturelle Außenposition auszunutzen. Das Einbeziehen in den eigenen (für den Autor fremden) Kontext« (RZ, 403). Insbesondere letztere »Aufgabe« sollte all jene Kritiker versöhnlich und nachdenklich stimmen, die Bachtin durch die poststrukturalistische Theorie – angefangen mit Julia Kristeva – aus seinem Kontext gerissen und missverstanden gesehen haben.

In seinen *Arbeitsnotizen der 1960er und 1970er* Jahre formuliert Bachtin – ganz am Schluss –, dass man seine Arbeiten nicht einer bestimmten Richtung zuschreiben könne. Vielmehr sei sein Werk von »Variation und Vielfalt der Begriffe« geprägt. Interessiert habe ihn immer »das Zusammenbringen von fern Auseinanderliegendem ohne Zwischenglieder. [...] Die Einheit der im Werden begriffenen (sich entfaltenden) Idee.« Die Konsequenz seines Vorgehens, so schreibt Bachtin selbstironisch, sei eine »gewisse *innere* Unabgeschlossenheit« vieler Gedanken und viel »äußere Unabgeschlossenheit, die nicht den Gedanken betrifft, sondern die Art, wie er ausgedrückt und erläutert wird«. Manchmal falle es ihm schwer, »die eine Art von Unabgeschlossenheit von der anderen zu unterscheiden« (RZ, 431).

Dass Bachtin sein Denken und Schreiben als unabgeschlossen betrachtet, innerlich und äußerlich, ist nur auf den ersten Blick Eingeständnis eines Mangels. Eigentlich reiht er sich damit selbst in jene Gruppe von Denkern ein, die er – seit dem Buch über Dostoevskij – in der dialogischen und karnevalesken Tradition verortet und für die die Unabschließbarkeit das entscheidende Kriterium ihrer Philosophie ist. Man könnte auch sagen: Bachtin führt selbst das Denken und Schreiben vor, das er in seinen Schriften analysiert und thematisiert. Er lässt sich damit – trickreich, wie er ist – auch selbst und zudem seinen potenziellen Lesern eine Hintertür offen, die nicht nur ein dialogisches Schreiben ermöglicht, sondern die überhaupt erst zu einer dialogischen Rezeption führen kann.

Anmerkungen

1 Sergej Bočarov, Sobytie bytija. O Michaile Michajloviče Bachtine, in: Michail Bachtin. Pro et contra. Tvorčestvo i nasledie M. M. Bachtina v kontekste mirovoj kul'tury, Band 2, Sankt-Peterburg 2002, S. 277-294, hier S. 279.
2 Renate Lachmann, Migration der Konzepte, in: Gun-Britt Kohler, Blickwechsel. Perspektiven der slavischen Moderne für den internationalen literaturwissenschaftlichen Dialog«, Festschrift für Rainer Grübel, WSA-Sonderband, München 2010, S. 19-44, hier S. 24.
3 Beseda s Juliej Kristevoj, in: Dialog, Karnaval, Chronotop (1995), Nr. 2, S. 5-17, hier S. 6.
4 Vgl. Lachmann, Migration der Konzepte, S. 27.
5 Seit 1983 werden im Zweijahrestakt Internationale Bachtinkongresse veranstaltet, der erste fand 1983 in Queen's (Canada) statt, der fünfzehnte 2014 in Stockholm.
6 Vadim Ljapunov, Vitalij Machlin, Nikolaj Nikolaev, Kommentarii/ Avtor i geroj, in: Michail M. Bachtin, Sobranie sočinenij (SS), Band 1, Moskva 2003, S. 492-706, hier S. 504.
7 Anthony Wall, »A Broken Thinker«, The South Atlantic Quarterly, Summer/Fall 1998, Nr. 3/4, S. 669-698.
8 Renate Lachmann, Dialogisches Denken und Rhetorik bei Michail Bachtin, in: Jahrhundertbücher, hg. von Walter Erhart, Herbert Jaumann, München 2000, S. 224-244, hier S. 229.
9 Brian Poole, From phenomenology to dialogue: Max Scheler's phenomenological tradition and Mikhail Bakhtin's development from ›Toward a philosophy of the act‹ to his study of Dostoevsky, in: Ken Hirschkop, David Shepherd, Bakhtin and Cultural Theory, Manchester 2001, S. 109-135, hier S. 124.
10 Vgl. u.a. Vladimir I. Laptun, K ›Biografii M. M. Bachtina‹, in: Dialog, Karnaval, Chronotop, 1993, Nr. 1, S. 67-73; Nikolaj A. Panikov,

Zagadki rannego perioda (ešče neskol'ko štrichov k ›Biografii M.M. Bachtina‹), in: Dialog, Karnaval, Chronotop, 1993, Nr. 1, S. 74-89; Nikolaj L. Vasil'ev, Kommentarij k kommentarijam biografov M.M. Bachtina, in: Dialog, Karnaval, Chronotop, 1995, Nr. 4, S. 154ff.

11 Katerina Clark, Thomas Holquist, Michail M. Bakhtin, Cambridge, Massachusetts, London 1984, S. 27.

12 Semen S. Konkin, Larissa. S. Konkina, Michail Bachtin. Stranicy žizni i tvorčestva, Saransk 1993, S. 56.

13 Karl Schlögel, Die erste Stadt der neuen Welt, in: Die Zeit, 19.1.2006, S. 4.

14 Ebenda.

15 Sergej Ėjzenštejn, Strannyj provincial'nyj gorod, in: ders., Izbrannye proizvedenija v šesti tomach, Bd. 5, Moskva 1971, S. 432.

16 Aleksandra Štatskich, Sobytie vstreči. Bachtin i Malevič, in: Dialog, Karnaval, Chronotop 1995, No. 3, S. 16-33.

17 Matvej I. Kagan, Iz perepiski, in: O chode istorii, Moskva 2004, S. 636.

18 Alexander Haardt, Michail Bachtin – ein Phänomenologe der Intersubjektivität?, in: Phänomenologische Forschungen 5/2 2000, S. 217-229, hier S. 219.

19 Sergej Averincev, Postraničnye primečanija (1), S. S. Averincev (1995 g.), in: Michail M. Bachtin, SS 1, S. 438-456, hier S. 440.

20 Edmund, Husserl, Erste Philosophie, Gesammelte Schriften Bd. 6, hg. von Elisabeth Ströker, Hamburg 1992, S. 6.

21 Herrmann Cohen, Ethik des reinen Willens, 5. Auflage, Hildesheim, New York 1981, S. 171.

22 Ebenda, S. 170.

23 Jurij Tynjanov, Poėtika. Istorija literatury. Kino, Moskva 1977, S. 25/6.

24 Viktor Šklovskij, Gamburgskij sčet: Stat'i – vospominanija – ėsse (1914-1933), Moskva 1990, S. 514.

25 Walter Benjamin, Gedanken über Gerhart Hauptmanns Festspiel, in: ders., Aufsätze, Essays, Vorträge, Gesammelte Schriften, Bd. II,1, hg. von Rolf Tiedemann und Hermann Schweppenhäuser, Frankfurt 1991, S. 56-60, hier S. 57. Vgl. auch: Tim Beasley-Muray, Mikhail Bakhtin and Walter Benjamin. Experience and Form, Hampshire, New York 2007.

26 Matvej Kagan (1919), Kak vozmožna istorija, in: ders., O chode istorija, Moskva 2004, S. 199-237, hier S. 207; Ruth Coates, Two of a Small

Fraternity? Points of Contact and Departure in the Work of Bakhtin and Kagan up to 1924, in: The Contexts of Bakhtin. Philosophy, Authorship, Aesthetics, hg. von David Shepherd, Amsterdam 1998, S. 17-28, S. 18.

27 Konstantin Vaginov, Bocksgesang, Münster 1999, S. 83.

28 Vgl. Rainer Grübel, Bachtins Philosophie der ästhetischen Handlung und ihre Aktualität, in: Michail M. Bachtin, Autor und Held in der ästhetischen Tätigkeit, hg. von Rainer Grübel und Ulrich Schmid, Frankfurt am Main 2008, S. 317-352.

29 Jurij Davydov, Tragedija kul'tury i otvetstvennost' individua (G. Zimmel' i M. Bachtin), in: Voprosy literatury 4, Juli-August 1997, S. 1-125.

30 Georg Simmel, Der Begriff und die Tragödie der Kultur, in: Logos 11, 1911-12, S. 1-15, hier S. 5f.

31 Hermann Cohen, Religion der Vernunft aus den Quellen des Judentums, Leipzig 1919, S. 17.

32 Ebner bezieht sich u.a. auf Kierkegaard und Dostoevskij, also auf jene zwei Autoren, die auch für Bachtin eine zentrale Rolle spielen, und bringt die Beziehung zwischen »Ich« und »Du« vor allem mit der Sprache in Verbindung, indem er das »Du« als die Ansprechbarkeit im anderen bestimmt. Ferdinand Ebner, Das Wort und die geistigen Realitäten. Pneumatologische Fragmente, Innsbruck 1921, S. 18.

33 Martin Buber, Ich und Du, in: Das dialogische Prinzip, Heidelberg 1979, S. 7-136, hier S. 67. Vgl. auch Vitalij Machlin, Ja i Drugoj: K istorii dialogičeskogo principa v filosofij XX. veka, Moskva 1997.

34 Martin Buber, Zwiesprache, in: Das dialogische Prinzip, hier S. 161.

35 Vgl. Edmund Husserl, Cartesianische Meditationen (1931), Gesammelte Schriften Bd. 8, hg. von Elisabeth Ströker, Hamburg 1992, S. 117; ders., Erfahrung und Urteil, Untersuchungen zur Genealogie der Logik, Prag 1939, S. 8-10.

36 Zur Außerhalbbefindlichkeit vgl. u.a. Renate Lachmann, Vorwort, in: Michail Bachtin, Rabelais und seine Welt, hg. und mit einem Vorwort von Renate Lachmann, Frankfurt am Main 1995, S. 7-46, hier S. 40; Rainer Grübel, Bachtins Philosophie der ästhetischen Handlung und ihre Aktualität, in: Michail M. Bachtin, Autor und Held in der ästhetischen Tätigkeit, hg. von Rainer Grübel und Ulrich Schmid, Frankfurt am Main 2008, S. 317-352, hier S. 338; Hans-Robert Jauß,

Zum Problem des dialogischen Verstehens, in: Dialogizität, hg. von Renate Lachmann, München 1982, S. 11-24; Tzvetan Todorov, *Mikhail* Bakhtin, Le principe dialogique, Paris 1981, S. 153; Paul de Man, Dialogue and Dialogism, in: Poetics Today 4:1/1983, 99-107. Todorov und Paul de Man übersetzen Bachtins *vnenachodimost'* mit exotopy, andere Autoren hingegen mit exteriority. Paul de Man betrachtet die Position der Außerhalbbefindlichkeit als Chronotopos einer radikalen Andersheit, die nicht nur auf intralinguistische, sondern auch auf intrakulturelle Beziehungen, auf eine, wie Bachtin es selbst nennt, Multiperspektivität verweist.

37 Pavel Florenskij, Analyse der Räumlichkeit und Zeit, in: ders., Raum und Zeit, Berlin 1997, S. 97-248, hier S. 101. Vgl. auch Ulrich Schmid, Der philosophische Kontext von Bachtins Frühwerk, in: Michail M. Bachtin, Autor und Held in der ästhetischen Tätigkeit, hg. von Rainer Grübel und Ulrich Schmidt, Frankfurt am Main 2008, S. 7-32, hier S. 28f.

38 Ebenda, S. 138.

39 Martin Buber, Ich und Du, in: Das dialogische Prinzip, S. 13.

40 Vgl. Brian Poole, From phenomenology to dialogue, S. 118.

41 Nikolai Hartmann, Grundzüge einer Metaphysik der Erkenntnis (1921), 4. Auflage, Berlin 1949, S. 62.

42 Ebenda, S. 61.

43 Puškins im November 1830 verfasstes Gedicht war auch schon Gegenstand des formalismuskritischen Artikels von Viktor Žirmunskij »Die Aufgaben der Poetik« (Zadači poėtiki) von 1919. Beide, Žirmunskij und Bachtin, gehen auf die Textgenese und Veränderungen ein, die Puškin im Laufe des Schreibprozesses macht. Im Unterschied zu Bachtin wertet Žirmunskij die Veränderungen jedoch als Homogenisierung und Steigerung des stilistischen Ausdrucks. Bachtin insistiert dagegen auf eine durch den Perspektivwechsel geschaffene heterogene Beziehung zwischen Autor und Ich. Vgl. Viktor Žirmunskij, Zadači poėtiki, in: ders., Teorija literatury. Poėtika, Stilistika, Leningrad 1977, S. 15-55, hier S. 35f.

44 Vgl. zum »unvollendeten Helden« der Romantik und zum »unerlösten Helden« Dostoevskijs Lev Pumpjanskij, Dostoevskij i antičnost', Petrograd 1922.

45 A. G. Lisov, E. G. Trusova, Replika po povodu avtobiografičeskogo

mifotvorčestva M.M. Bachtina, in: Dialog, Karnaval, Chronotop, 1996, No. 3, S. 161-166, hier S. 164.
46 Konstantin Vaginov, Bocksgesang, Münster 1999, S. 77.
47 Ebenda, S. 97.
48 Vgl. Viktor Vinogradovs Konzept des *obraz avtora* – Bild des Autors in: Viktor Vinogradov, Problema avtora v chudožestvennoj literature, in: ders., O teorii chudožestvennoj reči, Moskva 1971, S. 118.
49 Wilhelm Dilthey, Das Erlebnis und die Dichtung. Lessing, Goethe, Novalis, Hölderlin, in: ders., Gesammelte Schriften, XXVI Band, hg. von Gabriele Malsch, Text nach der 3. Auflage von 1910, Göttingen 2005, S. 128.
50 Boris Tomaševskij, Literatur und Biographie, in: Texte zur Theorie der Autorschaft, hg. von Fotis Jannidis u.a., Stuttgart 2000, S. 49- 61, hier S. 50, 61.
51 Edmund Husserl, V. (Fünfte) Logische Untersuchung. Über intentionale Erlebnisse und ihre ›Inhalte‹ (1901), hg. u. eingel. v. Elisabeth Ströker, Hamburg 1975, S. 9.
52 Roland Barthes, Der Tod des Autors, in: Texte zur Theorie der Autorschaft, hg. von Fotis Jannidis u.a., Stuttgart 2000, S. 185-193, hier S. 186.
53 Ebenda, S. 187.
54 Ebenda, S. 190.
55 Julia Kristeva, Bachtin, Das Wort, der Dialog und der Roman, in: Jens Ihwe (Hg.), Literaturwissenschaft und Linguistik. Ergebnisse und Perspektiven, Bd.3, Zur linguistischen Basis der Literaturwissenschaft II, Frankfurt am Main 1978, S. 345-375.
56 Ebenda, S. 348.
57 Vgl. Wolfgang Iser, Die Appellstruktur der Texte (1970), in: Rainer Warning, Rezeptionsästhetik, München 1975, S. 234-236.
58 Jacques Lacan, Das Sprechen in der Übertragung, in: ders., Freuds technische Schriften. Das Seminar Buch I (1953-1954), aus dem Französischen von Werner Hamacher, Weinheim, Berlin 1990, S. 298.
59 Ebenda, S. 306.
60 Roman Jakobson veröffentlicht 1957 einen Aufsatz »Shifters, verbal categories, and the Russian verb« (Harvard University 1957), in dem er zwischen einem Prozess des Aussagens und seinem Resultat, der Aussage unterscheidet. Jacques Lacan nimmt diese Unterscheidung,

die Jakobson schon vor ihrer Publikation, bereits im Jahre 1950, vorgetragen hatte, auf. Fortan trennt Lacan ein Subjekt des Aussagens (sujet de l'énonciation) von einem Subjekt der Aussage (sujet de l'énoncé)

61 Vjačeslav V. Ivanov, Značenie idei M. M. Bachtina o znake, vyskazyvanii i dialoge dlja sovremennoj semiotiki, in: Trudy po znakovym sistemam, VI, Tartu 1973, S. 5-45.

62 Sergej G. Bočarov, Ob odnom razgovore i vokrug nego, In: Novoe literaturnoe obozrenie 2 (1993), S. 70-89, hier S. 71.

63 Ebenda, S. 73.

64 Ebenda, S. 74.

65 Clark, Holquist, Mikhail Bakhtin, S. 150.

66 Vgl. David Shepherd (Hg.), The Bakhtin Circle. In the Master's Absence, Manchester 2004. Vgl. auch: Vladimir M. Alpatov, Vološinov, Bachtin i lingvistika, Moskva 2005.

67 Den Begriff der Poetizität (poetičnost') verwendete schon der russisch-ukrainische Sprach- und Literaturwissenschaftler Aleksandr Potebnja (1835-1891), auf den beide, Bachtin und die Formalisten, obwohl sie das selbst zurückweisen, fußen. Vgl. Renate Lachmann, Gedächtnis und Literatur, Frankfurt am Main 1990, S. 183; Matthias Aumüller, Innere Form und Poetizität. Die Theorie Aleksandr Potebnjas in ihrem begriffsgeschichtlichen Kontext, Frankfurt am Main, Berlin, New York u.a. 2005.

68 Viktor Šklovskij, Die Auferweckung des Wortes, in: Texte der russischen Formalisten II, Texte zur Theorie des Verses und der poetischen Sprache, hg. von Wolf-Dieter Stempel, München 1972, S. 3-17, hier S. 5.

69 Boris Ejchenbaum, Die Theorie der formalen Methode, in: ders., Aufsätze zur Theorie und Geschichte der Literatur, aus dem Russischen von Alexander Kaempfe, Frankfurt am Main 1965, S. 7-52, hier S. 20.

70 Ebenda, S. 17 [Übersetzung leicht abgeändert].

71 Ebenda, S. 51 [Übersetzung leicht abgeändert].

72 Leo Trotzkij, Die formalistische Schule der Dichtkunst und der Marxismus, in: Literatur und Revolution, aus dem Russischen von Eugen Schäfer und Hans von Riesen, Berlin 1968, S. 138-157, hier S. 138, S. 139.

73 Ebenda, S. 156, S. 157. 1925 erscheint zudem Nikolaj Bucharins Artikel »Über die formale Methode in der Kunst« (O formal'nom metode v iskusstve), der ähnlich scharf wie Trockij Formalismus und Marxismus gegenüber stellt.
74 Jurij Medvedev, Dar'ja Medvedeva, Trudy i dni Kruga M. M. Bachtina, in: Zvezda, Nr. 7 2008, S. 192-210, hier S. 200.
75 Medvedevs Artikel zitiert im Titel eine 1925 von Sergej A. Askol'dov verfasste formalismuskritische Polemik, in der der analytische Zugang der Formalisten mit dem Traum von Puškins Salieri, Harmonien mithilfe der Algebra überprüfen zu können, verglichen wird.
76 Ebenda, S. 201.
77 Bachtin schreibt den Begriff der Komposition der Formalen Schule zu, obwohl diese gerade den Begriff der Komposition durch den dynamischeren der Konstruktion und später, Mitte bis Ende der 1920er Jahre, durch den der Struktur ersetzt hatten. Vielmehr sind es Boris Tomaševskij und Viktor Žirmunskij, die den Kompositionsbegriff verwenden, um darin nicht die mechanische Konstruiertheit, sondern die Ganzheitlichkeit und das Organische hervorzuheben. Vgl. Aage A. Hansen-Löve, Der russische Formalismus. Methodologische Rekonstruktion seiner Entwicklung aus dem Prinzip der Verfremdung, Wien 1978.
78 Vgl. ebenda, S. 212f.
79 Roman Jakobson, Neuste russische Poesie. Erste Skizze. Viktor Chlebnikov, in: Die Erweckung des Wortes. Essays der russischen formalen Schule, hg. von Fritz Mierau, Leipzig 1991, S. 177-210, hier S. 177.
80 Vgl. Viktor Šklovskij, Die Kunst als Verfahren, in: Die Erweckung des Wortes. Essays der russischen formalen Schule, hg. von Fritz Mierau, Leipzig 1991, S. 11-32, hier S. 17f.
81 Caryl Emerson, Shklovsky's ostranenie, Bakhtin's vnenachodimost', in: Poetics Today 26 (2005), 637-664.
82 Broder Christiansen, Philosophie der Kunst, Hanau 1909, S. 128.
83 Ebenda, S. 119.
84 Ebenda, S. 127.
85 Ebenda.
86 Georg Simmel, Henri Bergson, in: ders., Gesamtausgabe, Bd. 13, hg. v. Klaus Latzel, Frankfurt am Main 2000, S. 53-69, hier S. 55.

87　Ebd., S. 60.
88　Boris Gasparov, Development or Rebuilding. Views of Academician T.D. Lysenko in the Context of the Late Avant-Garde, in: John E. Bowlt, Olga Matich (Hg.), Laboratory of Dreams. The Russian Avantgarde and Cultural Experiment, Stanford 1996, S. 133-150, hier S. 153ff.
89　Ebenda, S. 138.
90　Vgl. Aage A. Hansen-Löve, Der russische Formalismus, S. 369.
91　Viktor Šklovskij, Pamjatnik naučnoj ošibke, in: Literaturnaja gazeta, Nr. 4 (41), 27.1.1930.
92　Viktor Šklovskij, Žili-byli. Vozpominanija. Memuarnye zapisi. Povesti o vremeni, Moskva 1964, S. 311.
93　Beseda s Juliej Kristevoj, in: Dialog, Karnaval, Chronotop (1995), Nr. 2, 5-17, hier 6.
94　Es handelt sich um den Kreis um den Philosophen Aleksandr A. Mejer (1874-1939). Mejer, der zunächst Mitglied der Petersburger Religionsphilosophischen Gesellschaft (1907-1917) war, nach der Revolution Mitglied in der Freien Philosophischen Vereinigung (Vol'fila, 1919-24) und im Dezember 1917 zusammen mit K. A. Polovcevoj den religiös-philosophischen Zirkel Auferstehung (Voskresenie) gründete, der an die Tradition der Religionsphilosophischen Gesellschaft anschließen sollte, wurde wie fast alle Mitglieder des Zirkels im Dezember 1928 verhaftet. Aus dem Kreis um Bachtin nahmen auch Marija Judina und Lev Pumpjanskij, der ebenfalls verhaftet wurde, an den Veranstaltungen des Zirkels teil. Mejer wurde zum Tod durch Erschießen verurteilt, das Urteil wurde jedoch in 10 Jahre Konzentrationslager auf den Soloveckij-Inseln umgewandelt.
95　I. A. Savkin, Delo o Voskresenii, in: Bachtin i filosofskaja kul'tura XX veka, Teil 2, Sankt-Peterburg 1991, S. 111-115.
96　Vadim Kožinov, Michail M. Bachtin, http://www.pereplet.ru/text/bahtin105.html, letzter Zugriff 15.11.2009.
97　Anatolij V. Lunačarskij, O ›mnogogolosnosti‹ Dostoevskogo: Po povodu knigi M. M. Bachtina ›Problemy poėtiki Dostoevskogo‹, in: Michail M. Bachtin, Pro et contra, Bd. 1, hg. von Konstantin G. Isupov u.a., Sankt-Peterburg 2001, S. 161-184.
98　Roman Ingarden, Das literarische Kunstwerk, vierte, unveränderte Auflage, Tübingen 1972, S. 395f.

99 Renate Lachmann, Gedächtnis und Literatur, S. 193f.
100 Zit. nach Jacques Derrida, Grammatologie, hg. von Hans-Jörg Rheinberger und Hanns Zischler, Frankfurt am Main 1983, S. 54.
101 Ebenda, S. 99.
102 Sergej Ėjzenštein, Eine nicht gleichmütige Natur, hg. von Rosemarie Heise, aus dem Russischen von Regine Kühn, Berlin 1980, S. 66.
103 Zum Dialogischen ist so viel geschrieben worden, das ich mich hier auf zwei Verweise beschränken möchte: Renate Lachmann, Konzepte des Dialogischen, in: dies., Gedächtnis und Literatur, S. 126-199; Michael Holquist, Dialogism: Bakhtin and his World, 2. Auflage, London 2002.
104 Julia Kristeva, Das Wort, der Dialog und der Roman, in: Literaturwissenschaft und Linguistik. Ergebnisse und Perspektiven. Bd. 3: Zur linguistischen Basis der Literaturwissenschaft II, hg. von Jens Ihwe, Frankfurt am Main 1972, S. 345-375, hier S. 357.
105 Rudolf Hirzel, Der Dialog. Ein literarhistorischer Versuch, Leipzig 1895, S. 8.
106 Ernst Hirt, Das Formgesetz der epischen, dramatischen und lyrischen Dichtung, Leipzig und Berlin 1923, S. 134f.
107 Lev Jakubinskij, Über die dialogische Rede (1923), in: Die Aktualität des Verdrängten. Studien zur Geschichte der Sprachwissenschaft im 20. Jahrhundert, hg. von Konrad Ehlich und Katharina Meng, Heidelberg 2004, S. 383-433, hier. S. 401. Im Unterschied zu mir sieht Matthias Aumüller in seinem Aufsatz über Bachtin und Jakubinskij einen begrifflichen und konzeptuellen Einfluss von Jakubinskij auf Bachtin. Vgl. Matthias Aumüller, Der Begriff des Dialogs bei Bachtin und Jakubinskij: Eine begriffsgeschichtliche Untersuchung, in: Zeitschrift für Slawistik 51 (2006), S. 170-195.
108 Ebenda, S. 405.
109 Ebenda, S. 407f.
110 Fjodor Dostojewskij, Aufzeichnungen aus dem Kellerloch, übersetzt von Swetlana Geier, Stuttgart 1984, S. 64.
111 Vgl. Michail A. Bernstein, The Poetics of Ressentiment, in: Gary S. Morson, G. S., Carol Emerson (Hg.), Rethinking Bakhtin: Extensions and Challenges. Evanston, Illinois 1989, S. 197-223. Zu Bachtin und Nietzsche vgl. auch: James M. Curtis, Mikhail Bakhtin, Nietzsche, and Russian Pre-Revolutionary Thought, in: Nietzsche in Russia, hg. von Bernice Glatzer Rosenthal, Princeton University Press 1986; Jür-

gen Lehmann, Bachtin und Nietzsche, in: Akten des X. Internationalen Germanistenkongresses. Zeitwende – Die Germanistik auf dem Weg vom 20. ins 21. Jahrhundert, hg. von Peter Weisinger, Wien 2000, S. 257-263.
112 Friedrich Nietzsche, Zur Genealogie der Moral, in: ders., Jenseits von Gut und Böse. Zur Genealogie der Moral, Kritische Studienausgabe, hg. von Giorgio Colli und Mazzino Montinari, Bd. 5, S. 314.
113 Jenseits des Sozialen. Über Freudismus (Po tu storonu social'nogo. O frejdizme, 1925 in *Zvezda*), Freudismus. Kritische Studie (Frejdizm. Kritičeskij očerk, 1927), Das Wort im Leben und das Wort in der Dichtung (Slovo v žizni i slovo v poėzii, 1926 in *Zvezda*), Marxismus und Sprachphilosophie (Marksizm i filosofija jazyka, 1929), Über die Grenzen von Poetik und Linguistik (O granicach poėtiki i lingvistiki, 1930 im Sammelband *Im Kampf für den Marxismus in der Literaturwissenschaft*), 1930 in drei Teilen in der Zeitschrift *Literaturnaja učeba:* Die Stilistik der künstlerischen Rede (Stilistika chudožestvennoj reči), Teil 1: Was ist Sprache? (Čto takoe jazyk?), Teil 2: Die Konstruktion der Äußerung (Konstrukcija vyskazyvanija), Teil 3: Das Wort und seine soziale Funktion (Slovo i ego social'nogo funkcija). Die ersten beiden veröffentlichten Texte Vološinovs sind Freud gewidmet, während *Das Wort im Leben und das Wort in der Poesie* als Vološinovs Beitrag zu Bachtins Formalismuskritik und als Auseinandersetzung mit Fragen aus Autor und Held gelesen werden kann (Vološinov erweitert das Gespann *Autor und Held* um den im Text präfigurierten Leser bzw. Adressaten). Die späteren Arbeiten sind linguistische Studien.
114 Vladimir M. Alpatov, Vološinov, Bachtin i lingvistika, Moskva 2005.
115 Vgl. Martin A. Miller, Freud and the Bolsheviks. Psychoanalysis in Imperial Russia and the Soviet Union, Yale University Press New Haven, London 1998, S. 164ff.
116 Aleksandr Ėtkind, Eros des Unmöglichen. Die Geschichte der Psychoanalyse in Russland, Leipzig 1996, S. 410.
117 Kornilov hatte 1922 Reflex und Reaktion voneinander dahingehend unterschieden, dass er den Reflex als eng physiologisch verstand, die Reaktion jedoch als biologisch; der Reflex sei objektiv, die Reaktion subjektiv-objektiv.

118 Es heißt bei Lacan »L'inconscient est structuré comme un langage«. Wegen der Mißverständlichkeit des »comme« als »als« und »wie« kommentiert Lacan später, dass »als« gemeint sei, da das »Unbewusste strukturiert sei durch Sprache« (Jacques Lacan, Encore. Das Seminar, Buch XX (1972-1973), hg. von Norbert Haas und Hans-Joachim Metzger, Weinheim, Berlin 1991, S. 52f.) Vgl. Christoph Braun, Die Stellung des Subjekts: Lacans Psychoanalyse, Berlin 2007, S. 83.

119 In der Bachtinforschung wird auch ein anderer Standpunkt vertreten, u.a. von Morson und Emerson, die Bachtins Dialogik analog zur Hegelschen Dialektik betrachten (Vgl. Gary Saul Morson, Caryl Emerson, Mikhail Bakhtin. Creation of a Prosaics, Stanford: Stanford University Press 1990, S. 49.

120 Alpatov, Vološinov, Bachtin, S. 83.

121 Ebenda, S. 86.

122 Ebenda, S. 92.

123 Zum Ideologiebegriff bei Vološinov gibt es sehr unterschiedliche Forschungsergebnisse. Tihanov schreibt, Vološinovs Ideologiebegriff beziehe sich auf Nikolaj Bucharin, Georgij Plechanov und Antonio Labriola. Samuel Weber hingegen führt die Verwendung von ›Ideologie‹ als Terminus auf einen vormarxistischen Ideologiebegriff des 18. Jahrhunderts bei Condillac und Destutt de Tracy zurück, deren »zufolge die sinnlich-materielle Entstehung von Ideen nicht zu trennen sei von ihrer Artikulation in Zeichen« (Samuel Weber, Der Einschnitt. Die Aktualität Vološinovs, in: Valentin N. Vološinov, Marxismus und Sprachphilosophie, Frankfurt am Main, Berlin, Wien 1975, S. 9-45, hier S. 14).

124 Ferdinand de Saussure, Grundlagen der allgemeinen Sprachwissenschaft , 2. Auflage, übersetzt von Herrmann Lommel, hg. von Charles Bally und Albert Sechehaye, Berlin 1967, S. 77.

125 Zit. nach Anika Rifflet-Lemaire, Jacques Lacan, Bruxelles 1970, S. 89.

126 Vgl. Alpatov, Vološinov, Bachtin, S. 139.

127 de Saussure, Grundlagen, S. 16.

128 Nikolaj I. Nikolaev stellt in seinem Kommentar von *Problem des Inhalts, des Materials und der Form* die These auf, dass ›Äußerung‹ als linguistischer Begriff erst nach dem Artikel Jakubinskijs Eingang in die russische linguistische Forschung gefunden hat. N. Nikolaev, Kommentarij, SS 2, Moskva 2003, S. 829. Zuvor findet sich Äuße-

rung vor allem in phänomenologischen Schriften, insbesondere in den Übersetzungen von Husserl.
129 Ernst Cassirer, Philosophie der symbolischen Formen, Erster Teil, Die Sprache, Darmstadt 1973, 6. unveränderte Auflage, S. 18f.
130 Poole, From Phenomenology to Dialoge, S. 126.
131 Mika Lähteenmäki, Voloshinov and Cassirer. A case of Plagiarism?, in: Historiographia Linguistica XXIX:1:2 (2002), S. 121-144, hier S. 128. Vgl. Auch Wolfram Eilenberger, Das Werden des Menschen im Wort. Eine Studie zur Kulturphilosophie Michail M. Bachtins, Zürich 2009. Eilenbergers Ausgangspunkt sind die Aufsätze von Poole, wobei er Vološinovs *Marxismus und Sprachphilosophie* als »sozio-pragmatische Umakzentuierung der Symbolphilosophie zu einer Wissenschaft von den Ideologien« liest, in der die »symbolischen Formen zu ideologischen Sphären umgedeutet« werden (S. 88).
132 Cassirer, Zur Philosophie der symbolischen Formen, S. 32.
133 Ebenda, S. 281.
134 Lähteenmäki, Voloshinov and Cassirer, S. 128.
135 Cassirer, Zur Philosophie der symbolischen Formen, S. 9.
136 Vgl. Dieter Mersch, Grammatik der Kultur. Ernst Cassirers Philosophie der symbolischen Formen als semiotische Theorie, Deutsche Gesellschaft für Semiotik, http://www.semiose.de/index.php?id=278,53, letzter Zugriff 3.2.2010.
137 Cassirer, Zur Philosophie der symbolischen Formen, S. 33.
138 Smoke, 1995, Drehbuch: Paul Auster, Regie: Wayne Wang.
139 Holquist, Clark, Mikhail Bakhtin, S. 273.
140 Konkin, Konkina, Michail Bachtin, S. 255.
141 Bachtin bezichnet sich selbst als Minusnik (B, 209f.).
142 Ljudmila Gogotišvili, Kommentarij (Rabočie zapisi 60-ch – načala 70-ch godov), SS 6, Moskva 2002, S. 590f.
143 Auf Deutsch gibt es keine vollständige Ausgabe von *Wort im Roman*, der dritte für die Romantheorie vorgesehene Band der russischen Gesamtausgabe ist 2012 erschienen. Die Herausgeber der Gesamtausgabe weisen darauf hin, dass *Wort im Roman* in den ersten Publikationen gekürzt worden war, was auch dazu führte, dass Verweise auf Lev Jakubinskij, Ernst Cassirer und Georg Misch fehlten (Vgl. SS 5, Moskva 1996, S. 573; Ken Hirschkop, An Aesthetic for Democracy, Oxford: Oxford University Press 1999, S. 123).

144 Vgl. dazu Rainer Grübel, Zur Ästhetik des Wortes bei Michail M. Bachtin, in: Michail M. Bachtin, Die Ästhetik des Wortes, hg. von Rainer Grübel, Frankfurt am Main 1979, S. 52ff.
145 Aleksandr Potebnja, Mysl' i jazyk, Charkov 1892, 2. Auflage.
146 Brian Poole, Konstantin Vaginov. Ein Essay, in: Konstantin Vaginov, Bocksgesang, Münster 1999, S. 235-267, hier S. 259.
147 Georg Lukács, Roman kak buržuaznaja ėpopeia, in: Literaturnaja ėnziklopedija, Bd. 9, Moskva 1935, S. 795-832.
148 Boris Ėjchenbaum, Auf der Suche nach der Gattung, in: ders., Aufsätze zur Theorie und Geschichte der Literatur, Frankfurt am Main 1965, S. 79-84, hier S. 81.
149 Viktor Šklovskij, Literatur ohne Sujet, in: ders, Theorie der Prosa (1925), Frankfurt am Main 1966, S. 163-183, hier S. 167.
150 Gustav Špet, Iskusstvo kak vid znanija. Izbrannye trudy po filosofii kul'tury, Moskva 2007, S. 57-58.
151 Vgl. auch Galin Tihanov, Innovation and regression. Gustav Shpet's theoretical concerns in the 1920s, in: Critical theory in Russia and the West, hg. von Alastair Renfrew und Galin Tihanov, London, New York 2010, S. 45-62, hier S. 51f.
152 Bachtin, Grifcov und auch Špet beziehen sich auf: Erwin Rhode, Der Griechische Roman und seine Vorläufer (1876).
153 Nikolaj Pan'kov, M. M. Bachtin i teorija romana, in: Voprosy literatury 2007, No. 3, S. 252-315, hier S. 253. Auf der Liste stehe auch Felix Bobertags *Geschichte des Romans und der ihm verwandten Dichtungsgattungen in Deutschland* (1884), Hans Heinrich Borcherdts *Geschichte des Romans und der Novelle in Deutschland* (1926) sowie Vasilij V. Sipovskijs *Aus der Geschichte des russischen Romans und Schrifttums* (Iz istorii russkogo romana i slovesnosti, 1903).
154 Boris Grifcov, Teorija romana, Moskva 1926, S. 6.
155 Ebenda, S. 140.
156 Lukács kommt im Dezember 1929 nach Moskau und wird Mitarbeiter im Marx-Engels-Institut, wo er bis 1931 bleibt, nach einem Aufenthalt in Deutschland kehrt er im Frühjahr 1933 wieder nach Moskau zurück und wird Mitglied der Kommunistischen Akademie, 1936 wird er Mitarbeiter an der Akademie der Wissenschaften, 1938 wird er aus der Akademie entlassen, 1941 wurde er zwei Monate in die Lubjanka gesperrt und verhört. Nach einer Intervention des Vor-

sitzenden der Komintern, Georgij Dimitroff, wurde er entlassen und nach Taschkent evakuiert, von wo aus er 1942 nach Moskau zurückkehrt. Ende 1942 verteidigt er am Institut für Philosophie seine Doktorarbeit, die er schon 1937 geschrieben hatte.

157 Galin Tihanov, The Master and the Slave. Lukács, Bakhtin, and the Ideas of Their Time, Oxford 2000, S. 11.

158 Außerdem nimmt man an, dass Bachtin auch den 1917/18 in *Logos* abgedruckten Artikel *Die Subjekt-Objekt Beziehung in der Ästhetik* gekannt haben kann.

159 Tihanov, The Master and the Slave, S. 11f.

160 Georg Lukács, Die Theorie des Romans. Ein geschichtsphilosophischer Versuch über die Formen der großen Epik, Neuwied, Berlin 1971, S. 10. Zu Lukács und Bachtin vgl. auch Tanja Dembski, Paradigmen der Romantheorie zu Beginn des 20. Jahrhunderts. Lukács, Bachtin und Rilke, Würzburg 2000.

161 Lukács, Die Theorie des Romans, S. 22.

162 Ebenda, S. 30.

163 Ebenda, S. 51.

164 Ebenda, S. 10.

165 Vgl. auch Hermann Levin Goldschmidts *Philosophie als Dialogik* (1948), die ebenfalls durch den Gegensatz von Dialogik und Dialektik bestimmt ist.

166 Johann Wolfgang Goethe, Italienische Reise. Auch ich in Arkadien! in: Goethes Werke, Hamburger Ausgabe in 14 Bänden, hg. von Erich Trunz, 13. durchgesehene Auflage, Band XI, München 1994, S.17.

167 Ernst Cassirer, Der Naturforscher Goethe (1932), in: ders., Gesammelte Werke, Hamburger Ausgabe Bd. 18, Aufsätze und kleinere Schriften 1932-1935, Hamburg 2004, S. 437-441, hier S. 439f.

168 Ebenda, S. 438. Zu Goethe, Cassirer und Bachtin vgl. auch Craig Brandist, The Bakhtin circle: philosophy, culture and politics, London 2002, S. 130.

169 Lukács, Theorie des Romans, S. 124.

170 Ebenda, S. 137.

171 Ebenda, S. 120.

172 Ebenda, S. 137.

173 Walter Benjamin, Der Erzähler. Betrachtungen zum Werk Nikolai Lesskows, in: ders., Aufsätze, Essays, Vorträge. Gesammelte Schriften

Bd. II/2, hg. von Rolf Tiedemann und Hermann Schweppenhäuser, Frankfurt am Main 1997, S. 438-465, hier S. 443.

174 Ebenda, S. 455. Vgl. zu Bachtin, Benjamin und Lukács: Dieter Thomä, Erzähle dich selbst. Lebensgeschichte als philosophisches Problem, Frankfurt am Main 2007, S. 222ff.

175 Vgl. u.a. V. V. Babič, Dialog poėtik. Andrej Belyj, Gustav G. Špet i Michail M. Bachtin, in: Dialog, Karnaval, Chronotop, Nr. 1 (1998), S. 5-54, hier S. 41.

176 Jacques Derrida, Aufpfropfungen, Rückkehr zur überwendlichen Naht (1972), in: ders., Dissemination, hg. v. Peter Engelmann, übers. v. Hans-Dieter Gondek, Wien 1995, S. 402-414, hier S. 402.

177 Ebenda.

178 Vgl. in diesem Zusammenhang vor allem Gustav Špet, Vnutrennaja forma slova, in: Iskusstvo kak vid znanija. Izbrannye trudy po filosofii kul'tury, Moskva 2007, S. 458; Špet verweist auf Wilhelm von Humboldt, Über die Verschiedenheit des menschlichen Sprachbaues und ihren Einfluß auf die Entwickelung des Menschengeschlechts, hg. v. August Friedrich Pott, Berlin 1876, S. 236.

179 Eine Reihe von Arbeiten bezieht sich auf Bachtins Verständnis von sprachlicher Hybridität: Homi K. Bhabha, The Location of Culture, London und New York 1993; Néstor García, Hybrid Cultures: Strategies for Entering and Leaving Modernity, Minneapolis 1995, Deborah A. Kapchan, Pauline Turner Strong, Theorizing the Hybrid, in: The Journal of American Folklore, 11 (1999) Heft 445. In der Sondernummer *Theorizing the Hybrid* werden auch die Beziehungen zu anderen kulturellen Kreuzungs-Prozessen – zum Synkretismus, zur Bricolage, Kreolisierung und Pidginisierung thematisiert.

180 Jonathan Rutherford, The Third Space. Interview with Homi Bhabha, in: Identity: Community, Culture, Difference, hg. v. dems., London 1990, S. 207-221, hier S. 211. In *The Third Space* bezieht Bhabha sich auf die Prozesse der Hybridisierung im kolonialen Kontext. Durch die Kolonialisierung kommt es zu gegenseitigen Aneignungsprozessen, durch die ein hybrides »Drittes«, der »dritte Raum« entsteht, der weder zur kolonisierten noch zur kolonisierenden Kultur gehört. Der dritte Raum kann nach Bhabha zum Ausgangspunkt für die Subversion der Kolonialkultur werden.

181 Vgl. Nikolaj J. Marr, Po etapam razvitija jafetičeskoj teorii. Sbornik statej, Moskva Leningrad 1926, S. 268 ff.
182 Vgl. ebenda.
183 Vgl. Josif V. Stalin, An Genossen A. Cholopov (1950), in: ders., Werke, Bd. 15, Mai 1945-Dezember 1952, Dortmund 1979, S. 134-137, hier S. 136.
184 Viktor Šklovskij, Gamburgskij sčet. Stat'i, vospominanija, ėsse, Moskva 1990, S. 349.
185 Ebenda.
186 Ebenda.
187 Der Vortrag ist abgedruckt in: L. Uchtomskij, Dominanta duši (iz gumanitarnogo nasledija), Rybinsk 2000, S. 77-80. In Bachtins Arbeitsnotizen aus den 1960er und 1970er Jahren gibt es noch längere Exzerpte, die Bachtin aus Uchtomskijs Schriften angefertigt hat, diese sind bislang unpubliziert.
188 Aleksej A. Uchtomskij, O chronotope, in: ders., Dominanta. Stat'i raznych let (1887-1939), Teil 1, Dominanty žizni i tvorčestva, Sankt-Peterburg 2002, S. 68, S. 70.
189 Aleksej A. Uchtomskij, Ot dvojnika k sobesedniku (1927-1929), in: ders., Dominanta. Stat'i raznych let (1887-1939), Teil 2, Stupeni duchovnogo opyta, Sankt Peterburg 2002, S. 349.
190 Vgl. Lothar Pickenhain, Die Lehre Uchtomskis von der Dominante, in: Das deutsche Gesundheitswesen, 15(1955), S. 541-545.
191 Herrmann Minkowski, Raum und Zeit, Vortrag gehalten auf der 80. Natur-Forscher-Versammlung zu Köln am 21. September 1908, Leipzig und Berlin 1909, S. 4.
192 Ebenda, S. 1.
193 Vgl. auch: Michael C. Frank, Kirsten Mahlke, Nachwort, in: Michail M. Bachtin, Chronotopos, Frankfurt am Main 2008, S. 201-242, hier S. 215, Clark, Holquist, Michail Bakhtin, 277ff.; Erwin Wedel, Michail Bachtins Chronotopostheorie. Bemerkungen zu ihren geistigen Quellen, in: Welt der Slaven 38 (1993), S. 381-394; Anna Matzov, The Idea of Time in the Works of Bachtin, in: Russian Literature XXVI (1989), S. 209-218; Zoran Konstantinović, Bachtins Begriff des ›Chronotopos‹, in: Roman und Gesellschaft. Internationales Michail-Bachtin-Colloquium, Jena 1984, S. 109-116; Juliet Flower MacCannell, The Temporality of Textuality: Bakhtin and Derrida, in: MLN 100:3 (1985), S. 968-988.

194 Immanuel Kant, Kritik der reinen Vernunft 1, Werke in zwölf Bänden, Bd. 3, hg. von Wilhelm Weischedel, Zürich 1997, S. 45.
195 Ebenda, S. 63.
196 Ebenda, S. 70f.
197 Ebenda, S. 72.
198 Ebenda, S. 73.
199 Ebenda, S. 74
200 Ernst Cassirer, Philosophie der symbolischen Formen, Die Sprache, S. 170.
201 Ebenda.
202 Ernst Cassirer, Zur Einsteinschen Relativitätstheorie. Erkenntnistheoretische Betrachtungen, in: ders., Gesammelte Werke, Hamburger Ausgabe, Bd. 10, h. von Birgit Recki, Hamburg, S. VII.
203 Ernst Cassirer, Mythischer, ästhetischer und theoretischer Raum (1931), in: ders., Symbol, Technik, Sprache. Aufsätze aus den Jahren 1927-1933, hg. von Ernst Wolfgang Ohrt und John Michael Kois, Hamburg 1985, S. 93-119, hier S. 98.
204 Ebenda, S. 95.
205 Ebenda, S. 93.
206 Ebenda, S. 108.
207 Gotthold Ephraim Lessing, Laokoon oder Über die Grenzen der Malerei und Poesie [1766], in: Werke. Sechster Band. Kunsttheoretische und kunsthistorische Schriften, München 1974, S. 7-187, hier S. 102f.
208 Ebenda.
209 Die deutsche Übersetzung trägt einen leicht modifizierten Titel: *Rabelais und seine Welt. Volkskultur als Gegenkultur.*
210 Nikolaj Pan'kov schreibt von einer Buffonade bzw. einem Drama. Nikolaj Pan'kov, M.M. Bachtin: Rannjaja versija koncepcii karnavala, in: Voprosy literatury, Moskva 1997, Nr. 5, S. 87-122, hier S. 88.
211 Nach der Formalismuskampagne der 1930er Jahre, der Kampagene gegen die sogenannten »Speichellecker des Westens«, die zwischen 1945 und 1948 von Andrej Ždanov geführt wurde und deren Opfer u.a. Anna Achmatova, Boris Pasternak und Michail Zoščenko wurden, wurde zwischen 1948 und 1953 die Kosmopolitismuskampagne insbesondere gegen Akademiker und Intellektuelle jüdischen Glaubens durchgeführt. Viele jüdische Schriftsteller wurden inhaftiert, jüdische Theater und Zeitungen wurden geschlossen, die Bücher

einiger jüdischer Autoren wie Eduard Bagrickij, Vassilij Grossman, Michail Svetlov, Iossif Utkin und Boris Pasternak wurden aus den Bibliotheken verbannt.

212 Renate Lachmann, Vorwort, S. 25.
213 Vgl. zum Disput der Vossler-Schule über die Sprache bei Rabelais: Irina L. Popova, Istorija ›Rablé‹ 1930-1950-e gody, in: M. M. Bachtin, SS 4 (1), Moskva 2008, S. 841-924, hier S. 849ff.
214 Detailliert zu Bachtin und Cassirer vgl. Brian Poole, Bakhtin and Cassirer: The Philosophical Origin of Bakhtin's Carnival Messianism, in: South Atlantic Quarterly 1997 3/4, S. 537-578. Poole macht sowohl inhaltliche als auch methodische »Assimilationen« (S. 568) ausfindig. Methodische Aneignungen konstatiert er in Bezug auf die Rolle der Historizität und die Zeitlichkeit der zu untersuchenden (weltanschaulichen und ästhetischen) Phänomene, die Bachtin von Cassirer übernommen habe. Vgl. dazu auch: Eilenberger, Das Werden des Menschen im Wort, S. 226ff.
215 Ernst Cassirer, Individuum und Kosmos in der Renaissance, in: Gesammelte Werke, Hamburger Ausgabe, Band 14, hg. von Birgit Recki, Hamburg 2002, S. 1-220, hier S. 29.
216 Ernst Cassirer, Platonische Renaissance in England und die Schule von Cambridge, in: Gesammelte Werke, Hamburger Ausgabe, hg. von Birgit Recki, Hamburg 2002, S. 223-380, hier S. 355.
217 Ebenda, S. 365.
218 Henri Bergson, Das Lachen. Ein Essay über die Bedeutung des Komischen, Zürich 1972.
219 Florens Christian Rang, Historische Psychologie des Karnevals, in: Die Kreatur II (1927/28), Heft 2, S. 311-343, hier S. 312.
220 Ebenda, S. 322.
221 Ebenda, S. 312.
222 Ebenda, S. 314.
223 Ebenda, S. 324.
224 Ebenda, S. 316.
225 Ebenda, S. 324.
226 Dmitrij S. Lichačev, Aleksandr M. Pančenko, Die Lachwelt des alten Rußland, hg. von Renate Lachmann, aus dem Russischen von Bernd Uhlenbruch, München 1991, S. 39.
227 Ebenda, S. 42.

228 Jurij M. Lotman, Boris A. Uspenskij, Neue Aspekte bei der Erforschung der Kultur des neuen Russland, in: Lichačev, Pančenko, Die Lachwelt des alten Rußland, S. 185-201, hier S. 199.

229 Sergei Averintsev, Bakhtin and the Russian attitude to laughter, in: Bakhtin: carneval and other subjects, hg. von David Shepherd, Amsterdam 1993, S. 13-19, hier S. 17.

230 Boris Groys, Grausamer Karneval. Michail Bachtins »ästhetische Rechtfertigung« des Stalinismus«, in: FAZ, Mittwoch 21. Juni 1989, Nr. 140, S. N3.

231 Zur problematischen Unterscheidung der Kollektivität und Lachkultur in Mittelalter und Stalinismus vgl. auch Michail Ryklin, Bodies of Terror: Theses Toward a Logic of Violence, in: Cohen, Ralph (Hg.), New Literary History. A journal of theory and interpretation, Vol. 24, Virginia 1993, S. 51-73; russ: Tela terrora, in: Konstantin Isupov u.a. (Hg.), Bachtinskij sbornik I, Moskva 1990, S. 60-76.

232 Vgl. dazu Lachmann, Vorwort, S. 30.

233 Zu den karnevalesken Elementen der sokratischen Dialoge in der Antike und mit kritischem Bezug auf Bachtin vgl. Wolfgang Rösler, Michail Bachtin und die Karnevalskultur im antiken Griechenland, in: Quaderni urbinati di cultura classica N.S. 23, 1986, S. 25-44.

234 Zur menippeischen Satire bei Bachtin vgl. Renate Lachmann, Bachtins Konzept der menippeischen Satire und das Phantastische, in: Fremde Wirklichkeiten. Literarische Phantastik und antike Literatur, hg. von Nicola Hömke und Manuel Baumbach, Heidelberg 2006, S. 19-40. Mit der menippeischen Satire beschäftigt sich Bachtin schon in einem Entwurf eines Artikels von 1944 mit dem Titel *Die menippeische Satire und ihre Bedeutung in der Geschichte des Romans* (Menippova satira i ee značhenie v istorii romana) sowie in seinem Satireartikel von 1940. Werner von Koppenfels nimmt hingegen an, dass Bachtin sich erst um 1960 mit der menippeischen Satire beschäftigt hat. Diese Fehlinformation führt ihn zu der Annahme, Bachtin habe sich eventuell – ohne dies auszuweisen – von Northrop Fryes *Anatomy of Criticism* (1957) inspirieren lassen. Vgl. Werner von Koppenfels, Der andere Blick. Das Vermächtnis des Menippos in der europäischen Literatur, München 2007. (Den Hinweis auf Koppenfels verdanke ich Renate Lachmann). In dem 1944 verfassten Konspekt zur menippeischen Satire bezieht sich Bachtin vor allem auf Hermann Usener.

235 Konkin, Konkina, Michail Bachtin, S. 259ff., Clark, Holquist, Mikhail Bakhtin, S. 326f.
236 Konkin, Konkina, S. 260.
237 Vadim Kožinov, Michail M. Bachtin, http://www.pereplet.ru/text/bahtin105.html, letzter Zugriff : 1.7.2010.
238 Ebenda.
239 Pasternaks Doktor Živago durfte in der UdSSR nicht erscheinen, woraufhin Pasternak das Manuskript 1956 in Berlin dem italienischen Verleger Feltrinelli übergibt, der den Roman trotz aller Widerstände verlegt. 1958 erhält Pasternak den Nobelpreis, den er aber auf Druck der sowjetischen Führung nicht annimmt, zu diesem Zeitpunkt ist der Roman bereits in 18 Sprachen übersetzt.
240 Vgl. die Kommentare zu den *Arbeitsnotizen aus den 60er und 1970er Jahren*, SS 5, S. 546ff.
241 Judith Butler, Haß spricht. Zur Politik des Performativen, Berlin 1998, S. 67
242 Ebenda, S. 78.

Literaturhinweise

Vladimir M. Alpatov, Vološinov, Bachtin i lingvistika, Moskva 2005.

Sergej S. Averintsev, Bakhtin and the Russian Attitude to Laughter, in: Bakhtin: Carnival and Other Subjects, hg. von David Shepherd, Amsterdam, Atlanta 1993, S. 13-19.

Cristian Bota, Jean-Paul Bronckart, Bakhtine démasqué. Histoire d'un menteur, d'une escroquerie et d'un délire collectif, Genève 2011.

Craig Brandist, The Bakhtin Circle: Philosophy, Culture and Politics, London 2002.

Katerina Clark, Michail Holquist, Mikhail Bakhtin, Cambridge 1984.

Wolfram Eilenberger, Das Werden des Menschen im Wort: eine Studie zur Kulturphilosophie Michail M. Bachtins, Zürich 2008.

Caryl Emerson (ed.), The First Hundred Years of Mikhail Bakhtin, Princeton 1997.

Caryl, Emerson, Gary Saul Morson, Mikhail Bakhtin: creation of a prosaic, Stanford: Stanford University Press 1990.

Susan M. Felch, Paul J. Contino (ed.), Bakhtin and Religion: a Feeling for Faith, Evanston 2001.

Matthias Freise, Michail Bachtins philosophische Ästhetik der Literatur, Frankfurt am Main 1993.

Michael Gardiner, The Dialogics of Critique. M.M. Bakhtin and the Theory of Ideology, London, New York, 1992.

Nadežda Grigor'eva, Ėvoljucija antropologičeskich idej v evropejskoj kul'ture vtoroj poloviny 1920 – 1940-ch gg., Sankt-Peterburg 2008.

Rainer Grübel, Die Ästhetik des Wortes bei Michail Bachtin, in: Michail M. Bachtin, Die Ästhetik des Wortes, hg. von Rainer Grübel, Frankfurt am Main 1979, S. 21-89.

– Bachtins Philosophie der ästhetischen Handlung und ihre Aktualität, in: Michail M. Bachtin, Autor und Held in der ästhetischen Tätigkeit, hg. von Rainer Grübel und Ulrich Schmid, Frankfurt am Main 2008, S. 317-352.

Alexander Haardt, Michail Bachtin – ein Phänomenologe der Intersubjektivität?, in: Phänomenologische Forschungen 5/2 2000, S. 217-229.

Ken Hirschkop, An Aesthetic for Democracy, Oxford: Oxford University Press 1999.

Vjačeslav V. Ivanov, Značenie idei M. M. Bachtina o znake, vyskazyvanii i dialoge dlja sovremennoj semiotiki, in: Trudy po znakovym sistemam, VI 1973, S. 5-45.

Michael Holquist, Dialogism: Bakhtin and His World, New York 1990.

Konstantin G. Isupov (Hg.), Bachtinologija: issledovanija, perevody, publikacii, Sankt-Peterburg 1995.

Semen S. Konkin, Larissa. S. Konkina, Michail Bachtin. Stranicy žizni i tvorčestvo, Saransk 1993.

Julia Kristeva, Bakhtine, le mot, le dialogue et le roman, in: Critique 1967, 23(239), S. 438-465.

Renate Lachmann, Bachtin und das Konzept der Karnevalskultur, Vorwort zur deutschen Ausgabe von M. Bachtin: Rabelais und seine Welt, übers. v. Gabriele Leupold, Frankfurt a.M. 1988, S. 7-46.

– Dialogisches Denken und Rhetorik bei Michail Bachtin, in: Jahrhundertbücher, hrsg. W. Erhart, H. Jaumann, München 2000, S. 224-244.

– Bachtins Konzept der menippeischen Satire und das Phantastische, in: Fremde Wirklichkeiten. Literarische Phantastik und antike Literatur, hg. von Nicola Hömke und Manuel Baumbach, Heidelberg 2006, S. 19-40.

– Dialogische Obertöne, gemeinsam mit Sylvia Sasse, in: Michail M. Bachtin, Sprechgattungen, hg. von Rainer Grübel, Renate Lachmann, Sylvia Sasse, Berlin 2017, 169-206

Mika Lähteenmäki, Voloshinov and Cassirer. A case of Plagiarism?, in: Historiographia Linguistica XXIX:1:2 (2002), S. 121-144.

Vitalij L. Machlin, Michail Bachtin : filosofija postupka, Moskva 1990.

– Ja i Drugoj: K istorii dialogičeskogo principa v filosofij XX. veka, Moskva 1997.

Paul de Man, Dialogue and Dialogism, in: Rethinking Bakhtin. Extensions and Challenges, ed. by Gary Saul Morson and Caryl Emerson, Evanston, Illinois, 1989, S. 105-114.

Nikolaj Pan'kov, Bachtin i teorija romana, in: Voprosy literatury 2007, '3, S. 252-315.

Igor' V. Peškov, M. M. Bachtin : ot ›K filosofii postupka‹ k ritorike postupka, Moskva 1996.

Brian Poole, Bakhtin and Cassirer: The Philosophical Origin of Bakhtin's Carnival Messianism, in: South Atlantic Quarterly 1997 3/4, S. 537-578.

– From phenomenology to dialogue: Max Scheler's phenomenological tradition and Mikhail Bakhtin's development from ›Toward a philosophy of the act‹ to his study of Dostoevsky, in: Ken Hirschkop, David Shepherd, Bakhtin and Cultural Theory, Manchester 2001, S. 109-135.

Michail Ryklin, Bodies of Terror: Theses Toward a Logic of Violence, in: New Literary History, 1993, Vol. 24, Nr. 1, S. 51-74.

Sylvia Sasse, Vorwort, in: »Das Lachen ist ein großer Revolutionär«. Michail M. Bachtins Dissertationsverteidigung im Jahr 1946, Zürich 2015, 9-26.

Tatjana Ščitcova, Sobytie v filosofii Bachtina, Minsk 2002.

David Shepherd (ed.), The Contexts of Bakhtin. Philosophy, Authorship, Aesthetics. Amsterdam 1998.

– The Bakhtin Circle. In the Master's Absence, Manchester 2004.

Maja Soboleva, Die Philosophie Michail Bachtins. Von der existentiellen Ontologie zur dialogischen Vernunft, Hildesheim, Zürich, New York 2010.

Galin Tihanov, The Master and the Slave. Lukács, Bakhtin, and the Ideas of Their Time, Oxford 2000.

– Innovation and regression. Gustav Shpet's theoretical concerns in the 1920s, in: Critical theory in Russia and the West, hg. von Alastair Renfrew und Galin Tihanov, London, New York 2010, S. 45-62.

Tzvetan Todorov, Mikhail Baktine: le principe dialogique, Paris 1981.

Samuel Weber, Der Einschnitt. Zur Aktualität Vološinovs, in: Valentin N. Vološinov, Marxismus und Sprachphilosophie, Frankfurt am Main, Berlin, Wien 1975, 9-46.

Irina Wutsdorff, Bachtin und der Prager Strukturalismus, München 2006.

Sergej Zenkin, Ne-kompetentnye razoblačiteli, NLO 119, 2013, 1, 358-366

Siglenverzeichnis

AH   Autor und Held in der ästhetischen Tätigkeit (ca. 1924-25), hg. von Rainer Grübel und Ulrich Schmid, aus dem Russischen von Hans-Günther Hilbert, Rainer Grübel, Alexander Haardt und Ulrich Schmid, Frankfurt am Main 2008, (Avtor i geroj v èstetičeskoj dejatel'nosti, Sobranie sočinenii v voz'mi tomach (im Folgenden SS) Bd. 1, Moskva 2003, S. 69-263.

ASRZ   Iz archivnych zapisej k rabote ›Problema rečevych žanrov‹ (ca. 1950), SS 5, Moskva 1996, S. 207-286.

B   Besedy V.D. Duvakina s M.M. Bachtinym (1973), Moskva 1996.

CH   Formen der Zeit und des Chronotopos im Roman (1937-38, 1973), in: Untersuchungen zur Poetik und Theorie des Romans, hg. und übersetzt aus dem Russischen v. Edward Kowalski und Michael Wegner, Berlin und Weimar 1986, S. 262-464 (Formy vremeni i chronotopa v romane, in: M.M. Bachtin, Voprosy literatury i èstetiki, Moskva 1975, S. 234-407).

CHZ   Čelovek u zerkala (1943), SS 5, S. 71.

ER   Epos und Roman (1941, 1970), in: Untersuchungen zur Poetik und Theorie des Romans, S. 465-506 (Èpos i Roman, in: M.M. Bachtin, Voprosy literatury i èstetiki, Moskva 1975, S. 447-483).

F   Frejdizm. Kritičeskij očerk (1927), Valentin N. Vološinov, publiziert unter M.M. Bachtin (pod maskoj), Moskva 2000, S. 95-194.

FML   Die formale Methode in der Literaturwissenschaft (1928), Pavel Medvedev, hg. und übersetzt von Helmut Glück, mit einem Vorwort von Jurij Striedter, Stuttgart 1976 (publiziert unter M.M. Bachtin (pod maskoj), Moskva 2000, S. 195-348).

FOG   K filosofskim osnovam gumanitarnych nauk (ca. 1940-1943), SS 5, S. 7-10.

FP   K filosofii postupka (ca. 1922-1924), SS 1, S. 7-68 (Zur Philosophie der Handlung, hg. von Sylvia Sasse, aus dem Russischen von Dorothea Trottenberg, Berlin 2010).

DID Dopolnenija i izmerenija k ›Dostoevskomu‹ (1961-1963), SS 6, Moskva 2002, S. 301-367.

IMF Das Problem von Inhalt, Material und Form im Wortkunstschaffen (1924), in: Die Ästhetik des Wortes, hg. von Rainer Grübel, aus dem Russischen v. Rainer Grübel und Sabine Reese, Frankfurt am Main 1979, S. 95-153 (Problema formy, soderžanija, i materialy v slovesnom chudožestvennom tvorčestve, in: M.M. Bachtin, Voprosy literatury i ėstetiki, Moskva 1975, S. 7-79).

JL Jazyk v chudožestvennoj literature (1954), SS 5, S. 287-297.

KL Die Sprache in der künstlerischen Literatur (1954), in: Michail M. Bachtin, Sprechgattungen, hg. von Rainer Grübel, Renate Lachmann, Sylvia Sasse, Berlin 2017, S. 151-163 (Jazyk v chudožestvennoj literature, SS 5, 287-297).

KS K stilistike romana (ca. 1944-45), SS 5, S. 138-140.

KV Kunst und Verantwortung (1919), in: Die Ästhetik des Wortes, S. 93-94, (Iskusstvo i otvetstvennost', SS 1, S. 5-6)

L Lekcii i vystuplenija M.M. Bachtina 1924-1925 gg. v zapisach L.V. Pumpjanskogo, SS 1, S. 326-32.

MG K metodologii gumanitarnych nauk (1974), in: M.M. Bachtin, Ėstetika slovesnogo tvorčestva, Moskva 1979, S. 361-373.

ML Zur Methodologie der Literaturwissenschaft (1940, 1974), in: Die Ästhetik des Wortes, S. 349-357 (K metodologii literaturovedenija, in: Kontekst 1974, Moskva 1975, S. 203-212).

MR Mnogojazyčie, kak predposylka razvitija romannogo slova (ohne Datum, ca. zwischen 1937/38 und 1945), SS 5, S. 157-158.

MS Marxismus und Sprachphilosophie (1929), Valentin Vološinov, hg. und eingeleitet von Samuel M. Weber, Frankfurt am Main, Berlin, Wien 1975 (publiziert unter M.M. Bachtin (pod maskoj), Marksizm i filosofija jazyka, Moskva 2000, S. 349-486.

PPD Probleme der Poetik Dostoevskijs (1963), übersetzt von Adelheid Schramm, Frankfurt am Main, Berlin, Wien 1985, (Problemy poėtiki Dostoevskogo, SS 6, S. 7-300).

PT Das Problem des Textes (1959-1960), gekürzte Fassung, übersetzt von Sebastian Donat, in: Texte zur Theorie des Textes, hg. von Roger Lüdeke und Stefan Kammer, Stuttgart 2005, S. 172-183 (Problema teksta, SS 5, S. 306-328).

PTD	Problemy tvorčestva Dostoevskogo (1929), SS 2, Moskva 2000, S. 5-175.
O	Otvet na voprosach redakcii ›Novogo Mira‹ (1970), SS 6, S. 451-457.
OP	O polifoničnosti romanov Dostoevskogo (1971), SS 6, S. 458-465.
RL	Ritorika, v meru svoej lživosti (1943), SS 5, S. 63-70.
R	Rabelais und seine Welt. Volkskultur als Gegenkultur, hg. und mit einem Vorwort von Renate Lachmann, aus dem Russischen von Gabriele Leupold, Frankfurt am Main 1995 (Tvorčestvo Fransua Rable i narodnaja kul'tura srednekov'ja i Renessansa, Moskva 1965).
R 1940	Fransua Rable v istorii realizma (1940g.), SS 4(1), Moskva 2008, S. 11-601.
RV	Roman vozpitanija i ego značenie v istorii realizma (1936-38), in: M.M. Bachtin, Ėstetika slovesnogo tvorčestva, S. 199-249.
RZ	Rabočie zapisi 60-ch – načala 70-ch godov, S. 371-439.
SG	Sprechgattungen, hg. von Rainer Grübel, Renate Lachmann, Sylvia Sasse, Berlin 2017 (Problemy rečevych žanrov (1953-1954, SS 5, S. 159-206)
US	Učenyj Sal'erizm. O formal'nom (morfologičeskom) metode (1924) – Pavel Medvedev, publiziert unter M.M. Bachtin (pod maskoj), Moskva 2000, S. 6-17.
VR	Aus der Vorgeschichte des Romanwortes (1940), in: Die Ästhetik des Wortes, S. 301-337 (Iz predystorii romannogo slova, in: M.M. Bachtin, Voprosy literatury i ėstetiki, Moskva 1975, S. 108-446.
VS	K voprosam samosoznanija i samoocenki (ca. 1943), SS 5, S. 72-79.
WR	Das Wort im Roman (1934-35), in: Die Ästhetik des Wortes, S. 154-300 (Slovo v romane, in: M.M. Bachtin, Voprosy literatury i ėstetiki, Moskva 1975, S. 72-233).
WW	Slovo v žizni i slovo v poėzii (1926) – Valentin Vološinov, publiziert unter M.M. Bachtin (pod maskoj), Moskva 2000, S. 72-94.
ZL	Zapisi lekcii M.M. Bachtina po istorii russkoj literatury. Zapisi P.M. Mirkinoj (1922-1927), SS 2, S. 213-412.

Zeittafel

1895	16.11. (bzw. 4.11. nach alter Zeitrechnung) geb. in Orel.
1905	Umzug der Familie nach Vil'na, Einschulung im 1. Gymnasium von Vil'na.
1911	Umzug der Familie nach Odessa.
1913-18	Besuch der Universitäten von Odessa (Novorossijsk) und Petrograd; Mitglied der Lachgemeinschaft »Omphalos« (über den Gymnasialabschluss und die Einschreibung an der Universität gibt es sehr unterschiedliche Meinungen. Weder ist ein Abschlusszeugnis vom Gymnasium, noch ein Einschreibenachweis an den Universitäten vorhanden).
1918	Im Sommer: Umzug nach Nevel'; Arbeit als Lehrer an der Einheits-Arbeiterschule; Gründung des Kantischen Seminars (Nevel'skij kantovskij seminar) mit Valentin N. Vološinov (1894-1936), Lev V. Pumpjanskij (1891-1940), Marija V. Judina (1899-1970), Boris M. Zubakin (1894-1937) und Matvej I. Kagan (1889-1937), Kreis wird in der Literatur später als Nevel'er Kreis oder als Bachtin-Kreis bezeichnet.
1919	13.9. Artikel *Kunst und Verantwortung* (Iskusstvo i otvetstvennost') erscheint im Almanach *Den' iskusstva*. Der ein Jahr ältere Bruder Nikolaj (1894-1950) emigriert nach Konstantinopel, ist ab 1924 in Paris, ab 1928 Dozent in Birmingham und ab 1932 Professor in Cambridge. Der Kontakt hört nach der Verhaftung Bachtins 1928 völlig auf.
1920	Im Sommer: Umzug von Nevel' nach Vitebsk; dort Lehrer für allgemeine Literatur am Vitebsker Pädagogischen Institut; ab Dezember Lehrer für Musikgeschichte und -philosophie am Vitebsker Volkskonservatorium. Bachtin leitet Seminare zur Ästhetik und zur russischen und allgemeinen Literatur. Vitebs-

	ker Zirkel wird gegründet: Lev V. Pumpjanskij, Valentin N. Vološinov, Pavel N. Medvedev (1892-1938), Ivan I. Sollertinskij (1902-1944).
1921	Bachtin erkrankt an Osteomyelitis und Typhus, Operation am rechten Bein; 10.7. Heirat mit Elena Aleksandrovna Okolovič. In Vitebsk entstehen: *Zur Philosophie der Handlung* (K filosofii postupka), erscheint erstmals 1986, *Das moralische und rechtliche Subjekt* (Sub"ekt nravstvennosti i sub"ekt prava) (gilt als verschollen).
1923-24	Arbeit an *Zu Fragen der Methodologie der Ästhetik und des Wortkunstschaffens. Probleme des Inhalts, der Form und des Materials im Wortkunstschaffen* (Problema soderžanija, materiala i formi v slovesnom chudožestennom tvorčestve), erscheint nicht – wie geplant – in der 5. Ausgabe der Literaturzeitschrift *Russkij Sovremennik* (Erstpublikation fragmentarisch unter dem Titel *Zur Ästhetik des Wortes* (K ėstetike slova)).
1924	Umzug nach Leningrad; Arbeit am Russischen Staatlichen Institut für die Geschichte der Künste (Rossijskij gosudarstvennyj institut istorii iskusstv – G.I.I.I.) und im Lenizdat (Staatsverlag); 1924 Vorlesungszyklus *Held und Autor im künstlerischen Schaffen* (Geroj i avtor v chudožestvennom tvorčestve); Treffen des Bachtin-Kreises: Lev V. Pumpjanskij, Marija V. Judina, Valentin N. Vološinov, Pavel N. Medvedev, Ivan I. Sollertinskij, Ivan I. Kanaev, Nikolaj I. Konrad, Konstantin K. Vaginov und Boris Zalesskij.
1924	Oktober/November: Arbeit an *Autor und Held in der ästhetischen Tätigkeit* (Avtor i geroj v ėstetičeskoj dejatel'nosti, vollständige Erstpublikation 1979, einzelne Kapitel erscheinen ab 1977 in *Voprosy filosofii* und *Voprosy literatury*). Es erscheint der Artikel *Gelehrter Salierismus* (Učenyj sal'erizm) von Pavel Medvedev.
1925	Vološinovs *Jenseits des Sozialen* (Po tu storonu social'nogo) erscheint in der 5. Ausgabe der Zeitschrift *Zvezda*.
1926	Arbeit am Artikel *Moderner Vitalismus* (Sovremennyj vitalizm), der unter Ivan Kanaevs Namen erscheint; Vološinovs *Das Wort im Leben und im Roman* (Slovo v žizni i slovo v poėzii) erscheint.
1927	Vološinovs *Freudismus. Kritische Skizze* (Frejdizm. Kritičeskij očerk) erscheint.

1928	24.12. Verhaftung Bachtins, er wird der »konterrevolutionären Tätigkeit« und der »Mitgliedschaft bei der antisowjetischen Organisation Voskresenie« (Auferstehung) angeklagt. Pavel Medvedevs Buch *Die formale Methode in der Literaturwissenschaft. Kritische Einführung in die soziologische Poetik* (Formal'nyj metod v literaturovedenii. Kritičeskoe vvedenie v sociologičeskuju poėtiku) erscheint.
1929	5.1. Entlassung aus der Untersuchungshaft; 22.7. Bachtin wird nach Paragraph 58-2 zu fünf Jahren Konzentrationslager verurteilt; er liegt zu dieser Zeit jedoch im Krankenhaus. *Probleme des Schaffens von Dostoevskij* (Problemy tvorčestva Dostoevskogo) von Bachtin und *Marxismus und Sprachphilosophie* (Marksizm i filosofija jazyka) von Vološinov erscheinen.
1930	23.2. Das Urteil wird in Verbannung umgewandelt (Kazachstan, Quostanai); 29.3. Bachtin reist nach Quostanai, dort beginnt er die Arbeit an *Rabelais* und die Arbeit an *Das Wort im Roman* (Slovo v romane), erscheint erst 1985, Arbeit an *Über die Grenzen der Poetik und Linguistik, die Stilistik der künstlerischen Sprache* (O granicach poėtiki i lingvistiki, stilistika chudožestvennoj reči, Erstpublikation 1974).
1931	23.4. Bachtin beginnt, in Quostanai als Ökonom zu arbeiten; laut Bachtin soll 1933 schon eine erste Fassung der Arbeit an Rabelais fertig gewesen sein.
1934	Juli: Bachtins Verbannung geht zu Ende, er bleibt jedoch noch 2 Jahre in Quostanai; *Erfahrung beim Studium des Kolchosbauerbedarfs* (Opyt izučenija sprosa kolchoznikov) erscheint in *Sovetskaja torgovlja*.
1936	Sommer: Fahrt nach Leningrad und Moskau (Treffen mit Medvedev, Kagan, Zalesskij, Judina usw.); 26.9. nach Saransk; Oktober: beginnt, am Mordwinischen Pädagogischen Institut (Lehrstuhl für Literatur) in Saransk zu unterrichten (Allgemeine Literaturgeschichte und Lehrmethoden der Literatur).
1937	5.6. Bachtin wird unter Vorwurf bourgeoisen Objektivismus gekündigt, 3.7. der neue Direktor ändert den Kündigungsgrund: er werde auf eigenen Wunsch freigestellt, 4.7. Bachtin fährt nach Moskau, am 14.8. zurück nach Quostanai; Herbst: Bachtin zieht nach Savelovo (Kalinskaja obl.); Arbeit an einem Buch über den

	deutschen Erziehungsroman.
1938	13.2. Bachtins rechtes Bein wird amputiert; er reicht beim Verlag *Sovetskij pisatel'* das Manuskript zu *Der Bildungsroman und seine Bedeutung in der Geschichte des Realismus* (Roman vospitanija i ego značenie v istorii realizma) ein. Das Manuskript verbrennt während des Krieges beim Brand des Verlagsgebäudes. Der übrig gebliebene Teil wurde 1979 (in *Ėstetika slovesnogo tvorčestva*) in zwei getrennten Essays veröffentlicht.
1940	14.10. Vortrag am IMLI in Moskau über *Das Wort im Roman* (Slovo v romane); Oktober-Dezember: maschinengetipptes Manuskript zu Rabelais, das nicht erscheint, Arbeit am Artikel zur Satire für den zehnten Band der Literaturenzyklopädie (erscheint nicht, da Lemma zu Stalin fehlt). Zu Beginn der 40er Jahre soll Bachtin zudem noch gearbeitet haben an: *Zur Geschichte des Dostoevskijschen Romantyps* (K istorii tipa (žanrovoj raznovidnosti) romana Dostoevskogo), *Fortsetzungen und Änderungen zu ›Rabelais‹* (Dopolnenija i izmenenija k ›Rable‹), *Aus der Vorgeschichte des Romanwortes* (Iz predystorii romannogo slova), *Zur Methodologie der Literaturwissenschaft* (K metodologii literaturovedenija).
1941	24.3. Vortrag am IMLI über *Roman als literarisches Genre* (Roman kak literaturnyj žanr), das 1970 als *Ėpos und Roman* (Ėpos i roman) veröffentlicht wird. Herbst: arbeitet als Lehrer an der Mittelschule (srednaja skola) in Il'inskoe (Kalininskaja obl.).
1942	Januar: wird Lehrer der russischen Sprache und Literatur sowie der deutschen Sprache in Kimry.
1943	Arbeit an den Fragment gebliebenen Artikeln *Rhetorik, die der eigenen Verlogenheit entspricht* (Ritorika, v meru svoej lživosti), *Zu Fragen des Selbstbewusstseins und der Selbstrechtfertigung* (K voprosam samosoznanija i samoocenki).
1944	Arbeit am Artikel *Zur Stilistik des Romans* (K stilistike romana).
1945	September: Umzug nach Saransk, um dort am Mordwinischen Staatlichen Pädagogischen Institut zu unterrichten; 6.10. bekommt Lehrstuhl für allgemeine Literatur; Bachtin arbeitet an einer Theorie des Romans sowie an den *Ursprüngen des gogol'schen Lachens* (Istočniki gogolevskogo smecha), Bachtin überarbeitet *Rabelais:* diese Fassung reicht er als Kandidatendissertation ein.

1946	Mai: Reise nach Moskau zur Vorbereitung der Verteidigung seiner Dissertation und zum Sammeln von Material für seine Arbeit über Gogol'; 15.11. Verteidigung der Doktorarbeit (kandidatskaja dissertacija) in Moskau am IMLI, Thema: *Rabelais in der Geschichte des Realismus* (Rable v istorii realizma).
1949	Arbeit an *Rabelais* ergänzt.
1953	Artikel: *Problem der Sprechgattungen* (Problema rečevych žanrov, fragmentarische Erstpublikation 1978 in *Literaturnaja učeba*).
1957	Aus dem Pädagogischen Institut wird die Mordovskij Gosudarstvennyj Universitet (Mordwinische Staatsuniversität); Bachtin leitet das Institut für russische und ausländische Literatur; Arbeit am Artikel: *Das Problem der ästhetischen Kategorien* (Problema èstetičeskich kategorij).
1960	November: Bachtin wird von Vadim Kožinov (1930-2001) am IMLI schriftlich kontaktiert.
1961	Juni: Bekanntschaft mit Kožinov, Sergej Bočarov, Georgij Gačev (kommen nach Saransk); 1.8. Bachtin wird pensioniert; Beginn der Überarbeitung des Dostoevskij-Buches für die zweite Auflage.
1963	2. überarbeitete und erweiterte Auflage des Dostoevskij-Buches unter dem Titel *Probleme der Poetik Dostoevskijs* (Problemy poètiki Dostoevskogo) erscheint.
1965	*Rabelais und seine Welt* (Tvorčestvo Fransua Rable i narodnaja kul'tura srednevekov'ja i Renessansa) erscheint.
1966	Bachtin gibt Interview in der Zeitschrift *Sovetskaja Mordovija* über seine Arbeit an den Sprechgattungen.
1967	30.5. Bachtin wird rehabilitiert. Sein Artikel *Aus der Vorgeschichte des Romanwortes* (K predystorii romannogo slovo) erscheint in einer Zeitschrift der Mordwinischen Universität.
1969	Therapie in der Kreml-Klinik in Kuncevo.
1970	Ab Mai in einem Pensionat bei Podolsk; November: Beitritt zum Schriftstellerverband; *Epos und Roman* (Èpos i roman) erscheint.
1971	14.12. Tod von E.A. Bachtina; vorübergehender Aufenthalt in Peredelkino (Dom tvorčestva pisatelej).
1972	September: Bachtin erhält das Aufenthaltsrecht für Moskau, zieht ins Schriftstellerhaus auf der Krasnoarmejskaja; 3. Auflage von *Probleme der Poetik Dostoevskijs* erscheint.

1973	Februar-März: Interviews mit dem Philologen Viktor Duvakin; *Probleme der Poetik und Literaturgeschichte* (Problemy poėtiki i istorii literatury) erscheint in Saransk; Artikel: *Die Kunst des Wortes und die Volkskultur des Lachens: Rabelais und Gogol'* (Iskusstvo slova i narodnaja smechovaja kul'tura: Rable i Gogol').
1974	*Zur Ästhetik des Wortes* (K ėstetike slova), wobei es sich um Fragmente aus *Das Problem von Form, Inhalt und Material* (1924) handelt, und *Methodologie der Literaturwissenschaft* (K metodologii literaturovedenija) erscheint im Sammelband *Kontekst*.
1975	6.3. Tod von M. Bachtin, 8.3. Begräbnis auf dem Vvedenskij-Friedhof (Moskau). *Fragen der Literatur und Ästhetik* (Voprosy literatury i ėstetiki), ein von Bachtin zusammengestellter Band mit unterschiedlichen Studien, u.a. *Wort im Roman*, *Epos und Roman* und zum Chronotopos erscheint posthum im Moskauer Verlag *Chudožestvennaja literatura*.

Sylvia Sasse, geb. 1968, ist Professorin für Slavistische Literaturwissenschaft an der Universität Zürich. Sie ist Mitbegründerin und Mitglied des Zentrums Künste und Kulturtheorie (ZKK), Mitglied des Zentrums Geschichte des Wissens (ZGW), Herausgeberin von *novinki* und von *Geschichte der Gegenwart*. Ihre Forschungsschwerpunkte liegen im Bereich der Literatur-, Theater- und Performancetheorie. Sie publiziert zu Literatur und Kunst vor Gericht, affirmativer Kritik und Performance Art und Theater in Osteuropa. Sie kuratiert zudem Ausstellungen, u.a. Sturm auf den Winterpalast. Forensik eines Bildes (2017) und Artists & Agents (2018).